찬 집 백 연 경

깨달음의 경전 2

환집 배련경

몽산 관일 번역

찬집백연경을 펴면서

찬집백연경은 경명이 경전의 내용을 요약해 말하고 있습니다. 즉 여러 가지 불경 중에서 줄거리와 주제가 분명하고, 현재에서 과거로, 다시 현재로, 또는 미래로 펼쳐지는 특수한 공간 이동 처리와, 권선징악의 대동소이한 주제 설정 등이 일치하는 내용, 백 가지를 가려 뽑아 모은 경전입니다.

전체 10권이며, 1 · 2 · 3권에서 부처님과 벽지불의 현재의 과위를 과거에 수기한 내용 서른 가지, 4권에서 보살의 출생에 대한 예언 열 가지, 5권에서 현재 아귀가 과거에 지은 인색함과 탐욕 열 가지, 6권에서 하늘 사람들과 축생이 과거에 지은 업에 대한 열 가지, 7권에서 아라한이 과거에 지은 업에 대한 열 가지, 8권에서 여자 아라한 스님이 지은 전생과 금생의 업에 대해 열 가지, 9 · 10권에서 무루의 아라한과 유루의 아라한이 과거에 지은 업에 대한 스무 가지 등 모두 100 가지 이야기를 설화 형식으로 3세를 넘나들며 전개했습니다.

불자가 경전을 읽는 것은 읽는 그 자체가 기도 · 염불 · 참선입니다. 선실에 앉아 망념에 빠졌거나, 입으로 진언을 열심히 외우며, 잡념이 머릿속에 있다면 외면적으로 그럴싸한 수행일 뿐입니다.

경전을 읽는 것도 마찬가집니다. 경전을 읽으면 바른 가르침인가를 생각해야 하고, 바른 가르침이라면 가르침대로 실천하려고 노력하여, 읽는 분이 경을 읽기 전과 읽은 뒤, 마음먹는 것이나 하는 행동에 변화가 있어야, 부처님의 가르침에 따라 경을 읽은 것입니다.

이렇게 행동에 변화가 와서 좋은 방면으로 계속 변화한다면 누구나 '팔자를 고치' 게 됩니다. 행동이 변화되지 않는 독경은 천 년 만 년을 해도 팔자를 고칠 수는 없습니다. 흡사 기독교인들 같이 부처님이 나의 업을 소멸시켜 주실 것인 양하는 그릇된 미신으로 평생을 변화 없이 산다면 죽음 앞에서 우왕좌왕하지 않겠는가?

어떤 분이든지 이 경전을 읽고 사주팔자를 고치십시오. 변화가 오지 않으면 두 가지의 오류가 있음일 터, 잘 생각해 보십시오.

번역을 할 때 어려운 말은 가급적 번역을 하려고 했으나, 다섯 가지 번역하지 못할 단어들은 본문 끝에 풀이를 붙였으니 참고하십시오.

이 경전을 번역하고 출판하는 데 도움을 주신 김경만님, 이수림님, 법관성님, (주)은성프린터스 차준은 회장님, 그리고 직원 여러분, 가르침을 준 외우 현성주님, 때때로 보살펴 주신 혜총, 선지, 상진, 도오 스님들과 용은사 이용길님 가족들께 불은이 충만하시기 비옵니다.

제방의 선후배 제현의 질정을 기다립니다.

불기 2551년 8월 1일

몽산 관일 돈수

1권 보살기수품 菩薩授記品

만현에게 수기함 15 / 명칭(名稱)의 초청 20
난타(難陀)의 발심 23 / 아끼고 탐함과 보시 28
수마의 실 보시 32 / 미래의 석가불 36
꽃을 올리고 40 / 소모적인 논쟁 44
국왕의 출가 49 / 이레 동안 임금 53

2권 보응수공양품 報應受供養品

뱃사공이었던 부처님 61 / 공양공덕 65
목욕을 시켜드린 공덕 69 / 전염병을 구제하신 부처님 73
제석천의 공양 77 / 제석이 되신 부처님 82
건달바의 공양 86 / 사형수의 출가 92
빔비사라왕의 공양 초청 95 / 천궁으로 변한 대숲 절 99

3권 수기벽지불품 授記品

프라데카 부처가 된 왕자 105 / 어린이가 꽃을 부처님께 올리다 110
장신구를 부처님께 바치다 112 / 선애의 인색과 탐욕 115
함향 장자가 부처님을 초청하다 118 / 부처님은 사공 121
전단향을 부처님 발에 바른 여인 125
부처님께 마른 나무를 보시한 발제 128
재주와 음악으로써 공양을 올리고 131 / 도적을 벌준 비구 134

4권 **출생보살품** 出生菩薩品

이생에 못 이룬 보시 내생에 이루려고 몸을 버리며 서원을 세우다 139 / 수행자에게 곡식을 보시한 범예왕 144
눈 보시 149 / 법을 구한 왕 154
태자의 구법 159 / 말빛을 지다 167
열반하시던 침상에서 제도한 5백 역사 170 / 토끼와 신선 175
왕후가 죽인 왕자 179 / 강도였던 누타 182

5권 **아귀품** 餓鬼品

여인과 아귀 187 / 비구를 굶긴 여자 191
이 물을 주지 않겠소 194 / 반타라의 악업 197
5백 아귀의 전쟁 201 / 아들을 속인 어머니 아귀 206
눈이 먼 아귀 212 / 아귀가 된 장자 216
거짓이 만든 아귀 220 / 잠바라의 모습 223

6권 **제천내하공양품** 諸天來下供養品

독사가 된 장자 233 / 어린이와 천당 239
꽃 공양을 올린 심부름꾼 244 / 탑에 공양을 올린 공덕 248
화주가 된 수닷타 253 / 부처님과 앵무새 258
천상에 난 심부름꾼 262 / 천상에 난 물소 265
이교도와 재계 271 / 설법과 기러기 떼 279

7권 현화품 現化品

금빛 몸 285 / 향기 나는 몸 288
꽃다발에 먼지를 턴 공덕 291 / 역사가 된 사연 294
모두가 공경하다 297 / 사람을 따라다닌 보배 양산 300
천부적인 목소리 303 / 100명의 쌍둥이 306
이마 위의 여의주 310 / 하늘이 준 깃발 314

8권 비구니품 比丘尼品

보주(寶珠) 비구니의 출생 319 / 음식을 달고 다닌 선애 비구니 322
가사를 입고 출생한 비구니 327 / 비구니의 변재 330
비구니가 된 배우의 딸 333 / 가사를 입고 태어난 가시 비구니 338
진주를 이고 난 비구니 341 / 공주의 출가 345
허물을 벗은 여자 350 / 스님이 된 도둑 359

9권 성문품 聲門品

실업인 해생 367 / 꽃 옷의 슈마나 372
보배 손 375 / 가사를 입고 태어난 왕자 379
단비(甘雨)의 사연 384 / 어떤 실업인의 서원 388
보시와 발원 392 / 교만이 부른 복 396
떡 한 조각 403 / 프라데카 부처에게 올린 공양 408

10권 모든 인연품

독룡처럼 사납구나 415 / 모태에 60년 420
몽당손 424 / 보시한 어머니를 굶겨 죽인 업 428
진심과 악담의 결과 435 / 몸을 아프게 하지 말라 438
수행자를 위협한 과보 442
한 생명을 구하여 성자가 되게 한 공덕 447
사리푸트라와 마우드갈야야나의 출가 455
손다리가 단정한 이유 465

어려운 말풀이

보살수기품

菩薩授記品

1권

만현에게 수기함

부처님께서 라자그리하의 가란다 대숲 절에 계실 때, 저 남쪽 지방에 만현滿賢이란 바라문이 있었습니다. 그는 한량없고 헤아릴 수 없는 재산이 있어서 마치 비사문 천왕과 같은 큰 부자였고, 또 덕이 있어 어진 이와 착한 이를 믿고, 성품이 잘 조절되어 스스로도 이롭고, 다른 사람을 이롭게 함으로써 모든 중생들에게 자비를 베풀되, 자식 사랑하는 어머니와 같았으며, 바라문들을 위해 큰 모임을 마련하되, 항상 갖가지 음식을 준비하여 많은 외도들에게 공양을 공급하면서 천상에 태어나기를 희망했습니다.

그러던 어느 때, 그의 친구 한 사람이 라자그리하로부터 만현의 집에 와서 불 · 법 · 승 삼보의 모든 공덕을 다음과 같이 찬탄했습니다.

"지금 라자그리하의 칼란다카 대숲 절에 계시는 부처님 세존의 명성이 널리 알려졌네. 세 가지 밝음을 통달하셔서 모든 하늘 사람들 · 용 · 야차 · 건달바 · 아수라 · 가루라 · 긴나라 · 마후라가와 그 밖의 사람인 듯 사람 아닌듯한 무리들에 둘러싸여 설법하시므로, 국왕 · 장자를 비롯한 모든 백성들이 다 정성껏 공양을 올리며 존중하고 찬탄하며, 그 분이 닦아 익힌 미묘한 법 맛이 온 천지에 두루 하므로 모두 우러러 흠모하지 않는 이가 없다네."

그 때에 만현은 그의 친구가 찬탄하는 부처님의 공덕을 듣고, 역시 깊이 믿는 마음을 내어 곧 높은 누각에 올라가, 손에 향과 꽃을 들어 머리 위로 올리고, 단정하게 꿇어앉아 멀리 계시는 세존을 마음속으로 생각하며 빌었습니다.

'여래 세존의 공덕이 저 벗이 말한 대로라면 지금 제가 사르는 이 향의 향기가 라자그리하에 두루 풍기고, 또 제가 지금 뿌리는 이 꽃은 꽃 양산이 되어 부처님 머리를 덮어지이다.'

위와 같은 소원을 말하자, 사르는 향의 연기는 구름이 되어 라자그리하에 가서 두루 퍼지기 시작했고, 꽃은 꽃 양산이 되어 대숲 절에 가서 부처님의 머리 위에 떠 있었습니다. 아난다가 이 신통변화를 보고 부처님 앞에 나아가 꿇어 앉아 사뢰었습니다.

"이 향기의 구름은 어느 곳으로부터 여기에 모여드는 것입니까?"

부처님께서 말씀하셨습니다.

"남방에 금지金地라는 나라가 있고, 거기에 만현이란 장자가 산다. 저 장자가 멀리서 나와 또 여러 비구들을 초청하니 나는 지금 그에게 가서 공양을 받겠다. 너희들도 각자 신통을 부려 초청에 가도록 하여라."

그 때에 여러 비구들이 부처님의 분부를 받고, 대숲 절을 출발해 허공으로 그 곳의 가까운 거리에 도착해, 부처님께서만 바루를 들고 만현 장자의 처소에 나타나셨습니다.

만현 장자는 이미 부처님께서 오셨다는 말씀을 듣고 오백 명의 무리들을 거느린 채 각각 맛난 음식을 가지고 맞이할 준비를 갖췄습니다. 세존께서 서른두 가지 균형 잡힌 모습과 여든 가지 고혹적인 몸매로 앞에 나타나시니, 여래의 모습을 뵙고 부처님 앞에 엎드려 예배하고 사뢰었습니다.

"잘 오셨습니다. 세존이시여, 저희들을 가엾이 여기사 오늘 보시하는 이 공양들을 받아 주옵소서."

부처님께서 장자에게 말씀하셨습니다.

"장자님. 만약 음식을 보시하려거든 이 바루에 가득 차게 해 주시오."

말씀대로 장자를 비롯한 오백 명의 무리들이 각자가 손에 가진 음식을 모아 부처님 바루 안에 넣었으나 그 바루가 가득 차지 아니하니 모두들 찬탄했습니다.

"기이하도다. 세존의 이 신통력…."

이 신통력으로 인하여 저 장자와 오백 무리들의 마음이 곧 순수해짐과 동시에 천이백 명 비구의 바루에도 음식이 가득 찼고, 그 비구들이 홀연히 앞에 나타나 부처님을 둘러쌌습니다.

장자가 이전에 없었던 일을 보고 찬탄하더니, 곧 온 몸을 땅에 엎드려 예배하고 큰 서원을 세웠습니다.

"원컨대 이 음식을 보시한 선근과 공덕으로써 미래 세상에 눈 어두운 중생은 밝은 눈을 얻게 하고, 귀의할 데 없는 중생은 귀의할 곳을 얻게 하고, 구원을 받지 못하는 중생은 구원을 받게 하고, 해탈하지 못한 중생은 해탈하게 하고, 편안하지 못한 자는 편안하게 하고, 열반을 모르는 자는 열반의 경지에 들어가게 하옵소서."

이러한 서원을 세우자, 부처님께서 곧 빙그레 웃으시고 그 얼굴로 다섯 가지 빛깔의 광명을 내어 그 광명이 부처님을 세 겹으로 둘러쌌다가 도로 부처님의 이마로 들어가 버렸습니다.

그 때에 아난다가 부처님 앞에 나아가 사뢰었습니다.

"여래께선 항상 진중하셔서, 함부로 웃음을 나타내지 아니하셨거늘, 지금 빙그레 웃으심은 무슨 까닭입니까? 세존께서 부연해 주시옵소서."

"아난다야, 너는 지금 만현 장자가 나에게 공양 베푸는 것을 보았느냐?"

"이미 보았나이다. 세존이시여."

"그가 미래 세상에 아승기 겁을 지내는 동안 보살행을 갖추되 대비심을 닦고 여섯 가지 바라밀을 원만히 수행함으로써 마침내 성불하여 만현이란 명호로 한량없는 중생들을 다 제도할 것이다. 나는 이런 사연 때문에 웃었느니라."

부처님께서 이 만현의 미래를 예언하실 적에 대중 중에 어떤 이는 스로타판나의 지위를, 어떤 이는 사크르다가민의 지위를, 어떤 이는 아나가민의 지위를, 어떤 이는 아라한의 지위를 얻었으며, 어떤 이는 프라데카 부처가 되겠다는 마음을 냈고, 어떤 이는 더할 수 없는 '부처님이 되겠다.'는 마음을 내기도 했으며, 여러 비구들은 부처님의 말씀을 듣고 다 기뻐하며 마음에 새기고 능력에 따라 실천했습니다.

명칭名稱의 초청

부처님께서 바이샤알리의 원숭이 강 가 언덕의 누각 강당에 계시던 어느 때, 가사를 입고 바루를 가지고 여러 비구들과 함께 성안에 들어가 걸식하시기 시작하여 어떤 사자師子씨 집에 도착하셨습니다.

마침 저 사자 장자의 며느리 명칭名稱이란 여인이, 부처님의 갖가지 위의와 온갖 아름다운 모습을 갖춘 장엄한 몸매를 보고 곧 시어머니 앞에 나아가 이렇게 말했습니다.

"어떻게 하면 저러한 몸매를 얻을 수 있습니까."

"너도 이제 더없이 넓고 큰마음을 내어 모든 공덕을 닦는다면 저분과 같은 몸매를 얻게 될 것이다."

이 말을 들은 며느리는 곧 시어머니께 허락을 받고 부처님을 초청할 모든 음식 준비를 끝낸 다음에 갖가지 꽃을 가지고 부처님 정수리 위를 향해 뿌리자, 그 꽃들이 허공으로부터 꽃 양산으로 변해 부처님을 따라 다니기도 하고 멈추기도 했습니다.

그녀는 그 변화를 보고 본인도 모르게 기뻐하며, 온 몸을 땅에 엎드려 아래와 같은 큰 서원을 세웠습니다.

"원컨대 이렇게 공양을 올린 공덕으로써 미래 세상에 눈 어두운 이는 밝은 눈을 얻게 하고, 귀의할 데 없는 이는 귀의할 곳을 얻게 하고, 구원을 받지 못한 이는 구원을 받게 하고, 해탈하지 못한 이는 해탈하게 하고, 편안하지 못한 이는 편안하게 하고, 열반을 증득하지 못한 이는 열반의 경지에 들게 하여지이다."

세존께서 그 여인이 낸 넓고 큰마음을 식별하시고, 곧 빙그레 웃으시면서 얼굴로 다섯 가지 빛깔의 광명을 내어 온 세계에 두루 비추고, 다시 갖가지 빛깔을 내어 세 겹으로 부처님을 둘러쌌다가 도로 부처님의 정수리로 들어가게 하셨습니다.

그 때에 아난다가 부처님 앞에 나아가 사뢰었습니다.

"여래께선 높으시고, 진중하사 함부로 웃음을 나타내지 아니하셨거늘, 지금 빙그레 웃으심은 무슨 까닭입니까? 세존께서 부연해 주시옵소서."

"아난다야, 너는 아까 명칭이란 여인이 나에게 베푸는 공양을 보았느냐?"

"이미 보았습니다. 세존이시여."

"아난다야, 지금 명칭 여인이 큰마음을 내었으니, 이는 좋은 과보를 낳게 하는 착한 일의 공덕으로써, 세 아승기 겁을 지나는 동안 보살행을 갖추되 대비심을 닦고 여섯 바라밀을 원만히 수행함으로써, 마침내 성불하여 보의寶意란 이름으로 한량없는 중생들을 제도하게 될 것이다. 나는 이런 이유 때문에 웃었느니라."

부처님께서 그 명칭 여인의 인연을 말씀하실 적에 어떤 이는 수로타판나의 지위를, 어떤 이는 사크르다가민의 지위를, 어떤 이는 아나가민의 지위를, 어떤 이는 아라한의 지위를 얻은 이도 있었으며, 어떤 이는 벽지불이 되려는 마음을 낸 이도 있고, 어떤 이는 더할 수 없는 '부처님이 되겠다.'는 마음을 내기도 했으며, 여러 비구들은 부처님의 이 말씀을 듣고, 다 기뻐하며 마음에 새기고 능력에 따라 실천했습니다.

난타難陀의 발심

부처님께서 슈라바스티에 있는 기타 숲 외로운 이 돕는 절에 계시던 어느 때, 그 성안에 한량없는 재산을 가진 어떤 장자 집에 외아들이 있었으니, 그가 바로 난타難陀였습니다. 이 난타는 게으름뱅이로 유명하여 항상 잠에 빠져 활동하기를 좋아하지 않지만, 그러나 일반 사람들 보다 뛰어나게 총명하여, 그는 잠들어 누워 있을 때에도 경전과 논서를 들은 대로 기억하며, 그 경론의 이치를 다 통달했습니다.

그 때에 아버지가 그 아들의 총명이 경론을 잘 풀이할 정도임을 알고 이렇게 생각했습니다.

'나는 이제부터 부란나富蘭那 등 여섯 이교도의 우두머리들을 초청해 집에 불러두고 아들을 가르치게 하겠다.'

이와 같이 생각하고 모든 음식을 준비하여 곧 그들을 초청해 접대한 뒤에 그들에게 말했습니다.

"나의 외아들이 너무나 게을러서 항상 잠에 빠져 활동하기를 좋아하지 않으니, 원컨대 스승님들께서 저의 자식을 가르쳐 수신제가修身濟家하게 해 주십시오." 그 때에 여섯 이교도의 우두머리들이 함께 그 아이의 처소에 갔으나 그는 누워 있는 그대로 일어나지도 않았으니, 하물며 그들에게 가르침을 받기 위해 자리를 깔아 맞이했겠습니까?

아버지가 이것을 보자, 손으로 뺨을 때리며 매우 야단치고 근심하며, 좋지 않게 생각했습니다.

그 때에 마침 세존께서 대비하신 마음으로써 밤낮 중생들 가운데 누가 고뇌를 받고, 누가 나쁜 갈래에 떨어지는가를 식별하시고 설법하셔서 그들을 깨우치시던 때였습니다. 문득 저 장자가 아들 때문에 근심하며 턱을 괴고 있는 것을 보시고, 여러 비구들과 함께 저 장자의 집에 들르니, 그 게으름뱅이가 홀연히 놀라 일어나서 자리를 깔고, 부처님을 맞이하면서 엎드려 예배한 뒤 한쪽에 물러나 앉았습니다.

부처님께서 곧 그에게 갖가지로 '게으름은 허물이 많다.' 고 설법하셔서 꾸짖고 훈계하시자, 역시 스스로가 뉘우치고 깊이 믿고 공경하는 마음을 내기 시작하자, 부처님께서 그 게으름뱅이에게 전단나무 지팡이를 주시면서, 다시 말씀하셨습니다.

"너는 지금부터 부지런히 게으르지 않도록 노력하되 약간의 정성을 기울이고 이 지팡이를 두드리면 이 지팡이에서 매우 사랑스럽고도 즐거운 음성이 나올 것이고, 그 음성을 들은 뒤에는 땅속에 묻혀 있는 모든 물건들을 볼 수 있느니라."

게으름뱅이가 마음을 집중하여 지팡이를 두드리니 과연 지팡이로부터 음성이 나오고, 그 음성을 들은 뒤부터는 땅속의 모든 물건들을 볼 수 있으므로, 어쩔 줄 모르게 기뻐하면서 이렇게 생각했습니다.

'나는 지금 조금만 정성을 기울여 노력해도 이러한 큰 이익을 얻거늘 하물며 정성껏 온 마음과 힘을 다한다면 미래 세상에 더없는 큰 이익을 얻을 것이 틀림없는 사실이다. 나는 이제 온갖 힘을 기울여 바다에 들어가서 보물을 채취하리라.'

이와 같이 생각하고서 곧 뭇 사람들에게 외쳤습니다.

"나는 이제 보물 채취 단원을 모집하여 바다에 들어가겠다. 누구든지 나와 함께 바다에 들어가서 값진 보물을 채취하지 않겠는가?"

그러자 뭇 사람들이 서로 맹세하고 바다에 들어갔고, 들어간 사람들은 누구를 막론하고 다 값진 보물을 캐어 무사히 돌아와, 온갖 맛난 음식을 갖춰 부처님과 여러 스님들께 공양을 올렸고, 부처님께서도 그들에게 갖가지로 설법하셔서 각자의 마음을 깨닫게 하셨으므로, 난타와 뭇 상인은 죄다 땅에 엎드려 예배하고 이러한 큰 서원을 세웠습니다.

"이 공양을 올리는 선근과 공덕으로써 미래에 가서 눈 어두운 중생은 밝은 눈을 얻게 하고, 귀의할 데 없는 중생은 귀의할 곳을 얻게 하고, 구원을 받지 못한 이는 구원을 받게 하고, 해탈하지 못한 이는 해탈하게 하고, 편안하지 못한 이는 편안하게 하고, 열반을 증득하지 못한 이는 열반의 경지에 들어가게 하여지이다."

부처님께서 그들의 이러한 서원을 아시고는, 곧 빙그레 웃으시면서 얼굴로 다섯 가지 빛깔의 광명을 내니 그 광명이 세 겹으로 부처님을 둘러싼 뒤, 도로 부처님의 정수리로 들어가 버렸습니다.

그 때에 아난다가 이것을 보고 부처님 앞에 나아가 사뢰었습니다.

"여래께선 항상 높으시고 진중하사 함부로 웃음을 나타내지 않으셨거늘, 이제 빙그레 웃으심은 무슨 까닭이옵니까? 세존께서 부연해 주시옵소서."

"아난다야, 너는 저 게으름뱅이가 바다에 들어가 보물을 채취해 돌아와 온갖 음식을 나에게 베푸는 것을 보았느냐?"

"이미 보았나이다. 세존이시여."

"이 게으름뱅이는 미래 세상 세 아승기 겁을 지나 성불하여 정진력精進力이란 이름으로 부처가 되어 한량없는 중생을 제도할 것이다. 나는 이런 이유 때문에 웃었느니라."

그 때 여러 비구들은 부처님의 이 말씀을 듣고 다 기뻐하며 마음에 새기고 능력에 따라 실천했습니다.

아끼고 탐함과 보시

부처님께서 슈라바스티에 있는 기타 숲 외로운 이 돕는 절에 계시던 어느 때, 그 성안의 어떤 큰 장사꾼이 오백 명의 상인들을 거느리고 함께 바다에 들어가 풍랑을 만나 파선되었으나, 천신만고 끝에 돌아와서 밤낮 정성껏 꿇어앉아 귀신들에게 절하며, 두 번 세 번 거듭 복을 구한 다음, 다시 보석을 채취하기 위해 바다에 들어갔지만, 역시 풍랑을 만나 파선 당했습니다. 큰 장사꾼은 복덕의 힘이 있어 물에 빠졌으나 불행 중 다행으로 육지에 되돌아와서 크게 고민하며 이렇게 생각했습니다.

'내가 일찍이 들은 바에 의하면 저 불세존께서는 천상과 인간 세상의 그 누구도 따를 수 없는 일체 지혜를 구족하셔서 중생을 가엾이 여겨 자기와 다른 사람을 다 이롭게 하신다 하니, 나는 이제 저 부처님 세존의 명호를 외우면서 큰 바다에 들어가겠다. 만약 바다에 들어가 무사히 돌아온다면, 채취한 값진 보배의 절반을 받들어 저 부처님 세존께 보시하겠다.'

이와 같이 생각한 뒤, 또 상인들을 모집하여 부처님의 명호를 외우면서 큰 바다에 들어가 과연 값진 보배들을 많이 채취해 무사히 돌아왔는데, 집에 돌아와서 그 채취한 보물을 보니 탐스럽고 아까워 부처님께 보시하고 싶지 않아 홀로 생각했습니다.

'만약에 이 보물의 절반을 나눠 보시한다면 나의 몫이 얼마 되지 않겠구나. 이제 이 보물을 조금 아내에게 주어 저자에 팔아서 좋은 향을 사서, 기타 숲 외로운 이 돕는 절에 가서 향을 사루어 공양을 올리겠다.'

이와 같이 그 계획대로 마련한 돈으로써 좋은 향을 사 절에 가서 공양을 올렸습니다.

그러나 부처님께서 신통력으로써 향 연기가 온 절을 두루 덮게 하셨습니다. 그 때, 그 큰 장사꾼은 이 향 연기를 보고, 부처님 앞에 나아가 스스로 후회했습니다.

'내가 무엇 때문에 보물을 아껴 부처님께 보시하지 않았던가! 여래께서 이제 신통력으로써 온 절에 향 연기를 두루 덮게 하심은 매우 희유한 일이다. 내가 지금부터 온갖 맛난 음식을 준비해 부처님과 스님들을 초청해 공양을 올려야 하겠다.'

그리고는, 곧 꿇어앉아 세존께 사뢰니, 부처님께서 말씀이 없었으나 허락하셨습니다.

그는 집에 돌아가 음식준비를 끝내고 이튿날 시간이 되어 심부름꾼을 보내 부처님께 사뢰게 했습니다.

"음식 준비를 끝내었사오니, 큰 성인께서 때를 아시고 왕림하옵소서."

그 때 여래께서 옷을 입고 바루를 가지고 여러 비구들과 함께 그 집에 이르러 공양을 받으신 뒤, 아끼고 탐하는 나쁜 허물에 대해 설법하셨습니다. 설법을 들은 그는 마음이 다 열려 다시 보배 구슬을 가지고 부처님께 뿌리니, 허공에서 뭉쳐 보배 양산으로 변하여 부처님을 따라 다니기도 하고 멈추기도 했습니다.

그는 이 변화를 보고, 온 몸을 땅에 엎드려 예배하고 큰 서원을 세웠습니다.

"오늘 공양을 올린 이 선근공덕으로써 미래 세상에 눈 어두운 이는 밝은 눈을 얻게 하고, 귀의할 데 없는 이는 귀의할 곳을 얻게 하고, 구원을 받지 못한 이는 구원을 받게 하고, 해탈하지 못한 이는 해탈하게 하고, 편안하지 못한 이는 편안하게 하고, 열반을 얻지 못한 이는 열반의 경지에 들어가게 하여지이다."

그가 그렇게 서원하니, 부처님께서 곧 빙그레 웃으시고, 그 얼굴에서 다섯 가지 빛깔의 광명을 내니 그 광명이 세 겹으로 부처님을 둘러싼 뒤, 도로 부처님의 정수리로 들어가 버렸습니다.

그 때에 아난다가 부처님 앞에 나아가 사뢰었습니다.

"여래께서는 진중하사 함부로 웃음을 나타내지 아니하셨거늘 지금 빙그레 웃으심은 무슨 까닭입니까? 세존께서 부연해 주시옵소서."

"아난다야, 너는 오늘 저 우바사카가 부끄러워하는 마음으로써 나에게 바치는 공양을 보았느냐?"

"이미 보았나이다. 세존이시여."

"아난다야, 지금 그가 나에게 공양을 베풀었기 때문에 지옥·아귀·축생에 떨어지지 않고 천상이나 인간에 태어나 항상 쾌락을 받으며, 세 아승기 겁을 지나면 보성寶盛이란 이름으로 부처가 되어 한량없는 중생들을 제도할 것이다. 이런 이유 때문에 웃었느니라."

그 때에 여러 비구들은 부처님의 이 말씀을 듣고 다 기뻐하며 마음에 새기고 능력에 따라 실천했습니다.

수마의 실 보시

부처님께서 슈라바스티에 있는 기타 숲 외로운 이 돕는 절에 계시던 어느 때, 그 성중에 수마라는 실을 만드는 사람이 있었습니다. 실을 주문하는 상인도, 사는 사람도 없어 집안 식구들의 호구가 어렵자, 할 수 없이 여기저기 날품을 팔아 연명하다가 어느 날 아래와 같이 생각했습니다.

'나는 전생에 보시하지 않았기 때문에 이제 이 같은 빈궁과 고통을 겪는 것이다. 그렇다면, 현재에 보시하지 않으면, 곧 미래에 가서 보다 더 극심한 빈궁과 고통을 받을 것이다. 나는 이제부터 좀 더 노력하여 조그마한 물건이나마 그것을 보시함으로써 미래에 좋은 과보를 받겠다.'

그는 평소보다 더 노력하고 절약하여 실 만들 재료를 구해, 품파는 여가를 이용하고 잠을 덜자며, 정성을 다하여 어렵게 실 한 타래를 만들었습니다. 그는 그 실 한 타래를 가지고 절을 향해 가다가, 어느 거리 복판에서 멀리 세존께서 가사를 입고 바루를 가지고 여러 비구들과 함께 성중에 들어가 걸식하시는 광경을 보고, 곧 부처님 앞에 나아가 가지고 있던 실을 받들어 보시하니, 세존께서 그것을 받아 마침 입으신 가사의 떨어진 곳을 꿰매시는 것을 보았습니다.

그 때에 수마가 감격하고 기쁨에 넘쳐 엎드려 예배한 뒤, 큰 서원을 세우고 부처님 앞에서 시를 읊었습니다.

비록 변변치 못한 보시건만
큰 복 밭을 뵈었기에
그것을 받들어 보시함으로써
미래세에 이 서원대로 성불하여
한량없는 중생을 제도하려 하오니,
큰 위덕을 갖추신 세존께옵서
이 일을 증명하여 주시옵소서.

세존께서 역시 시로써 대답하셨습니다.

그대 이제 나를 만났기에
성실한 신심 내어 보시하니
미래세에 가서 부처가 될 때엔

십연十綖이란 이름으로
그 이름이 시방에 두루하고
한량없는 중생들을 제도하리라.

그 때 수마는 부처님께서 읊으신 시를 듣고 깊은 신심과 공경심을 내어 곧 온 몸을 땅에 엎드려 예배하고 이러한 큰 서원을 세웠습니다.

"이 실을 보시한 공덕으로써 미래 세상에 눈 어두운 이는 밝은 눈을 얻게 하고, 구원을 받지 못한 이는 구원을 받게 하고, 해탈하지 못한 이는 해탈하게 하고, 편안하지 못한 이는 편안하게 하고, 열반을 증득하지 못한 이는 열반의 경지에 들어가게 하여지이다."

위와 같은 큰 원을 세우자, 부처님께서 빙그레 웃으시고 곧 그 얼굴에서 다섯 가지 빛깔의 광명을 내시니 그 광명이 세 겹으로 부처님을 둘러싼 뒤, 도로 부처님의 정수리로 들어갔습니다.

그 때 아난다가 부처님 앞에 나아가서 사뢰었습니다.

"여래께선 진중하사 함부로 웃음을 나타내지 아니하셨거늘, 지금 빙그레 웃으심은 무슨 까닭이십니까? 세존께서 부연해 주시옵소서.”

“아난다야, 너는 지금 저 가난한 수마가 나에게 실을 보시하고서 기쁜 마음을 내어 세우는 큰 서원을 들었느냐?”

“이미 들었나이다. 세존이시여.”

“저 수마가 정성 어린 마음으로 나에게 실을 보시했기 때문에 그는 미래 세상에 성불할 때 십연十綖이란 이름으로 한량없는 중생들을 제도할 것이다. 이런 사연 때문에 웃었느니라.”

그 때 부처님의 말씀을 듣고 비구들은 기뻐하며 마음에 새기고 능력에 따라 실천했습니다.

미래의 석가불

부처님께서 슈라바스티에 있는 기타 숲 외로운 이 돕는 동산에 계시던 어느 때, 성중에 파디카라는 어떤 장자가 있었고, 그는 성품이 매우 포악하고 성내거나 미워하기를 좋아해 어떤 사람도 그와 친한 이가 없었으나, 여섯 이교도에겐 신심과 공경심이 각별했습니다. 그 뒤 병이 나서 심하게 앓고 있었지만 어떤 사람도 음식을 챙겨 주거나 약을 사주거나 의원에 데려 가지 않아 생명이 거의 위급할 정도에 이르게 되었을 때, 이렇게 생각했습니다.

'내가 지금 이 고통을 겪는 것은 당연한 이치다. 누가 꺼져 가는 나의 생명을 구해 주겠는가? 이 세간에 부처님만이 나의 생명을 구제해 주실 것이다. 나는 지금부터는 몸과 목숨이 끝날 때까지 부처님을 잘 받들어 섬기겠다.'

이와 같이 생각한 뒤 곧 온갖 정성을 기울여 부처님을 한 번 뵈옵기를 갈망했습니다.

그 때 세존께선 대비하신 마음으로써 밤낮없이 선정에 들어 구제받을 시기가 된 이가 있는가를 살피셨습니다.

'누가 고뇌를 받는가. 나는 거기에 가서 구제하되 부드러운 말로써 그들의 마음을 다 즐겁게 할 것이며, 혹시 나쁜 곳에 떨어지는 자가 있을 때엔 갖가지 방편으로써 구제하여, 인간과 천상에 태어나 편안히 살다가 부처가 되게 하리라.'

그 때, 여래께서 중생들을 관찰하시다가 저 장자가 병에 시달려 파리하기 짝이 없으나 돌보아 주는 이가 없는 것을 보시고, 곧 광명을 놓아 저 병자에게 비춰 줘 그 몸을 시원하게 하고 마음을 가뿐하게 하셨습니다.

그러자, 그 장자는 본인도 모르게 기뻐하며 온 몸을 땅에 엎드려 부처님께 귀의했습니다.

그 때 세존께서 저 파디카 장자의 선근이 이미 성숙되어 가르쳐 변화시킴을 받을 수 있으리라 생각하시고 곧 장자의 집을 찾아가시니, 이에 장자는 홀연히 놀래 일어나서 합장하고 받들어 맞이했습니다.

"잘 오셨습니다. 세존이시여, 자리에 앉으시옵소서."

"지금 그대의 병세가 어떠한가?"

"세존이시여, 제가 지금 앓고 있는 병으로 온 몸과 마음이 다 고통스럽습니다."

부처님께서 스스로 생각하셨습니다.

'내가 오랜 겁劫에 걸쳐 자비심을 축적한 것은 중생들의 몸이나 마음의 고통스러운 것을 제거하기로 맹서했기 때문이다.'

그 때, 제석천帝釋天이 부처님의 뜻을 알고 곧 향산香山(히말라야의 한자 이름)에 나아가 백유白乳라는 약초를 캐어 와서 세존께 바쳤습니다.

세존께서 이 약초로써 곧 파디카 장자로 하여금 복용케 하시니, 다 복용하자마자 병은 이미 완쾌되어 몸과 마음이 한꺼번에 상쾌해졌습니다.

파디카 장자는 더욱 부처님을 독실하게 믿고 공경심을 내어, 곧 갖가지 맛난 음식을 준비시켜 부처님을 비롯한 여러 비구 스님들께 공양 올렸고, 아울러 좋은 의복과 백만 냥의 가치가 있는 보석을 받들어 보시하면서 큰 서원을 세웠습니다.

"오늘 올린 이 공양의 선근과 공덕으로써 지금 세존께서 저의 몸과 마음의 일체 병을 다 치료하여 상쾌함을 얻게 하신 것처럼, 저도 미래 세상에 중생들의 몸과 마음의 병을 치료해 다 안락함을 얻을 수 있게 하여지이다."

이러한 큰 서원을 세우자, 부처님께서 빙그레 웃으시고 곧 얼굴에서 다섯 가지 빛깔의 광명을 내시니 그 광명이 세 겹으로 부처님을 둘러싼 뒤, 도로 부처님의 정수리로 들어가 버렸습니다.

그 때 아난다가 부처님 앞에 나아가 사뢰었습니다.

"여래께선 진중하사 함부로 웃음을 나타내지 아니하셨거늘 지금 빙그레 웃으심은 무슨 까닭입니까? 세존께서 부연해 주소서."

"아난다야, 너는 지금 저 파디카 장자가 자신의 병이 회복되자 나와 비구들에게 올리는 공양을 보았느냐?"

"이미 보았나이다."

"그가 미래세에 성불하여 석가모니란 명호를 얻고 널리 한량없는 중생들을 제도할 것이다. 이러한 사연 때문에 웃었느니라."

부처님의 말씀을 듣고 여러 비구들은 다 기뻐하며 마음에 새기고 능력에 따라 실천했습니다.

꽃을 올리고

부처님께서 라자그리하에 있는 칼란다카 대숲 절에 계시던 어느 때, 프라세나짓 국왕은 부처님께서 계신다는 말을 듣기 전까지 하루에 여섯 번 향과 꽃을 천신天神에게 올리며 섬겼습니다.

부처님께선 이미 바른 깨달음을 이룩하시고, 세간에 출현하사 장차 프라세나짓 국왕을 교화하실 목적으로 옷을 입고 바루를 들고 국왕의 처소에 이르렀습니다.

그 때, 프라세나짓 국왕은 부처님께서 온 천지에 광명을 비추며 오시는 몸가짐이 사람으로서 가장 뛰어나심을 뵙고, 마음에 기쁨이 충만하여 준비한 자리에 앉게 하시고, 온갖 만난 음식으로써 공양을 올렸으며, 부처님께서도 국왕을 위해 갖가지로 설법하시니, 왕은 더욱 부처님께 신심과 공경심을 내어 천신 섬기던 일을 버리고 오직 부처님께만 정성을 기울였습니다.

왕은 매일 세 번씩 꽃과 향을 가지고 여래께 공양 올렸는데,

어느 날 못 지키는 사람이 왕에게 꽃을 다 바친 뒤에 자신이 꽃 한 송이를 가지고 시장을 향해 가던 도중에 어떤 이교도를 만나니 그 외도가 물었습니다.

"그대가 가진 꽃은 팔려고 하는가?"

"예, 팔려고 합니다."

또 수닷타 장자가 그 옆에 와서 물었습니다.

"그대는 이 꽃을 팔려고 하는가?"

이와 같이 두 사람이 경쟁하는 틈에 값을 천 냥으로 불러도 서로가 양보하지 않자, 꽃을 가진 사람이 먼저 이교도에게 물었습니다.

"그대는 이 꽃을 사서 무엇 하려 하시오?"

"나는 이 꽃을 사서 나라야나 하늘 신에게 바쳐 복을 구하려 하오."

다음엔 수닷타 장자에게 물었습니다.

"그대는 이 꽃을 사서 무엇을 하려 하시오?"

"나는 부처님께 공양을 올리려 하오."

꽃을 가진 사람이 다시 물었습니다.

"어떠한 분을 부처님이라 하십니까?"

"과거를 기억하는 지혜가 끝이 없고, 미래를 관찰하는 지혜도 또한 끝이 없으며, 세 세계 중에서 가장 존귀하사 모든 하늘 사람이나, 세간의 사람들이 공경하는 분입니다."

꽃을 가진 사람은 수닷타의 말을 듣고 매우 기뻐하며 이렇게 생각했습니다.

'수닷타 장자는 치밀하고 확실한 분으로서 모든 일을 함부로 하지 않는다. 오늘 이 꽃을 사기 위해 천 냥의 값을 따지지 않고 이 꽃을 사려는 것은 반드시 큰 이익이 있기 때문에 값의 고하를 생각하지 않고 꼭 꽃을 사려는 것이다.'

곧 꽃 사려는 두 사람에게 대답했습니다.

"저는 이 꽃을 팔지 않고 그대로 가져가서 부처님께 공양을 올리려 하오."

이 말을 들은 수닷타는 어쩔 줄 모르게 기뻐했고, 꽃을 가진 사람은 곧, 칼란다카 대숲 절에 가서, 세존의 서른두 가지 잘생긴 모습과 여든 가지 고혹적인 몸매에서 널리 비추는 광명이 마치 천 개의 햇빛 같음을 보고, 드디어 신심과 공경심을 내어 가진 꽃을 부처님께 뿌리니 허공에서 꽃 양산으로 변하여 부처님을 따라다니기도 하고 멈추기도 했습니다. 이 신통변화를 보고 나서 곧 온 몸을 땅에 엎드려 예배한 다음 큰 서원을 세웠습니다.

"이 꽃으로써 공양을 올린 선근과 공덕으로써 미래 세상에 눈 어두운 이는 밝은 눈을 얻게 하고, 구원받지 못한 이는 구원을 받게 하고, 해탈하지 못한 이는 해탈하게 하고, 열반을 증득하지 못한 이는 열반의 경지에 들어가게 하여 지이다."

이러한 큰 서원을 세우자, 부처님께서 빙그레 웃으시고 곧 그 얼굴에서 다섯 가지 빛깔의 광명을 내니, 그 광명이 세 겹으로 부처님을 둘러싼 뒤, 도로 부처님의 정수리로 들어가 버렸습니다.

그 때, 아난다가 부처님 앞에 나아가 사뢰었습니다.

"여래께선 진중하사 함부로 웃음을 나타내지 아니하셨거늘, 지금 빙그레 웃으심은 무슨 까닭입니까? 원컨대 세존께서 부연해 주소서."

"아난다야, 너는 지금 저 정원 지키는 사람이 꽃을 가지고 나에게 올리는 공양을 보았느냐? 저 사람은 미래 세상에 세 아승기 겁을 지난 뒤에 성불하여 화성花盛이란 명호로 한량없는 중생들을 제도할 것이다. 이런 이유 때문에 웃었느니라."

부처님의 이 말씀을 듣고 비구들은 기뻐하며 마음에 새기고 능력에 따라 실천했습니다.

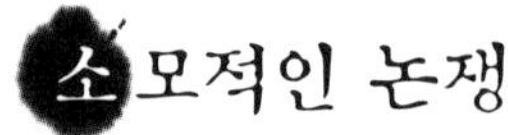

소모적인 논쟁

부처님께서 슈라바스티에 있는 기타 숲 외로운 이 돕는 절에 계시던 어느 때, 성중에 두 지식인이 있었으니, 한 사람은 불법을 깊이 믿어 항상 여래의 공덕이 세 세계에 있어서 가장 존귀하다고 찬탄하는 사람이고, 다른 한 사람은 그릇된 견해에 깊이 집착해 이교도의 여섯 스승보다 더 뛰어날 이가 없다고 말하는 사람이었습니다. 이와 같이 서로 끊임없이 논쟁하다가 드디어 나라에까지 알려지자, 어느 날 프라세나짓 국왕이 그들을 불러서 그 논쟁하는 이유를 물으니 먼저 이교도가 대답했습니다.

"제가 받들어 섬기는 푸르나富蘭那 등의 신통력은 사실 저 고타마 사문 보다 뛰어납니다."

왕은 다시 불법 믿는 이에게 물었습니다.

"이제 그대가 섬기는 고타마 사문은 어떠한 신통력을 지니셨는가?"

"제가 섬기는 고타마 사문이야말로 그 누구도 따를 수 없는 절대의 신통력을 지니셨습니다."

국왕은 이 두 사람의 말을 듣고 나서 이렇게 말했습니다.

"그대들이 지금 각자가 섬기는 이를 제일이라 칭찬하니 누가 뛰어난가를 알 수 없구나. 내가 지금부터 그대들을 위해 앞으로 칠 일 동안의 기간을 두고, 온 국내에 명령하여 백성 백만 명을 넓은 곳에 집합시켜 그대들의 신통을 시험해 보겠으니, 그대 두 사람은 각자 향을 사르고 꽃을 흩고 물을 뿌린 뒤에 그대들 스승을 초청해 그 모임에 오시게 해 공양을 올려야 할 것이다."

두 사람은 왕의 말을 듣고 서로 그렇게 하기를 약속했고, 왕 역시 칠 일이 되던 날, 백성을 한 곳에 집합시켰습니다.

그 날 두 사람은 대중 앞에서 각각 발원했는데, 이교도를 섬기는 범지가 먼저 향과 꽃과 깨끗한 물을 가지고 대중 앞에서 이렇게 발원했습니다.

"제가 받드는 푸르나께서 과연 신통력이 있으시거든, 이 향과 꽃과 깨끗한 물이 허공으로 날아가 스승님 처소에 이르면 저의 마음을 아셔서 이 모임에 왕림해 주시고, 만약 신통력이 없으시면 이 향과 꽃과 깨끗한 물이 그대로 땅에 떨어질 것입니다."

이와 같이 발원하고 그가 향과 꽃과 깨끗한 물을 허공에 뿌리니 그것들은 다 곧 땅에 떨어지고 말았습니다.

대중들이 이 광경을 보고 그가 신통력 없음을 알고 서로가 말했습니다.

"저 푸르나 등은 사실 그대로 신통력이 없으면서 우리들 모든 백성의 공양만 헛되이 받아 왔구나."

다음엔 불법을 믿는 이가 대중 앞에서 향과 꽃과 깨끗한 물을 가지고 허공에 뿌리면서 이렇게 발원했습니다.

"세존이시여, 지금 실제하는 신통력 그대로 제가 뿌린 이 향과 꽃과 깨끗한 물을 여래의 처소에 이르게 함으로써 저의 마음을 아셔서 이 모임에 왕림해 주시옵소서."

이와 같이 발원하니, 곧 향과 연기와 꽃이 구름이 되어 멀리 슈라바스티를 뒤덮은 뒤에 허공으로부터 꽃 양산으로 변화해 부처님의 머리 위에 이르러서 부처님을 따라다니기도 하고 멈추기도 하며, 한편 깨끗한 물은 마치 유리처럼 부처님 계시는 앞 땅을 씻고 나서 되돌아오니, 대중들은 이 변화를 보고 전에 없던 일이라 찬탄하며, 깊이 부처님께 신심과 공경심을 내어 그 이교도 섬기던 생각을 다 버렸으며, 그는 소원을 이미 성취했으므로, 곧 온 몸을 땅에 엎드려 이러한 큰 서원을 세웠습니다.

"원컨대 이 향과 꽃과 깨끗한 물을 부처님께 바친 공덕으로써 미래 세상에 눈 어두운 이는 밝은 눈을 얻게 하고, 귀의할 데 없는 이는 귀의할 곳을 찾게 하고, 구원을 받지 못한 이는 구원을 받게 하고, 해탈하지 못한 이는 해탈하게 하고, 편안하지 못한 중생은 편안하게 하고, 열반을 증득하지 못한 자에겐 열반의 경지에 들어가게 하여지이다."

그의 이러한 발원에 따라, 부처님께서 빙그레 웃으시고 곧 그 얼굴에서 다섯 가지 빛깔의 광명을 내시니 그 광명이 세 겹으로 부처님을 둘러싼 뒤, 도로 부처님의 정수리로 들어가 버렸습니다.

그 때 아난다가 부처님 앞에 나아가 사뢰었습니다.

"여래께선 진중하사 함부로 웃음을 나타내지 아니하셨거늘, 지금 빙그레 웃으심은 무슨 까닭입니까? 세존께서 부연해 주시옵소서."

"아난다야, 너는 방금 나의 가르침을 믿는 지식인이 향과 꽃과 깨끗한 물로써 나에게 바치는 공양을 보았느냐?"

"이미 보았나이다. 세존이시여."

"저 지식인은 미래 세상에 세 아승기 겁을 지난 뒤 성불하여 부동不動이란 명호를 얻고 한량없는 중생들을 제도할 것이다. 그 이유 때문에 웃었느니라."

그 때 비구들은 부처님의 이 말씀을 듣고 기뻐하며 마음에 새기고 능력을 따라 실천했습니다.

국왕의 출가

부처님께서 슈라바스티에 있는 기타 숲 외로운 이 돕는 절에 계시던 어느 때, 어떤 두 국왕이 서로가 싸워 많은 백성들이 죽고 부상을 당하고, 또 백성들이 식생활을 제대로 못해도, 밤낮 싸울 준비만 계속했습니다. 그 때 프라세나짓 국왕은 저 두 왕이 나고 죽음에 휩쓸려 구제하기 어려울 것을 보고 생사에서 해탈시키기 위해 부처님 처소에 나아가서 엎드려 예배한 뒤에 한 쪽에 물러나 앉아 사뢰었습니다.

"세존이시여, 여래께선 더 없는 법왕이시라, 항상 저 고난에 허덕이는 중생들을 식별하시고 구원하셔서 서로 투쟁하는 자를 화해하게 하시는 데, 지금 저 두 왕이 서로 원수가 되어 항상 전쟁하기를 일삼아 서로 화해할 줄 모르고 많은 백성들만 상해하오니, 원컨대 세존께서 저 두 왕을 화해시켜 전쟁하지 않게 하시옵소서."

부처님께서 곧 그렇게 하기를 허락하시고, 어느 날 옷을 입고 바루를 가지고 여러 비구들에 둘러싸여 바라나시의 녹야원에 도착하셨습니다.

그 때, 두 왕이 군사를 집합시켜 전투를 시작할 무렵, 그 중의 한 국왕이 평소와는 달리 매우 겁이 나서 어쩔 줄 몰라 하다가, 전쟁터에서 물러나 부처님께 와서 곧 엎드려 예배하고 한쪽에 물러나 앉으니, 부처님께서 그 왕을 위해 아래의 '세상은 무상하다.'는 시를 말씀해 주셨습니다.

높은 것은 언젠가는 낮아지고
있는 것은 마침내는 없어지나니
태어난 자 언젠가는 죽어가고
모이는 자 마침내는 흩어지네.

그 때 국왕은 세존의 이 시를 듣고 나서 곧 마음이 열리고 생각이 새로워져 스로타판나를 얻어서 부처님 앞에 출가하기를 간청하므로, 부처님께서 곧 그에게 말씀하셨습니다.

"때 맞춰 왔구나! 비구야."

위와 같은 말씀을 하시자, 저절로 수염과 머리털이 떨어지고 가사가 몸에 입혀져 사문이 되어 부지런히 수습修習하더니 금새 아라한과를 얻었습니다.

저 두 번째 왕은 부처님 세존이 그 왕을 제도하여 출가시켰음을 듣고, 두려움 없이 태연한 마음으로써 부처님께 나아와 엎드려 예배하고 한쪽에 물러나 앉아 설법을 듣고, 기쁜 마음을 내고, 부처님을 자기 나라로 초청했고, 부처님께서 허락하시니, 본국에 돌아가 온갖 맛난 음식을 준비해 부처님과 여러 스님들을 초청하여 공양을 올린 뒤, 부처님 앞에서 곧 서원을 세웠습니다.

"이 공양을 올리는 선근과 공덕으로써 미래 세상에 눈 어두운 이는 밝은 눈을 얻게 하고, 귀의할 데 없는 이는 귀의할 곳을 얻게 하고, 구원을 받지 못한 이는 구원을 받게 하고, 해탈하지 못한 이는 해탈하게 하고, 편안하지 못한 이는 편안하게 하고, 열반을 이루지 못한 이는 열반의 경지에 들어가게 하여지이다."

위의 서원을 들으신 부처님께서 곧 빙그레 웃으시고 다시 그 얼굴에서 다섯 가지 빛깔의 광명을 내시니 그 광명이 세 겹으로 부처님을 둘러싼 뒤, 도로 부처님의 정수리로 들어가 버렸습니다.

그 때 아난다가 부처님 앞에 나아가 사뢰었습니다.

"여래께선 진중하사, 함부로 웃음을 나타내지 아니하셨거늘, 지금 빙그레 웃으심은 무슨 까닭입니까? 그 이유를 부연해 주시옵소서."

"아난다야, 너는 지금 이 반차야般遮耶국왕이 나에게 올리는 공양을 보았느냐?"

"이미 보았나이다."

"나에게 공양을 베푼 공덕으로써 나쁜 곳에 떨어지지 않고 천상 · 인간에서 항상 쾌락을 받으며, 앞으로 세 아승기 겁을 지난 뒤에 성불하여 무승無勝이란 명호로 한량없는 중생들을 제도할 것이다. 이런 이유 때문에 웃었느니라."

그 때 비구들은 부처님의 이 말씀을 듣고 기뻐하며 마음에 새기고 능력에 따라 실천했습니다.

이레 동안 임금

부처님께서 슈라바스티에 있는 기타 숲 외로운 이 돕는 절에 계시던 어느 때, 프라세나짓왕과 아자타샤트루 왕이 서로 원수가 되어 각각 상병象兵 · 마병馬兵 · 거병車兵 · 보병步兵 등 네 가지 군사를 출정시켜 전쟁을 계속했습니다. 프라세나짓왕의 군사가 여지없이 무너지되 이와 같이 세 번을 거듭하므로, 왕은 단신으로 성중에 돌아와서, 매우 우울하고도 수치스러워 잠도 음식도 달갑지 못할 지경이었습니다.

그때 마침 한량없고 헤아릴 수 없이 많은 재산을 지닌 어떤 장자가 이 사실을 듣고 왕에게 와서 말했습니다.

"저의 집에 금 · 은 따위 값진 보물이 많이 있으니, 왕께서 이것을 마음대로 이용하여 코끼리와 말을 사고, 현상금을 걸고 군사를 모집하여 잘 훈련시켜 적군을 무찌르시면 반드시 승리를 거둘 것입니다. 왕께선 너무 근심하거나 괴로워하지 마십시오."

왕이 그렇게 하기를 허락하자, 장자는 곧 온갖 보물을 다 왕에게 바쳤습니다.

왕은 온 국내에 명령하여 힘센 장정과 훌륭한 전략가를 모집했고, 수많은 장정과 몇몇의 전략가가 그 모집에 응했습니다. 기원문祇洹門 안에서 관리인의 입회하에 전략가들이 전투하는 방법을 토론하여 그들은 다음과 같이 결론지었습니다.

'가장 날래고도 용맹스러운 군사를 진두陣頭에 세우고, 그 다음 보통 군사를 중간에 두고, 맨 뒤에 힘없는 군사를 배치해야만 승리할 수 있다.'

이 말을 들은 관리가 왕의 처소에 가서 저 전략가들이 논의한 전법 그대로를 보고했고, 왕이 또한 이 말을 받아들여, 곧 네 가지 군사四兵를 훈련시켜 결정한 전법 그대로 가장 날랜 군사를 진두에, 힘없는 군사를 맨 뒤에 배치하여 서로 교전한 결과, 마침내 그 적군을 부수고 모든 코끼리와 말을 노획하고 더 나아가 아자타샤트루 왕을 사로잡아 크게 기뻐하며 보배 수레에 태우고 부처님께 나아가 사뢰었습니다.

"세존이시여, 저로선 아자타샤트루 왕과 오랜 세월을 지나는 동안 당초부터 아무런 원한도 없고 질투도 없었건만, 저 왕이 도리어 저를 원수처럼 여겨 왔습니다. 그러나 아자타샤트루 왕의 부왕이 바로 저의 친한 친구였으니 그 아들의 생명을 해칠 수 없어 이제 본국으로 돌려보낼까 하나이다."

"훌륭하시오. 친한 사이건 친하지 않은 사이건, 마음을 항상 평등하게 하면 성현들이 칭찬하십니다."

이렇게 말씀하시고 다시 시를 읊었습니다.

싸워서 지는 자 두려워하고
이기는 자 기뻐하지만
대왕이 이제 저 왕을 풀어줌은
한꺼번에 두 사람이 즐거움을 얻는 것이네.
그보다도 지고 이김을 초월하는 것이
바로 최상의 미묘한 즐거움이지.

그 때에 프라세나짓왕은 부처님에게 이 시를 듣고 곧 아자타샤트루 왕을 그의 본국으로 돌려보낸 다음, 슈라바스티로 돌아와서 스스로 이렇게 생각했습니다.

'내가 이번 전투에서 승리를 거둔 것은 전부가 저 장자가 값진 재산을 나에게 희사해 줌으로써 그것을 자본 삼아 훌륭한 군사를 모집할 수 있었기 때문이다.'

이와 같이 생각한 나머지, 곧 장자를 불러 말했습니다.

"내가 이번 전쟁에 그대가 희사한 값진 보물로써 장사들을 모집했기 때문에 승리를 거두게 된 것이요. 지금 그대의 은혜를 갚겠으니 그대의 소원이 무엇인가?"

이 때 장자는 무릎을 꿇고 왕에게 대답했습니다.

"저로 하여금 두려움 없이 말할 수 있게 허용하신다면 감히 사뢰겠나이다."

"그대의 소원이라면 무엇이든지 다 들어 주겠소."

"이제 저의 소원을 말씀드리자면 왕을 대신하여 이레 동안 이 천하를 통치하고자 합니다."

왕은 곧 허락하고 동시에 장자의 소원을 만족시키기 위해 북을 쳐, 모든 백성들을 불러 그들이 보는 앞에서 그를 정식 국왕으로 모시고, 모두에게 그 사실을 다 알게 했습니다.

곧 경내의 조그마한 왕들에게 각각 사신을 보내어 이레 동안 모든 정사를 중지하고, 다 와서 자기에게 조배朝拜하게 하되, 함께 삼보에 귀의하여 부처님을 초청해 공양을 올리기를 이레 동안 하고, 매우 크게 기뻐하며 온 몸을 땅에 엎드려 예배하고서 이러한 큰 서원을 세웠습니다.

"이 이레 동안 왕 노릇한 공덕으로써 미래 세상에 눈 어두운 중생은 밝은 눈을 얻게 하고, 귀의할 데 없는 중생은 귀의할 곳을 얻게 하고, 구원을 받지 못한 중생은 구원을 받게 하고, 해탈하지 못한 중생은 해탈하게 하고, 불안한 중생은 편안하게 하고, 열반을 증득하지 못한 중생에겐 열반의 경지에 들어가게 하여지이다."

그의 이러한 발원을 들으신 부처님께서 빙그레 웃으시고, 곧 그 얼굴에서 다섯 가지 빛깔의 광명을 내시니 그 광명이 세 겹으로 부처님을 둘러싼 뒤, 도로 부처님의 정수리로 들어갔습니다.

그 때 아난다가 부처님 앞에 나아가 사뢰었습니다.

"여래께선 항상 스스로 진중하사 함부로 웃음을 나타내지 아니하셨거늘, 지금 빙그레 웃으심은 무슨 까닭입니까? 세존께서 부연해 주시옵소서."

"아난다야, 너는 지금 저 장자가 이레 동안 국왕노릇을 하면서 나에게 바치는 공양을 보았느냐?"

"이미 보았나이다."

"저 장자가 나를 초청한 것을 말미암아 미래 세상에 세 아승기 겁을 지난 뒤에 성불하여 최승最勝이란 명호로 한량없는 중생들을 널리 제도할 것이다. 이런 이유 때문에 웃었느니라."

부처님께서 이 장자의 국왕노릇을 하게 된 인연을 말씀하실 적에, 어떤 이는 스로타판나를, 어떤 이는 샤크르다가민을, 어떤 이는 아나가민을, 어떤 이는 아라한과를 얻었으며, 혹은 벽지불의 마음을, 혹은 더없는 보리의 마음을 내기도 했습니다. 그 때 여러 비구들은 부처님의 이 말씀을 듣고, 기뻐하며 마음에 새기고 능력을 따라 실천했습니다.

보응수공양품

報應受供養品

2권

뱃사공이었던 부처님

부처님께서 슈라바스티에 있는 기타 숲 외로운 이 돕는 절에 계시던 어느 때, 이라발 강가에 많은 뱃사공들이 살고 있었습니다.

부처님께서 여러 비구들을 데리고 저 마을에 가셔서 뱃사공들을 교화하기 위해 강물을 건너려 하시자, 뱃사공들이 부처님께서 오시는 모습을 바라보고 기쁜 마음을 내어 배를 타고 강물을 건너와 부처님 앞에 예배하고 사뢰었습니다.

"세존이시여, 내일 배를 타고 강물을 건너십시오."

부처님께서는 곧 그렇게 하기로 허락하셨습니다.

뱃사공들은 배를 깨끗이 쓸고 닦아 보기 좋게 꾸미고, 길을 평탄하게 닦고 깨끗이 쓸어 다니기에 최고로 좋도록 해놓고, 깃발을 달고 향수를 뿌리고, 여러 가지 아름다운 꽃을 흩고, 배에서 부처님을 비롯한 여러 스님들을 기다리고 있었습니다.

이튿날 때가 되자, 세존께서 여러 비구들을 거느리고 강가에 도착하셔서 배를 타고 강물을 건너 마을에 이르러 자리 깔고 좌정하셨는데, 뱃사공들이 대중들이 좌정함을 보고는 직접 갖가지 맛난 음식을 받들어 공양을 올린 다음, 모두 부처님 앞에서 우러러 설법하시기를 기다렸습니다.

그 때 세존께서 곧 그들의 근기에 맞추어 네 가지 진리를 말씀하시니 마음과 뜻이 열려 어떤 이는 스로타판나를, 어떤 이는 샤크르다가민을, 어떤 이는 아나가민을, 어떤 이는 아라한의 과위를 얻었고, 어떤 이는 더할 수 없는 '부처가 되겠다.'는 마음을 내기도 했습니다.

여러 비구들은 뱃사공들이 배를 태워주고 공양을 베푼 일이 전에 없던 일이라고 괴이하게 여기면서 부처님 앞에 나아가 사뢰었습니다.

"여래께서는 과거 세상에 어떠한 복을 심으셨기에 지금 저들이 강물을 건너게 해 주고, 자연스럽게 이러한 공양을 받게 되셨나이까?"

"여러 비구들아, 자세히 들어라. 내가 이제 너희들을 위해 분별하리라. 과거 한량없는 겁 전 어느 때, 바라나시 나라에 비염바毘閻波란 부처님께서 세간에 출현하셔서 비구들을 데리고 다른 여러 국토를 다니시면서 중생들을 교화하셨는데, 한 강가에 이르자, 많은 보따리 장사꾼들이 값진 보물을 가지고 역시 다른 나라로부터 이 강가에 와서 부처님을 비롯한 육만 이천 아라한 대중을 보고 깊은 신심과 공경하는 마음을 내어 부처님 앞에 나아가 이렇게 물었다.

'강물을 건너려 하십니까?'

부처님께서 곧 그렇다고 말씀하시자, 그들은 부처님과 여러 스님들께 온갖 만난 음식을 갖춰 공양을 올린 다음, 다시 이렇게 간청하였다.

'세존께서 먼저 강물을 건너시옵소서. 혹시 도적이 비구들의 옷과 바루를 빼앗을까 염려되옵니다.'

그 때 저 세존께서 곧 강물을 건너시고 모든 보따리 장사꾼들을 위하여 갖가지 법을 말씀하셨다. 그들이 모두 기뻐하며 보리심을 내자 곧 장사꾼을 거느린 우두머리에게 수기授記하셨다.

'그대는 미래 세상에 성불할 때 석가모니란 명호를 얻어서 한량없는 중생들을 널리 제도하리라.'

비구들아, 알아라. 그 때의 우두머리가 바로 나의 전신이고, 그 때의 보따리 장사꾼은 바로 지금의 육만이천 나한들의 전신이었다. 그 당시 부처님께 공양을 베풀었기에 한량없는 세상에서 나쁜 갈래에 떨어지지 않고 하늘에서나 인간에서나 항상 쾌락을 받아왔으며, 내지 현재 세상에 부처가 되었기에 모든 하늘 사람이나 이 세상 사람들이 다 나에게 와서 공양을 베푸는 것이니라."

그 때 비구들은 부처님의 말씀을 듣고 기뻐하며 마음에 새기고 능력에 따라 실천했습니다.

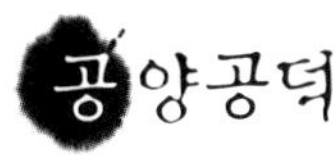

공양공덕

부처님께서 라자그리하에 있는 칼란다카 대숲 절에 계시다가 육만이천 나한들을 거느리고 쿠쉬나가라에 가셨습니다. 그 나라 백성들의 성품은 매우 인자하고 효성스럽고 순수하며, 마음을 씀이 여유로우며, 남을 이해하고 상대를 사랑했기 때문에 여래께서 곧 이렇게 생각하셨습니다.

'나는 이제 향기가 사향과 같이 좋은 나무로써 큰 누각 강당을 만들어 저 백성들을 다 교화하리라.'

이와 같이 생각하시고 나자, 그 때 마침 제석천이 부처님의 생각하시는 마음을 알고, 여러 하늘 사람들과 용 · 야차 · 구반다들과 함께 제각기 그 향나무를 가지고 와서 부처님께 바쳤고, 그들이 순식간에 여래를 위해 큰 강당을 세우고 천상의 침대 · 침구 · 담요와 천상의 음식을 다 갖추어, 부처님을 비롯한 비구스님들께 공양을 올렸습니다.

그 때, 저 백성들이 이 광경을 보고 전에 없던 일이라고 찬탄하며 이렇게 말했습니다.

"지금 여래께서 큰 공덕과 이익이 되는 사실을 보여주시니, 저들이 감격하여 모두 공양을 바치는구나."

그들은 한꺼번에 부처님 앞에 가서 엎드려 예배한 다음, 한쪽으로 물러나니, 부처님께서 곧 그들에게 네 가지 진리의 법을 말씀하시자 마음과 뜻이 열려 어떤 이는 스로타판나를, 어떤 이는 샤크르다가민을, 어떤 이는 아나가민을, 어떤 이는 아라한의 과위를 얻었으며, 어떤 이는 꼭 부처가 되겠다는 마음을 내기도 했습니다.

그 때, 여러 비구들은 하늘 사람들이 가구를 마련하고 음식을 준비하여 부처님께 공양을 올리는 광경을 보고는, 전에 없던 일이라고 찬탄하면서 부처님 앞에 나아가 사뢰었습니다.

"알 수 없는 일이옵니다. 여래께서는 과거 세상에 어떠한 복을 심으셨기에 오늘 여러 하늘 사람들이 이러한 공양을 바쳤습니까?"

"비구들아, 자세히 듣고 잘 기억하여라. 내가 이제 너희들에게 분별하여 주리라. 과거 한량없는 옛날에 범행이란 부처님이 바라나시 나라에 출현하사, 여러 비구들과 함께 인연이 닿는 데마다 다니시며 교화하셨는데, 관정왕이 부처님께서 오신다는 소문을 듣고 성문 밖에 나와 받들어 맞이한 다음, 땅에 엎드려 예배하고 부처님과 여러 스님들을 초청했다.

'저의 처소에 왕림하사, 석 달 동안 우리들의 네 가지 공양(의복 · 음식 · 탕약 · 침구)을 받아 주시옵소서.'

부처님께서 그렇게 하기를 허락했다.

이에, 곧 누각과 강당을 마련하여 거기에 가구를 갖춰두고, 한편 온갖 음식을 준비하여 석 달 동안 공양을 올리고 다시 미묘한 의복 한 벌씩을 보시했다.

부처님께서 왕을 위해 갖가지로 설법하시자 마음으로 기뻐하고 더할 수 없는 '부처가 되겠다.'는 마음을 내는지라, 왕에게 수기했다.

'그대가 미래 세상에 성불할 때, 석가모니란 명호로 한량없는 중생들을 다 제도하리라.'

비구들아, 알아라. 그 때의 관정왕은 바로 나의 전신이고, 그 때의 뭇 신하들은 바로 지금의 육만이천 아라한들의 전신이었다. 그 당시 저 부처님께 다 공양을 올렸기에 한량없는 세상에서 나쁜 갈래에 떨어지지 않고 항상 천상, 인간에 태어나 쾌락을 받아왔다. 더 나아가 지금 세상에 스스로 성불하니 저 하늘 사람들과 이 세상 사람들이 다 나에게 와서 공양을 베푸느니라."

그 때 비구들은 부처님의 이 말씀을 듣고 기뻐하며 마음에 새기고 능력에 따라 실천했습니다.

목욕을 시켜드린 공덕

부처님께서 슈라바스티에 있는 기타 숲 외로운 이 돕는 절에 계시던 어느 때, 그 성중에 살고 있던 오백 명 상인들이 다른 나라에 가서 물건을 팔아 많은 이익을 얻고 돌아오는 도중, 어느 벌판에서 길을 잃어 방향을 모르고 헤맸습니다. 또 혹독한 더위를 만나 갈증으로 죽을 지경에 이르러 각각 천신天神에게 기도를 올리며 구원을 간청해도 아무런 감응이 없자, 그들 가운데 어떤 우바사카 한 사람이 대중들에게 이렇게 말했습니다.

"내가 섬기는 세존께서 항상 대자대비하신 마음으로써 밤낮 없이 중생들 가운데 누가 고통을 받는가를 아시고 직접 오셔서 구호하십니다. 그러니 우리들도 지금 같은 목소리로 함께 정성껏 '부처님께 귀의합니다.'라고 외치면 우리들을 이 고통에서 건져 주실 것입니다."

여러 상인들이 이 말을 듣고, 한꺼번에 같은 소리로 '부처님께 귀의합니다.'라고 일컬으며, 갈증과 뜨거움에서 구원받기를 소원했습니다.

그 때 세존께서 뭇 상인들이 이렇게 부처님을 일컫는 음성을 들으시고 곧 제석천왕과 함께 저 상인들이 있는 곳에 가셔서 소낙비를 퍼부어 더위와 갈증을 다 제거해 주셨습니다. 그들은 각각 기쁨에 넘쳐 본국에 돌아와서 부처님과 스님들을 초청하자, 부처님께서 즉시 그들의 초청을 허락하셨습니다.

그들은 깃대를 세우고 온갖 보배 방울을 달고 향수를 땅에 뿌리고 아름답고 진귀한 꽃을 흩고 갖가지 향을 사르며, 맛난 음식을 준비해 두고 부처님께 나아가 사뢰었습니다.

"세존께서 때를 맞춰 왕림하소서. 식사 준비가 이미 끝났나이다."

그 때 세존께서 옷을 입고 바루를 가지고 여러 비구들과 함께 그 집에 도착하여 공양을 받으신 다음, 상인들이 설법을 듣고자 하므로 부처님이 곧 갖가지 설법을 하시니 마음과 뜻이 열려 어떤 이는 스로타판나를, 어떤 이는 샤크르다가아민을, 어떤 이는 아나가민의 과위에 오르고, 어떤 이는 더 없이 높은 부처님이 되겠다는 마음을 내기도 했습니다.

그 때, 여러 비구들이 이 일을 보고 부처님께 사뢰었습니다.

"여래 세존께서 과거에 어떠한 복을 심으셨기에 지금 상인들이 이러한 공양을 바치고, 다시 도과道果를 얻게 하시옵니까?"

"비구들아, 자세히 들어라. 내가 이제 너희들에게 분별해 주리라.

과거에 바라나시 나라에 전단향栴檀香이란 부처님이 출현하여, 여러 비구들을 데리고 법호왕法護王의 나라에 가셨고 그 때 오랜 가뭄으로 인해 흉년이 들었으나, 왕은 부처님께서 오신다는 소문을 듣고 여러 신하들과 함께 부처님을 맞이하였다.

'석 달 동안만이라도 저희들의 네 가지 공양을 받아 주시옵소서.'

부처님이 그 초청을 받아들이시자, 왕은 다시 성안에 큰 목욕탕을 만들어 부처님과 스님들이 수시로 목욕할 수 있게 하고 이러한 큰 서원을 세웠습니다.

'이 공덕으로써 제석천에서부터 온 남섬부주에 비를 알맞게 내려 모든 농작물을 윤택케 하사 중생들이 고통에서 헤어나게 되어지이다.'

이와 같이 발원하니, 곧 하늘에서 비가 내리기 시작하여 모든 생물이 제 빛깔을 내었고, 왕은 또 보배 병 팔만사천 개를 만들어 그 보배 병 안에 부처님께서 목욕하신 물을 가득 넣어

서 온 남섬부주의 팔만사천 성城 마다 각각 한 병씩을 나눠주어 탑과 절을 만들어 공양을 올리게 하고, 더없는 부처님이 되겠다는 마음을 내니, 전단향 부처님은 왕에게 다음과 같이 수기授記하셨다.

'그대는 미래에 성불할 때엔 석가모니란 명호로 한량없는 중생을 널리 제도할 것이오.'

비구들아, 알아라. 그 때의 법호왕은 바로 나의 전신이고, 그 때의 뭇 신하들은 바로 지금의 여러 비구들 전신이다. 다그 당시 저 부처님께 공양을 올렸기 때문에 한량없는 세간에서 나쁜 갈래에 떨어지지 않고 항상 천상과 인간에서 쾌락을 받았으며, 또 현재 세상에 부처가 되었기에 이 여러 하늘 사람들과 세상 사람들이 나에게 공양을 바치느니라."

그 때 비구들은 부처님의 말씀을 듣고 기뻐하며 마음에 새기고 능력에 따라 실천했습니다.

전염병을 구제하신 부처님

부처님께서 라자그리하에 있는 칼란다카 대숲 절에 계시던 어느 때, 나가란 부락에 전염병이 만연해 많은 백성들이 목숨을 잃으므로, 모두들 천신天神에게 기도를 올려 그 전염병을 제거하려 했으나, 좀처럼 병마가 가시지 않았습니다. 그 때, 그 부락의 어떤 우바사카 한 사람이 대중들에게 이렇게 말했습니다.

"여래께서 이 세상에 계셔서 중생들이 다 이익되고 안락하게 하시니, 우리들이 함께 지극한 마음으로 '부처님께 귀의합니다.' 라고 일컬어서 이 병마에서 우리들을 구제해 주시도록 빕시다."

이 말을 들은 대중들이 모두 한꺼번에 '부처님께 귀의합니다.' 라고 일컫고, 그리고 그들은 축원했습니다.

"세존이시여, 대자대비하신 마음으로써 저희들을 전염병의 고통에서 벗어나도록 보호해 주시옵소서."

그 때 세존께선 항상 대자대비하신 마음으로써 밤낮 여섯 때에 중생들 가운데 누가 고난을 받고 있는가를 식별하셔서 직접 가서 제도하시되, 그들로 하여금 선한 법을 익히게 하셔서 온갖 고통을 아주 뽑아버리게 하시던 때였습니다. 마침 전염병에 허덕이는 이 백성들이 한꺼번에 부처님 명호를 일컬으면서 그 병고에 벗어나려고 애원하는 것을 들으시고는, 곧 여러 비구들과 함께 그 부락에 가셔서, 역시 대자대비하신 마음으로써 부락 사람들을 제도하되 좋은 법을 익히게 권유하시니, 그 전염병 귀신이 한꺼번에 다 물러나 흩어져 다시는 우환이 없었습니다.

부락 사람들은 과연 여래께서 이같이 백성들을 이롭게 하고 안락하게 하심을 보고 나서, 모두 이렇게 말했습니다.

"이제 우리들이 부처님의 은혜를 힘입어 생명을 보전하게 되었으니, 내일 모임을 가지고 부처님 세존을 초청해 모십시다."

이와 같이 결의한 다음, 모두 부처님 앞에 나아가 엎드려 예배하고 꿇어앉아 사뢰었습니다.

"세존께서 저희들의 초청을 받아 주시옵소서."

부처님께서 곧 그들의 초청을 받아들이시자, 그들은 모두 마을에 돌아가서 길을 닦되 기와돌 따위 더러운 물건을 다 제거하고, 깃대를 세움은 물론 뭇 보배 방울을 달고, 향수를 땅에 뿌리고, 온갖 아름답고 진귀한 꽃을 뿌리고, 의자를 군데군데 안치하며, 한편 갖가지 맛난 음식을 준비해 두고서, 부처님 처소에 가서 사뢰었습니다.

"식사 준비가 이미 끝났으니, 때를 아시고 왕림하시옵소서."

그 때 세존께서 옷을 입고 바루를 가지고 여러 비구들과 함께 저 부락에 가서서 공양을 받으신 뒤에 대중들이 설법을 듣고자 하는 마음을 아시고, 곧 갖가지 설법을 하셨습니다. 설법을 듣고 그들은 마음과 뜻이 열려 어떤 이는 스로타판나를 어떤 이는 샤크르다가민을, 어떤 이는 아나가민을, 어떤 이는 아라한의 과위에 오르고, 어떤 이는 더 없이 높은 부처님이 되겠다는 마음을 내었습니다.

여러 비구들은 이 일을 보고 부처님께 사뢰었습니다.

"여래 세존께서 과거에 어떠한 복을 심으셨기에 저 대중들로부터 이러한 공양을 받으셨고, 또 그들의 전염병을 제거해 주셨나이까?"

"비구들아, 지금 분별해 줄 테니 너희들은 자세히 들으라.

과거 세상에 바라나시에 일월광日月光이란 부처님이 출현하여, 여러 비구들을 데리고 범마왕梵摩王의 나라에서 왕이 초청한 공양을 받고 가셔서 공양이 끝나자, 왕이 부처님 앞에 꿇어

앉아 이렇게 말했다.

'원컨대 이 나라 백성들을 전염병에서 구제해 주시옵소서.'

그 때, 부처님께서 입으신 승가리를 벗어 왕으로 하여금 그 옷을 깃대 꼭대기에 달아두고, 국왕과 모든 백성들이 공양을 올리게 하셨고, 그들이 부처님의 가르침대로 시행하니 문제의 전염병이 한꺼번에 다 사라져 다시는 우환이 없었다. 왕은 매우 기뻐하며, 곧 위없이 높으신 부처님이 되겠다는 마음을 내었고, 부처님께서는 저 왕에게 수기授記하였다.

'대왕은 미래에 성불할 때엔 석가모니란 명호를 얻어서 한량없는 중생을 널리 제도할 것이오.'

비구들아, 알아라. 그 때의 범마왕은 바로 나의 전신이고, 그 때의 뭇 신하들은 바로 지금의 여러 비구들 전신이었다. 모두 그 당시 저 부처님께 공양을 올렸기 때문에 한량없는 세상에서 나쁜 갈래에 떨어지지 않고, 항상 천상에서나 인간 세상에서 쾌락을 받아 왔으며, 또 현재에 와서 이같이 성불하여 여러 하늘 사람들과 세상 사람들이 나에게 공양을 베푸는 것이니라."

그 때 비구들은 부처님의 이 말씀을 듣고 기뻐하며 마음에 새기고 능력에 따라 실천했습니다.

제석천의 공양

부처님께서 라자그리하에 있는 칼란다카 대숲 절에 계시던 어느 때, 데바닷타가 매우 어리석고 교만하고 질투하여 아자타샤트루 왕으로 하여금 법 아닌 규칙을 만들어 북을 치며 백성들에게 명령을 내려 그 누구라도 부처님과 그 교단의 스님들에게 공양을 바치지 못하게 했습니다. 그러므로 부처님을 신봉하는 성중 사람들이 그렇게 명령함을 듣고 근심하고 슬퍼하며 큰 소리로 우니, 그 울음이 제석천의 궁전을 흔들어 불안하게 했습니다. 제석천왕이 혼자 중얼거렸습니다.

'무슨 까닭으로 나의 궁전이 이같이 흔들릴까?'

제석천이 스스로 알아본 결과 저 아자타사트루 왕이 법 아닌 규칙을 만듦으로써 성중 백성들이 근심하고 슬퍼서 울기 때문에 궁전이 흔들리는 것을 알고 곧 천궁에서 내려와 큰 소리로 외쳤습니다.

"내가 이제부터 직접 부처님과 스님네에게 공양을 올리겠다."

이같이 외친 뒤에 곧 부처님 앞에 나아가 엎드려 예배하고 꿇어앉아 사뢰었습니다.

“세존께서나 여러 스님께서 저의 몸과 목숨이 끝날 때까지 저의 공양을 받아 주소서.”

부처님께서 그 초청을 허락하지 않자, 제석천은 다시 사뢰었습니다.

“만약에 몸과 목숨이 끝날 때까지의 공양을 받지 않으시려면 앞으로 다섯 해 동안만 저의 공양을 받아 주시기 원하오며, 다섯 해 동안도 받을 수 없으시다면 다섯 달도 좋으며, 다섯 달마저 받을 수 없으시다면 단 닷새 동안만이라도 받아 주시옵소서.”

마침내 부처님께서 공양을 받기로 허락하시자, 제석천은 곧 칼란다카 대숲 절을 비사야 궁전처럼 만들어서 거기에 침대와 침구 등 온갖 도구를 갖춰 두고, 한편 금 그릇에 하늘의 음식을 담아서 여러 하늘 대중들과 함께 직접 그 음식을 받들어 부처님과 스님들이 공양하시게 했습니다.

그 때 아자타샤트루 왕이 높은 누각 위에서 멀리 칼란다카 대숲 절이 마치 천상의 누각처럼 꾸며져 있는 가운데, 제석천이 대중들과 함께 보배 그릇에 담겨 있는 갖가지 음식을 받들어 부처님과 스님들께 공양을 올리는 광경을 보고 곧 스스로가 후회한 나머지, 데바닷타를 불러 꾸짖고 성내었습니다.

"그대야말로 어리석은 사람이다. 어째서 나로 하여금 함부로 법을 만들어서 감히 세존께 대항하게 했는가."

이렇게 말하고 왕은 곧 부처님께 깊이 신심과 공경심을 내었으며, 여러 신하들도 왕에게 다음과 같이 간청했습니다.

"왕께선 이제 앞서 제정한 그 법 아닌 규칙을 고치시고 백성들로 하여금 마음대로 여래를 뵙게 하고 여래께 공양을 바치게 하며, 또 법관으로 하여금 북을 치고 명령을 내려 지금부터 온 백성들이 다 맛난 음식을 만들어 부처님께 공양을 올릴 수 있게 하소서."

그는 곧 절로 세존을 찾아뵙고 공양을 올리겠다고 간청했고, 왕궁에서 공양을 마치신 세존께서 그들에게 갖가지 설법을 하시니, 그들의 마음과 뜻이 열려 어떤 이는 스로타판나를, 어떤 이는 샤크르다가민을, 어떤 이는 아나가민의 과위에 올랐고, 어떤 이는 더 없이 높으신 부처님이 되겠다는 마음을 내기도 했습니다.

그 때, 비구들은 이것을 보고 전에 없던 일이라 찬탄하며 부처님께 사뢰었습니다.

"여래 세존께선 과거 세상에 어떠한 복을 심으셨기에 제석천왕이 이러한 공양을 바치나이까?"

"비구들아. 자세히 들어라. 내가 이제 분별하여 해설하리라. 한량없는 과거 세상에 바라나시이 나라에 보전寶殿이란 부처님이 출현하여 많은 비구들을 거느리고 여러 곳을 다니면서 교화하다가 마침 가시왕伽翅王 나라에 도착하였다. 왕이 부처님께서 오신다는 소문을 듣고, 곧 뭇 신하들과 함께 세존世尊을 맞이해 꿇어앉아 아래처럼 초청했다.

'석 달 동안만이라도 저희들의 네 가지 공양을 받아 주시옵소서.'

부처님께서 그 초청을 허락하시고 공양을 받으신 뒤에 갖가지 설법을 하시자 왕은 곧 더없이 높은 부처님이 되겠다는 마음을 내니, 그 부처님께서 그에게 수기하였다.

'대왕이 미래 세상에 성불할 때엔 석가모니란 명호로 한량없는 중생을 제도할 것이오.'

비구들아, 알아 두라. 그 때의 가시왕은 바로 나의 전신이었고, 그 때의 뭇 신하들은 바로 지금의 여러 비구들 전신이었다. 그 당시 부처님께 공양 바쳤기 때문에 한량없는 세상에서 지옥 · 축생 · 아귀에 떨어지지 않고 항상 천상이나 인간에 나

서 쾌락을 받았으며, 또 이제 스스로가 성불했기 때문에 모든 하늘 사람들이나 이 세상 사람들이 나에게 공양 바치는 것이니라."

그 때 비구들은 부처님의 이 말씀을 듣고 기뻐하며 마음에 새기고 능력에 따라 실천했습니다.

제석이 되신 부처님

부처님께서 라자그리하에 있는 칼란다카 대숲 절에 계시던 어느 때, 성중에 리거梨車라는 재상이 삿된 이교도를 믿고 뒤바뀐 소견에 집착하여 인과因果를 믿지 않음으로써 데바닷타와 공모하여, 야자타사트루 왕으로 하여금 그 아버지를 죽이는 반역죄를 범해가면서 스스로 국왕이 되게 하고, 그것을 경사롭게 여겨 온 백성들에게 명령해 큰 모임을 베풀고, 수많은 바라문들을 집합시켜 준엄한 법을 제정해, 누구라도 고타마의 처소에 가서 법을 묻거나 법을 듣지 못하게 했습니다. 바라문들이 이 법을 제정한 뒤, 다시 고타마의 처소에 갈 수 없으므로 언제나 어떤 시간을 정해 비밀리에 모이다가, 어떤 바라문이 이렇게 말했습니다.

"위타경韋陀經에 '고타마 사문은 우리들 천신의 큰 주인이다.' 라고 말하지 않았는가. 이제 우리들이 함께 고타마의 명호를 일컫는다면 고타마께서 이 모임에 오실 것 같으니, 만약 오신다면 우리들은 일생 동안 받들어 섬길 수 있을 것이다."

이 말을 들은 바라문들이 다함께 '고타마 사문에게 귀의합니다. 이 모임에 왕림하셔서 저희들의 초청을 받아 주소서.'

그 때 여래께서 항상 자비하신 마음으로써 밤낮없이 중생들을 살피시되, 누구든지 제도될 이에게 직접 가서 제도하시던 중이었습니다. 마침 여러 바라문들의 선근이 성숙되어 있음을 아시고, 곧 그 몸을 제석천의 형상으로 변화하여 허공에서 내려와 바라문들의 모임에 들어가시자, 바라문들이 모두 일어나 받들어 모시고는, '앉으십시오.' 하고 말했습니다.

"저희들의 소원은 이제 다 이룩했으니, 일생동안 제석천을 함께 받들어 섬기겠나이다."

그 때, 세존께선 여러 바라문들의 마음이 이미 길들여진 것을 아시고, 본래의 형상이 되어 그들에게 알맞도록 네 가지 진리를 말씀하시니, 마음과 뜻이 열리어 스로타판나가 되어 기뻐하며, 갖가지 맛난 음식을 만들어 부처님을 비롯한 여러 스님들께 공양을 바쳤습니다.

그 때, 여러 비구들이 이 광경을 보고 부처님 앞에 나아가 사뢰었습니다.

"여래께선 과거에 어떠한 복을 심으셨기에 지금 이 바라문들한테 훌륭한 공양을 받으셨나이까?"

"비구들아, 자세히 들어라. 내가 이제 분별하여 말하리라. 한량없는 과거 어느 때 묘음妙音이란 부처님께서 바라나시 나라에 출현하여, 여러 비구들을 데리고 보전왕寶殿王의 나라에 갔다. 왕이 부처님께서 오신다는 소문을 듣고 뭇 신하들과 함께 받들어 모시고는, 아래처럼 초청했다.

'세존께서 석 달 동안만 저희들의 네 가지 공양을 받아 주시옵소서.'

그 부처님께서 그 초청을 허락하시고, 석 달 동안 공양을 받은 뒤에 배꼽으로부터 칠보 연꽃을 내시니 그 연꽃에서 각각 변화한 부처님이 앉아 큰 광명을 내시고, 그 빛의 광명이 위로는 아가니타 하늘에서 아래로 아비지옥까지 비추니, 왕은 이런 변화를 보고 더 높을 수 없는 부처가 되겠다는 마음을 내었으며, 그 부처님은 왕에게 아래와 같이 수기하였다.

'대왕이 미래에 성불할 때엔 석가모니란 명호로 한량없는 중생들을 널리 제도할 것이오.'

비구들아, 알아두라. 그 때의 보전왕은 바로 나의 전신이었고, 그 때의 뭇 신하는 바로 지금의 여러 바라문들 전신이었다. 그 당시 그 부처님께 공양을 바쳤기 때문에 한량없는 세상에서 지옥·축생·아귀 가운데 떨어지지 않고 항상 천상

인간의 쾌락을 받았으며, 또 현재 스스로가 성불했기 때문에 여러 사람들과 하늘 사람들이 나에게 공양 바치는 것이니라."

그 때 비구들은 부처님의 말씀을 듣고 기뻐하며 마음에 새기고 능력에 따라 실천했습니다.

건달바의 공양

부처님께서 슈라바스티에 있는 기타 숲 외로운 이 돕는 절에 계시던 어느 때, 그 성중에 있는 오백 명 건달바들이 거문고 연주하는 기술이 교묘했으므로 그들은 노래와 춤으로써 밤낮 여래께 공양드리니, 그 명성이 멀리 사방에 퍼졌습니다. 그 때 섬 남쪽에 선애善愛라는 건달바왕이 있어 역시 거문고 연주하는 기술이 교묘하여 그가 노래하고 춤을 추면 온 국토 안에 누구든지 겨룰 이가 없으므로 매우 교만하기 짝이 없었는데, 그는 북쪽에 거문고 잘 타는 어떤 건달바가 있다는 소문을 듣고 그를 만나보기 위해 열여섯 나라를 지나오는 동안 한 줄 거문고를 타서 일곱 가지 소리를 내고, 그 소리마다 또 스물한 가지 음정을 내니, 그 거문고 소리에 맞춰 노래하고 춤추는 광경을 본 백성들은 다 스스로가 본인도 모르게 도취되어 서로 그 뒤를 따라 슈라바스티까지 이르렀습니다.

도착한 그들은 왕에게 문안하고, 그 기술을 한 번 겨루려 했고, 그 때 성곽의 신과 건달바들이 국왕에게 말했습니다.

"남방 나라에서 거문고를 잘 타고, 노래와 춤으로써 사람들을 잘 웃기는 재주를 지닌 건달바왕 선애가, 지금 문 밖에서 문안을 드리면서 왕의 측근에 거문고를 잘 타고 노래와 춤으로써 사람들을 잘 웃기는 건달바가 있다는 소문을 듣고, 그와 함께 기예를 겨루기 위해 일부러 멀리 이곳을 찾아 왔습니다. 원컨대 왕께서 그 간청을 허락하옵소서."

프라세나짓왕은 곧 문지기로 하여금 빨리 불러와 서로 만나 기뻐하더니 선애 건달바왕이 이렇게 말했습니다.

"제가 왕의 측근에 거문고를 잘 타고 노래와 춤과 개그에 능란한 건달바가 있다는 소문을 들었습니다. 지금 그 사람이 어디에 있는지, 저와 함께 재능을 한번 경연하고 싶습니다."

"우리는 서로가 꺼릴 것이 없소. 여기에서 멀지 않소. 나도 또한 그대와 함께 가겠으니, 마음대로 한 번 재주를 겨뤄 보시오."

그리고서 국왕은 세존의 처소에 나아가니, 세존께서 국왕의 뜻을 아시고 곧 그 몸을 건달바왕의 형상으로 변화하시고, 칠천 명의 천신이 각각 유리琉璃 거문고를 손에 잡고 천상의 음악을 울리면서 좌우를 둘러싸게 하셨는데, 이 때 프라세나짓왕은 다시 선애에게 말했습니다.

"저분들이 바로 음악 하는 여러 분들이니 그대가 이제 거문고의 기예를 한번 경합해 보시오."

그러자, 선애왕이 곧 거문고 한 줄을 잡고서 일곱 가지 소리를 내고 다시 그 소리마다 스물한 가지 음정을 나타내니, 듣는 이들이 다 기쁨에 넘쳐 노래와 춤에 매료되었고, 이번에는 여래께서 반차시기般遮尸棄(신선의 이름)의 유리 거문고를 잡고 한 줄을 쳐 수천 가지 소리를 내고, 그 소리마다 오만가지 미묘하고 청아한 음정이 나니, 듣는 이는 모두 춤추고 웃고 노래하고 기뻐하며 거문고 소리와 노래와 춤이 합일이 되어 온 주위가 환희에 젖은 분위기였습니다.

그 때, 선애왕이 그 소리를 듣고 그 분위기를 보고, 전에 없던 일이라고 찬탄하며 자신이 탄 거문고 소리를 부끄럽게 여기며, 곧 엎드려 예배한 뒤에 꿇어앉아 합장하고 큰 스승으로 모시겠다고 한 뒤, 타는 법을 물었습니다.

그 때 여래께서 선애왕이 그 교만을 버리고 마음이 이미 길들여짐을 아시고서 본래 모습이 되시니, 그 앞에 여러 비구들이 잠잠히 앉아 있는 것을 본 선애의 무리들은 머리카락이 쭈뼛하도록 놀라며, 곧 부처님 앞에서 깊은 신심과 공경하는 마음을 내어 꿇어앉아 합장하고 도에 들어가는 절차를 물으니 부처님께서 곧 이렇게 말씀해 주셨습니다.

"잘 왔구나! 비구야."

즉시 수염과 머리털이 저절로 떨어지고 법복이 몸에 입혀져 사문이 되어 부지런히 정진하고 닦아 익혀, 커피 한 잔을 마시는 시간이 되기 전에 아라한과를 얻었습니다.

프라세나짓왕 역시 선애왕의 마음이 이미 조복됨과 동시에 다시 도를 얻게 됨을 보고 매우 기뻐한 끝에 꿇어앉아 부처님을 비롯한 여러 비구스님들을 초청하므로, 부처님께서는 그 초청을 허락하시니, 뭇 신하들에게 명령하여 길을 닦아 기와 돌 따위 온갖 부정한 물건을 제거하고, 깃발을 세우고 뭇 보배 방울을 달기도 하고, 향수를 땅에 뿌리고, 아름답고 진귀한 여러 가지 꽃을 흩고, 한편 갖가지 음식을 준비하여 부처님을 비롯한 여러 스님들께 공양을 올렸습니다.

위의 사실을 보고 듣고 체험하고, 공양을 끝낸 여러 비구들은 전에 없던 일이라고 괴이히 여기면서 부처님께 사뢰었습니다.

"세존께서 과거에 어떠한 복을 심으셨기에 이제 이러한 음악의 공양이 그치지 않나이까?"

부처님께서 말씀하셨습니다.

"비구들아, 내가 이제 분별하여 해설하겠으니, 너희들은 자세히 들어라. 한량없는 과거 어느 때 정각正覺이란 부처님이 바라나시 나라에 출현하여 여러 비구들을 데리고 멀리 다니면서 교화하시다가 범마왕梵摩王의 나라에 이르러 어떤 나무 아래 앉아 계시는 동안 화광火光 삼매에 들어 온 천지를 비추셨는데, 마침 범마왕이 뭇 신하와 수만 명 백성들을 거느리고 성문을 나와 놀면서 기악을 베풀어 웃고 노래하고 춤추던 중, 멀리 부처님과 비구들이 그 나무 아래 가부하고 앉았는데, 광명이 너무도 빛나고 밝아, 천 개의 태양과 같이 온 천지에 비추는 것을 보고 가슴이 터지도록 기뻐하며 여러 기녀妓女를 데리고, 저 부처님 처소에 가서 엎드려 예배하고 동시에 음악을 연주하여 공양드린 다음, 꿇어앉아 아래와 같이 간청하였다.

'세존과 비구스님들은 대자 대비하신 마음으로써 궁중에 들어오셔서 저의 공양을 받아주소서.'

그 부처님께서 그 초청을 허락하시자, 왕은 곧 갖가지 음식을 만들어 공양을 올렸다. 부처님께서 공양을 받으신 뒤, 왕에게 갖가지 설법을 하셔서 부처가 되겠다는 마음을 내게 하시고, 다시 다음과 같이 수기하셨다.

'대왕이 미래 세상에 성불할 때, 석가모니란 명호로 한량없

는 중생을 널리 제도할 것이오.'

비구들아, 알아 두라. 그 때의 저 범마왕은 바로 내 전신이었고, 그 때의 뭇 신하들은 바로 지금의 여러 비구들 전신이었다. 그 당시 저 부처님께 공양을 바쳤기 때문에 한량없는 세상에서 지옥 · 축생 · 아귀에 떨어지지 않고 항상 천상이나 인간의 세상에 태어나 쾌락을 받았으며, 현재에 스스로 성불했기 때문에 이러한 음악으로써 계속 나에게 공양을 바치는 것이니라."

그 때 비구들은 부처님의 이 말씀을 듣고 기뻐하며 마음에 새기고 능력에 따라 실천했습니다.

사형수의 출가

부처님께서 슈라바스티에 있는 기타 숲 외로운 이 돕는 절에 계시던 어느 때, 그 성중에 여원如願이란 어떤 어리석은 사람이 살생하고 훔치고 사음했습니다. 피해자들이 고발을 하니, 나라에서 체포하여 온 거리에 돌리며 그 죄상을 폭로한 뒤, 곧 사형에 처할 마지막 장소에 이르렀습니다. 마침 세존을 바라보고 몸을 굽혀 예배한 다음 그 죄상을 자세히 설명하며 이렇게 애원했습니다.

"저는 지금 죽음이 눈앞에 있사오니, 곧 목숨이 끊어질 것입니다. 세존께서 대자대비로써 국왕에게 말씀하셔서 저를 출가하게 해주신다면, 비록 그 자리에서 죽더라도 다시 여한이 없겠나이다."

그 때 여래께서 '그렇게 해 주겠다.' 고 약속하시고 곧 아난다에게 분부하셨습니다.

"네가 지금 왕에게 가서 이 죄인 한 사람을 풀어주어 출가할 수 있도록 나를 대신하여 왕에게 부탁하여라."

아난다는 부처님의 분부대로 곧 왕에게 가서 이렇게 말했습니다.

"오늘 세존께서는 대왕에게 죄인 한 사람을 풀어주어 출가하게 해 주실 것을 부탁하십니다."

왕이 과연 부처님의 말씀을 듣고 죄인을 풀어주어 세존에게 보내어 출가하게 하니, 그 죄인은 출가했습니다.

그 뒤 부지런히 정진을 거듭하고 익혀 오래지 않아 아라한 과를 얻었습니다.

여러 비구들은 이 죽을 고비를 벗어난 여원이 출가한 뒤 며칠 만에 아라한 이 된 것을 보고 전에 없었던 일이라고 찬탄하며, 부처님께 사뢰었습니다.

"여래 세존께서 과거에 어떠한 복을 심으셨기에 말씀을 하기만 하면 신용을 얻어 저 죄인의 목숨까지 구제하시나이까? 세존이시여, 그 이유를 말씀해 주소서."

"비구들아, 내가 이제 분별해 줄테니 너희들은 자세히 들어라.

한량없는 과거 세상에 제당帝幢이란 부처님이 바라나시에 출현하여 여러 비구들과 함께 많은 부락을 다니면서 중생을 교화하시다가 어느 날 길에서 한 선인仙人을 만났다. 그 선인이 세존의 서른두 가지 모습과 여든 가지 훌륭한 몸매로부터 빛나는 광명이 마치 천 개의 햇빛 같음을 보고 기쁜 마음을 내어 부처님 앞에 엎드려 예배한 다음, 자리를 깔아 모시고서 갖가지 맛난 음식을 갖춰 공양을 올린 뒤에 발원하며 생각하였다.

'미래 세상에 제가 하는 말이라면 다 신용을 얻게 되어지이다.'

그 부처님께서 역시 대답하셨다.

'너의 소원이 그러하다면 오늘의 나와 다름없이 될 것이다.'

그러자, 선인은 부처님 말씀에 따라 곧 부처님 앞에서 더 높을 수 없는 부처가 되겠다는 마음을 내었고, 그 부처님은 그에게 수기를 하셨다.

'그대가 미래 세상에 성불할 때, 석가모니란 명호로 한량없는 중생을 널리 제도하리라.'

비구들아, 알아 두라. 그 때의 선인이 바로 나의 전신이었다. 그 당시 내가 저 부처님을 공경했고 순종했기 때문에 지금처럼 모두가 말을 믿어 죄인의 목숨을 구제하고 동시에 그로 하여금 다시 도를 얻게 하였느니라."

그 때 비구들은 부처님의 이 말씀을 듣고 기뻐하며 마음에 새기고 능력에 따라 실천했습니다.

빔비사라왕의 공양 초청

부처님께서 라자그리하에 있는 칼란다카 대숲 절에 계시던 어느 때, 빔비사라 왕이 많은 신하들과 헤아릴 수 없는 백성들을 거느리고 부처님 처소에 와서 엎드려 예배한 뒤 꿇어앉아 부처님께 간청했습니다.

"세존께서 대자대비로써 저희들을 가엾이 여기사, 여러 비구와 함께 제가 일생 동안에 걸려 바칠 네 가지 공양을 받아 주시옵소서."

부처님께서 허락하지 않으시자, 그는 다시 사뢰었습니다.

"만약에 일생 동안에 공양을 받으실 수 없으시다면 열 두 해라도 좋으며, 열 두 해 동안의 공양도 받으실 수 없으시다면 열두 달이라도 좋으며, 열두 달마저 받으실 수 없으시다면 석 달 동안만이라도 저의 네 가지 공양을 받아 주십시오."

부처님께서 석 달 동안만을 허락하시니, 왕은 곧 신하들에게 명령하여 길을 닦되 기와 · 돌 따위의 온갖 장애 되는 물건을 다 제거하고, 깃대를 세우고, 뭇 보배 방울을 달고, 향수를 땅에 뿌리고, 아름다운 꽃들을 흩었습니다. 한편 부처님께서 왕래하실 길 군데군데 휴게 시설을 설치하고 갖가지 맛난 음식을 다 준비하고, 신하들과 함께 각각 일산을 부처님을 비롯한 여러 스님들에게 드리고, 부처님과 스님들이 라자그리하의 성문을 들어오는데, 그 때 세존께서 성문의 문지방을 밟으시자, 온 땅이 진동하며 자연히 그 성중에 매장된 보배들이 저절로 드러났고, 시각 장애인은 앞을 보게 되고, 청각 장애인은 소리를 듣게 되고, 언어 장애인은 말을 하게 되고, 보행 장애인은 정상적으로 걷게 되고, 가난한 이는 가난을 면하게 되고, 공중에선 여러 가지 음악이 저절로 울리고, 코끼리 · 말 · 새들도 서로 회답하고, 허공으로부터 온갖 아름다운 꽃이 쏟아져 왕궁에 가득하며, 맛난 음식이 준비되어 있었습니다.

세존께서 궁중에 들어가셔서 석 달 동안 그 정성어린 공양을 받으시고, 곧 왕에게 갖가지 법을 말씀하시니 왕은 마음이 기쁨으로 충만하여 부처님과 스님들께 가사를 만들어 보시한 다음, 한쪽에 물러나 앉아 있었습니다.

위와 같이 대접을 받은 여러 비구들이 부처님께 사뢰었습니다.

"여래 세존께서 과거 세상에 어떠한 복을 심으셨기에 이 같이 훌륭한 공양을 받으시나이까?"

"비구들아, 자세히 들어라. 내가 지금 분별하여 말하리라. 한량없는 과거 어느 때, 차마差摩란 부처님이 바라나시에 출현하여 여러 비구들과 함께 여러 곳을 다니며 교화하시던 중 보승寶勝이란 나라에 도착하셨는데, 그 나라의 가시왕伽翅王이 부처님이 오신다는 말을 듣고 기쁜 마음을 내어 여러 신하들을 데리고서 성문을 나와 맞이한 다음 부처님 발에 예배하고 꿇어앉아 아래와 같이 초청했다.

'원컨대 세존께서 자비하신 마음으로써 저의 공양을 받아주시옵소서.'

부처님께서 그 초청을 허락하시자, 왕은 곧 갖가지 맛난 음식을 준비해 정성껏 공양을 올리고, 설법을 간청하므로, 부처님께서 갖가지 법을 말씀해 주시니, 왕은 이 설법에 따라 기뻐하며, 곧 부처님 앞에서 더 없이 높은 부처가 되겠다는 마음을 내었고, 그 부처님은 왕에게 다음과 같이 수기하셨다.

'대왕이 미래 세상에 성불할 때에 석가모니란 명호로 한량없는 중생을 널리 제도할 것이오.'

비구들아, 알아라. 그 때의 가시왕은 바로 나의 전신이었고, 그 때의 뭇 신하는 바로 지금의 여러 비구들 전신이었다.

그 당시 내가 저 부처님께 공양을 올렸기 때문에 한량없는 세상에서 지옥 · 축생 · 아귀에 떨어지지 않고 항상 천상이나 인간 세상의 쾌락을 받았으며, 더 나아와 현재에 스스로가 성불했기 때문에 모든 하늘 사람과 사람들이 나에게 공양을 베푸느니라."

그 때 비구들은 부처님의 이 말씀을 듣고 기뻐하며 마음에 새기고 능력에 따라 실천했습니다.

천궁으로 변한 대숲 절

부처님께서 라자그리하에 있는 칼란다카 대숲 절에 계시던 어느 때, 그 성중에 구사瞿沙라는 장자가 있었고, 그는 한량없고 헤아릴 수 없는 재산을 지니기는 했으나, 뒤바뀐 소견에 집착되어 이교도를 받들어 섬기고 불법을 믿지 않았다. 마우드갈야야나는 그가 삿된 소견 때문에 구제될 수 없는 세 가지 나쁜 갈래에 떨어질 것을 알고, 가엾이 여겨 어떤 방편을 생각한 뒤, 곧 제석천에게 말했습니다.

"그대가 지금 카란다카 대숲 절을 천상의 궁전과 다름없이 일곱 가지 보배로써 변화시키되, 모든 깃대를 세우고 양산은 물론 보배 방울을 달고, 온 땅에 천상의 아름다운 꽃을 뿌리며, 한편 천상의 온갖 만난 음식으로써 부처님과 스님들께 공양을 올리되, 이라발伊羅鉢 용왕은 직접 양산으로써 부처님의 정수리 위를 덮고, 그 밖의 용왕들은 제각기 가지가지 양산으로써 여러 비구들의 이마 위를 덮고, 사시舍尸부인은 채녀采女들과 함께 부처님 좌우에서 부채를 부치고, 반차般遮·시기尸

棄 · 건달바乾闥婆들은 뭇 천상의 기악으로써 부처님을 즐겁게 하시오."

그 때, 그 장자가 이러한 광경을 봄으로써 전에 없던 일이라 찬탄하고, 곧 깊은 신심과 공경심을 내어 부처님 처소에 나아가서 이렇게 사뢰었습니다.

"세존께서 자비하신 마음으로써 저의 공양을 받아 주소서."

부처님께서 말없이 허락하시자, 그는 빨리 집에 돌아가서 갖가지 음식을 준비한 뒤에 사환을 보내어 부처님을 초청했습니다.

"이미 식사 준비가 되어 있사오니, 성인께서 때를 맞춰 왕림하소서."

그 때 부처님께서 옷을 입고 바루를 가지고 비구들을 데리고 그 집에 가셔서 공양을 받으신 뒤에 곧 갖가지 법을 말씀하시니, 그는 마음과 뜻이 열려 스로타판나가 되었습니다.

그 때, 여러 비구들은 이러한 신통 변화의 공양을 보고 이상하게 여기며 부처님께 사뢰었습니다.

"여래 · 세존께선 과거 세상에 어떠한 복을 심으셨기에 이제 이러한 과보를 받으시나이까?"

"비구들아, 자세히 들어라. 내가 지금 분별하여 말해주리

라. 한량없는 과거 어느 때 만원滿願이란 부처님이 바라나시에 출현하여 많은 비구들과 함께 여러 곳을 다니면서 교화하시던 중에 범마왕梵摩王의 나라에 도착하셨는데, 왕이 부처님이 오신다는 말을 듣고 여러 신하들과 더불어 성문에 나와 맞이한 다음, 부처님 앞에 엎드려 예배하고 꿇어앉아 아래와 같이 초청했다.

'원컨대 세존께서 저의 공양을 받으시옵소서.'

부처님께서 그 초청을 허락하시자, 왕은 곧 신하들에 명령하여 갖가지 맛난 음식을 갖춰 공양을 올렸다. 부처님께서 그 공양을 마치시고 갖가지 법을 말씀해 주시자 왕은 곧 더없이 높은 부처가 되겠다는 마음을 내었고, 그 부처님께선 왕에게 다음과 같이 수기하셨다.

'대왕이 미래 세상에 성불할 때 석가모니란 명호를 얻어서 한량없는 중생을 널리 제도할 것이오.'

비구들아, 알아라. 그 때의 범마왕은 바로 나의 전신이었다. 그 당시 내가 저 부처님과 스님들께 공양을 올렸기 때문에 한량없는 세상에서 지옥 · 축생 · 아귀 갈래에 떨어지지 않고 항상 천상이나 인간의 쾌락을 받아왔으며, 더 나아가 현재 세상에 스스로가 성불했기 때문에 하늘 사람들과 인간의 사람들이 다 나에게 공양을 베푸는 것이니라."

그 때 비구들은 부처님의 말씀을 듣고 다 기뻐하며 마음에 새기고 능력을 따라 실천했습니다.

수기벽지불

授記品

3권

프라데카 부처가 된 왕자

부처님께서 마가다에 계시던 어느 때, 여러 비구들을 데리고 차례로 유세하시다가 마침 갠지스 강 옆에 이르러 어떤 고탑을 발견했는데, 이 고탑이 헐고 무너진 채 수리하는 사람이 없는 것을 보고서 비구들이 부처님께 물었습니다.

"세존이시여, 이것이 어떠한 탑이기에 이같이 헐고 무너져도 수리하는 사람이 없나이까?"

"비구들아, 내가 지금 분별해 말할 테니, 자세히 들어라. 이 현겁賢劫의 처음에 바라나시의 범마달다라는 국왕이 바른 법으로써 다스려 백성들이 많이 늘어났고 산물은 풍족하여 전쟁과 질병과 재해가 없었다. 더 나아가 코끼리 · 말 · 소 · 염소 따위 여섯 가지 짐승이 번성하고 온갖 값진 보배가 가득하였다. 그러나 다만 자식 없는 것이 유감스러워 왕이 천지신명에 기도를 올리며 자식을 얻으려고 정성을 다하여도 얻을 수가 없었다. 어느 때 왕의 정원 안 못에 크고 좋은 연꽃이 피었는데, 그 연꽃 위에 어린 아이가 앉아 있었고, 그는 서른두 가지 대인의 모습과 여든 가지 뛰어난 몸매를 갖췄고, 입에서는 우발라優鉢羅 꽃향내와 털구멍에서는 전단향栴檀香 향내를 풍겼다. 못지기가 이 사실을 왕께 고하니 왕은 매우 기뻐하며, 그 후비后妃와 함께 정원 안 못에 가서 이 아이를 보고 기쁨에 넘쳐 곧 아이를 당겨 안으려 하자, 아이가 왕에게 시를 읊어 말하였다.

대왕께서 왕자를 얻기 위해
항상 정성 드리심을 보았기에
대왕의 원에 따라 왕자가 되려고
이제 여기에 나타난 것입니다.

그 말을 듣고 대왕과 후비는 물론, 모든 궁녀들도 다 기뻐하며 어린 아이를 안고 궁중에 돌아왔고, 온 몸의 털구멍에서 전단향 냄새가 났으므로 전단향이라고 불렀다. 점차 나이 들어 장대하자, 그가 다니는 곳마다 연꽃이 솟아났다. 그 아이는 연꽃이 처음에는 매우 부드럽고 아름답다가 오래지 않아 곧 시들어 떨어지는 것을 보고서 이렇게 생각하였다.

'나의 이 몸뚱이도 마침내 저 연꽃처럼 될 것이다.'

그는 현상계의 모든 것이 덧없음을 깨달아 곧 프라데카 부처가 되어 허공에 솟아올라 열여덟 가지 변화를 일으키고는, 이내 열반에 들었다.

그러자, 대왕과 후비와 채녀와 시종들이 모두 슬피 울면서 그 주검을 거둬 화장한 다음, 탑을 세워 사리에 공양했으니, 이 고탑의 유래니라."

비구들이 다시 부처님께 사뢰었습니다.

"이 프라데카 부처는 과거 어느 때 어떠한 복을 심었기에 그러한 과보를 받았나이까? 세존께서 부연해 주시옵소서."

"비구들아, 내가 또한 분별해 말할 테니 너희들은 자세히 들어라.

지금부터 한량없는 과거 세상에 가라가손타迦羅迦孫陀란 부처님이 바라나시에 출현하셨을 때, 그 당시 한량없고 헤아릴 수 없는 많은 재산을 지닌 어떤 장자가 있었는데, 그 장자의 아들이 아버지가 죽은 뒤에 어머니와 분가하여 각각 따로 살았다. 장자의 아들은 너무나 여색을 좋아하여 자기 뜻에 맞는 한 음녀를 만나 하룻밤 잠자리를 같이 하고 화대로 돈 백 냥씩 주기를 몇 해 계속한 나머지 재산이 탕진되어 다시 줄 돈이 없게 되자 음녀로부터 거절을 당했다. 그러나 장자의 아들이 하룻밤 자기를 끈덕지게 간청하자 음녀가 말했다.

'좋은 꽃 한 송이를 사서 주면 하룻밤 자리를 같이할 수 있다.'

그 때에 장자의 아들은 생각하였다.

'지금 나의 재산으로선 꽃 한 송이마저 사서 줄 수 없구나. 어떻게 하면 좋을까. 법왕의 탑 속에는 반드시 좋은 꽃이 있을 것이니, 그 꽃을 훔쳐내어 준다면 하룻밤을 지낼 수 있겠구나.'

이렇게 생각한 끝에 탑문으로 들어가려 했으나 문 지키는 사람이 있어, 부득이 옆 구멍을 따라 엎드려 들어가서 좋은 꽃을 훔쳐내어 음녀와의 하룻밤을 보냈다. 그러자 이튿날 새벽부터 그 사람의 온몸에 나쁜 부스럼이 생겨나 말할 수 없는 고통을 받았다. 어떤 의원을 찾아가 치료할 약을 물으니 의원은 이렇게 말하였다.

'반드시 우두전단향 가루를 그 악창 위에 발라야 낫는다.'

장자의 아들은 또 깊이 생각했으나 집에 재물이 없으므로 곧 집을 팔아 돈 육십만 냥을 받아 우두전단향 가루 여섯 냥을 사 곧 악창 위에 마구 바르려고 하다가 저 의원에게 말하였다.

'지금 나의 병은 마음으로 일어난 것이거늘 그대가 바깥으로 치료하라 하지만 어찌 병이 낫겠는가.'

이렇게 말하고, 그가 산 우두전단향 가루 여섯 냥을 가지고 앞서 꽃을 훔쳐낸 탑 속에 들어가 다음과 같이 큰 서원을 세웠다.

'여래께서는 과거 세상에 모든 고행을 닦으사 고난과 환란에 허덕이는 중생을 다 구제하셨거늘 저는 지금 이 몸이 일생의 나쁜 운수에 떨어졌으니 원컨대 세존께서 지금 이 고통 받는 저의 몸을 가엾이 여겨 나쁜 부스럼을 제거해 주옵소서.'

이같이 발원한 뒤에 그 우두전단향 가루 중에 두 냥으로써 꽃값을 갚아드리고, 또 두 냥으로써 성심껏 공양을 바치고, 나머지 두 냥을 올리고 깊이 참회함으로써 그 악창이 다 제거되고 나아가서 온 몸의 털구멍으로부터 우두전단의 향내가 풍겨 그 향내를 맡고는, 기쁨에 넘쳐 발원하고 떠나갔다. 그 공덕으로써 나쁜 갈래에 떨어지지 않고 항상 천상이나 인간 세상에 태어나서 다니는 곳마다 좋은 연꽃이 생기고 몸의 털구멍에 항상 향기가 있었느니라.

비구들아, 알아두라. 그 때 장자의 아들로써 전단향으로써 탑에 공양을 바친 이가 바로 앞서 말한 그 프라데카 부처이니라."

그 때 비구들은 부처님의 말씀을 듣고 다 기뻐하며 마음에 새기고 능력에 따라 실천했습니다.

어린이가 꽃을 부처님께 올리다

부처님께서 슈라바스티에 있는 기타 숲 외로운 이 돕는 절에 계시던 어느 때, 여러 비구들과 함께 옷을 입고 바루를 들고 성에 들어가 걸식하시다가 어느 거리에 이르셨습니다. 한 부인이 어린이를 안고 거리 복판의 땅바닥에 앉아 있었는데, 어린이가 부처님을 바라보고, 기뻐하는 마음을 내어 그 어머니에게 꽃을 사달라고 조르니, 어머니가 꽃을 사주자, 어린이는 꽃을 가지고 부처님 앞에 나아가 그 꽃을 부처님 머리 위에 뿌렸습니다. 꽃이 곧 허공에서 꽃 양산으로 변해 부처님을 따라다니기도 하고 멈추기도 하므로, 저 어린이가 이것을 보고 더욱 감격하여 다음과 같이 서원을 세웠습니다.

"이 꽃을 부처님께 올린 선근공덕으로써 미래 세상에 가서 저로 하여금 정각正覺을 이룩해 오늘의 부처님처럼 중생을 널리 제도할 수 있어 지이다."

그 때 세존께서 어린 아이가 이같이 발원하는 것을 보고 빙그레 웃으시자, 다섯 가지 빛깔의 광명이 그 입에서 나와 세 겹으로 부처님을 둘러싼 뒤, 도로 부처님의 정수리로 들어갔습니다.

아난다가 부처님 앞에 나아가 사뢰었습니다.

"여래께서는 진중하사 함부로 웃으시지 않으셨거늘 이제 빙그레 웃으심은 무슨 까닭입니까? 세존께서 부연해 주시옵소서."

"아난다야, 너는 지금 나에게 꽃을 준 저 어린이를 보았느냐?"

"보았나이다. 세존이시여."

"이 아이가 꽃을 가지고 나에게 주었기 때문에 미래 세상에 나쁜 갈래에 떨어지지 않고, 항상 천상이나 인간 세상에 태어나 쾌락을 받으며, 또 세 아승기 겁을 지나고 성불할 때엔 화성花盛이란 명호로 한량없는 중생을 제도할 것이다. 이러한 이유 때문에 웃었느니라."

그 때 비구들은 부처님의 말씀을 듣고 다 기뻐하며 마음에 새기고 능력에 따라 실천했습니다.

장신구를 부처님께 바치다

부처님께서 라자그리하에 있는 칼란다카 대숲 절에 계시던 어느 때, 그 성중에 부해浮海라는 큰 상인이 여러 상인들을 인솔하고 큰 바다에 들어가서 값진 보물을 채취하고 있었는데, 그 큰 상인의 아내는 나이 젊고 용모가 아름다웠고, 멀리 간 그 남편을 못 잊어 빨리 집에 돌아오기를 밤낮 기다리던 나머지, 어느 날 나라야나 사당에 가서 이렇게 빌었습니다.

"하늘이시여. 만약 하늘께서 영험이 있어 사람의 소원을 들어 주신다면 저의 남편이 아무런 사고 없이 빨리 돌아오게 하옵소서. 그렇게 해 주신다면 제가 금과 은과 영락으로써 하늘에게 은혜를 갚겠으며, 돌아오지 못할 경우엔 제가 똥과 오줌 따위 오물로써 하늘의 몸을 욕되게 하겠습니다."

이같이 맹세한 뒤 얼마 되지 않아 과연 그 소원대로 남편이 무사히 집에 돌아오자, 매우 마음이 기뻐서 곧 금과 은과 영락 등으로써 장신구를 만들어 여러 시종들과 함께 사당을 향해 가는 도중, 여래께서 비구들을 데리고 라자그리하 성중으로 들어오시던 행차를 만났습니다. 그 여인이 세존의 서른두 가지 모습과 여든 가지 잘 생긴 몸매에서 비추는 광명이 천 개의 햇빛 같음을 보고, 기쁜 마음이 충만해 가지고 있던 장신구를 부처님께 바치려하니, 그 시종들이 이렇게 말했습니다.

"이 분은 나라야나 천신이 아니오니 그리하지 마시오."

시종들의 강한 말림에도 불구하고, 여인은 곧 영락을 부처님을 향해 던지니 그 영락이 허공에서 보배 양산으로 변화하여 부처님을 따라다니기도 하고 멈추기도 하니, 여인이 이 변화를 보고 더욱 신심과 공경심을 내어 온 몸을 땅에 엎드려 예배한 다음, 이러한 큰 서원을 세웠습니다.

"제가 지금 부처님께 영락을 올린 선근의 공덕으로써 미래 세상에 저로 하여금 정각正覺을 이룩하여 오늘의 부처님과 다름없이 중생들을 널리 제도할 수 있어지이다."

이와 같이 발원하니, 부처님께서 곧 빙그레 웃으시며, 다섯 가지 빛깔의 광명이 입에서 나와 세 겹으로 부처님을 둘러싼 뒤, 도로 부처님의 정수리로 들어갔습니다.

그 때 아난다가 부처님 앞에 나아가 사뢰었습니다.

"여래께선 진중하사 함부로 웃음을 나타내지 아니하셨거늘, 지금 빙그레 웃으심은 무슨 까닭입니까? 세존께서 부연해 주시옵소서."

"아난다야, 너는 저 여인이 보석으로 만든 장신구를 나에게 주는 것을 보았느냐?"

"이미 보았나이다."

"이 여인은 미래 세상에 나쁜 갈래에 떨어지지 않고 항상 천상이나 인간 세상에서 모든 쾌락을 받으며, 열세 겁을 지나 프라데카 부처가 되어 금륜영락金輪瓔珞이란 명호로 중생들을 널리 제도할 것이다. 이런 이유로써 웃었느니라."

그 때 비구들은 부처님의 말씀을 듣고 다 기뻐하며 마음에 새기고 능력에 따라 실천했습니다.

선애의 인색과 탐욕

부처님께서 슈라바스티에 있는 기타 숲 외로운 이 돕는 절에 계시던 어느 때, 프라세나짓 왕궁에 선애善愛란 늙은 궁녀는 노파가 되었으나 성품이 매우 인색하고 탐욕스러워 보시하기를 싫어했습니다. 어느 날 그 노파가 아침을 다 먹고 과일 한 조각과 그릇 씻은 물만 남겨놓고 있을 때, 마우드갈야야나가 그를 교화하기 위해 일부러 옷을 입고 바루를 들고 신통력으로써 땅에서 솟아나 노파 앞에 가서 걸식을 요청하니, 노파는 성을 내며 과일 한 조각과 그릇 씻은 물을 마우드갈야야나에게 주었습니다. 마우드갈야야나는 그것을 얻은 뒤, 곧 허공에 솟아올라 열여덟 가지 변화를 일으키니, 노파는 그 변화를 보고 신심과 공경심을 내어 깊이 참회했습니다. 그 날 밤 곧 목숨이 끝나 어떤 허허 벌판에 외롭게 서있는 한 그루 나무 밑에서 과일 조각을 먹고 물을 마시면서 살고 있었습니다. 얼마 뒤에 프라세나짓 왕이 신하들을 데리고 그곳에 이르러 사냥을 했습니다. 사슴을 쫓다가 마침 목이 말라죽을 지경이어서 물을 구하려고 멀리서 나무를 향해 달려갔습니다. 나무에서 그리 멀지 않은 지점에 불꽃이 일어나 가까이 갈 수는 없고, 다만 나무 밑에 앉아 있는 사람을 보았습니다. 왕이 곧 멀리서 물어 보았습니다.

"그대는 어떤 사람이기에 홀로 나무 밑에 앉아 있는가?"

그 사람은 대답했습니다.

"저는 프라세나짓왕의 궁녀 선애였는데, 노파가 되었으나 보시하기를 좋아하지 않다가 마침내 목숨이 끝난 뒤 여기에 태어났습니다. 대왕께서 자비하신 마음으로써 저를 위해 부처님과 스님들께 공양을 베푸셔서 제가 이 나쁜 몸을 벗어나게 해주소서."

"너를 위해 공양을 베푼다 하더라도 네가 알겠는가?"

그는 이렇게 대답했습니다.

"공양을 베풀어주시기만 하시면, 반드시 대왕 스스로가 보시게 됩니다."

왕은 그의 말을 듣고 나서 여러 군중들에게 명령하여 백보百步의 거리마다 한 사람씩을 배치해 말로써 연락하게 하고는, 성중에 돌아와 그를 위하여 공양을 준비하면서 이렇게 생각했습니다.

'과연 부처님과 스님들을 초청하여 공양을 올림으로써 그가 복을 얻는다면, 배치해 둔 군인들의 연락에 따라 곧 그 사실 여부을 알게 될 것이다.'

곧 공양을 만들고 부처님과 스님들을 초청하여 소원을 빌자, 이내 저 나무 밑에 있는 사람 앞에 자연이 갖가지 맛난 음식이 나타났습니다. 왕은 이 사실을 알고부터 더욱 부처님께 신심과 공경심을 내었으며, 부처님 또한 그에게 갖가지 법을 말씀해주시자 수다원과를 얻었습니다.

그 때 비구들은 부처님의 말씀을 듣고 다 기뻐하며 마음에 새기고 능력에 따라 실천했습니다.

함향 장자가 부처님을 초청하다

부처님께서 슈라바스티에 있는 기타 숲 외로운 이 돕는 절에 계시던 어느 때, 그 성중에 함향含香이란 장자가 있었고, 그는 한량없고 헤아릴 수 없는 재산을 소유했으며 성품이 매우 어질고 유순하여 항상 삼보三寶를 공경하고 믿으며 스스로 이렇게 생각했습니다.

'나의 이 몸뚱이와 모든 재보는 다 진실이 아니고 허망한 것이다. 마치 저 물속의 달 같기도 하고 더울 때의 아지랑이 같기도 하여 오랫동안 보전할 수 없는 것이다.'

이와 같이 생각한 나머지 부처님 처소에 나아가 엎드려 예배하고 한쪽에 물러서서 사뢰었습니다.

"제가 내일 공양을 준비하고 부처님과 스님들을 초청하고자 하오니 허락해 주시옵소서."

부처님께서 그 초청을 받아들이시자, 장자는 곧 집에 돌아가 공양 준비를 끝낸 뒤에 심부름꾼을 보내 초청했습니다.

"이미 공양 준비가 되었사오니, 성인께옵서 때를 맞춰 왕림하옵소서.”

세존께서 옷을 입고 바루를 가지고 여러 비구들과 함께 그 집에 가셔서 공양을 받으셨습니다. 장자는 마음이 기쁨으로 충만하여 조그마한 상을 가져와 부처님 앞에 앉아서 간절히 설법해 주시기를 소원하므로, 부처님께서 그를 위해 갖가지 설법을 하시니 마음과 뜻이 열려 곧 큰 서원을 세웠습니다.

“이 공양을 올린 선근공덕으로써 미래 세상에 저로 하여금 정각正覺을 이룩해 오늘의 부처님과 다름없이 중생을 널리 제도할 수 있게 되어지이다.”

이같이 발원하자, 부처님께서 곧 빙그레 웃으시니 다섯 가지 빛깔의 광명이 입에서 나와 세 번 부처님을 돈 뒤, 도로 부처님의 정수리로 들어갔습니다.

아난다가 그것을 보고 부처님께 나아가 사뢰었습니다.

“여래께서는 항상 진중하사 함부로 웃으시지 않으셨거늘 지금 빙그레 웃으심은 무슨 까닭입니까. 세존께서 부연해 주시옵소서.”

“아난다야, 너는 지금 저 함향 장자가 많은 음식을 나와 여러 비구들에게 주는 것을 보았느냐?”

“이미 보았나이다.”

"저 장자는 지금 이 공양을 베푼 선근 공덕으로써 미래 세상에 구십 겁을 지나도록 지옥·축생·아귀에 떨어지지 않고 항상 천상이나 인간 세상의 쾌락을 받으며, 최후의 몸을 얻을 때, 프라데카 부처를 성취해 함향含香이란 명호로 한량없는 중생을 널리 제도할 것이다. 이런 이유 때문에 웃었느니라."

그 때 비구들은 부처님의 말씀을 듣고 다 기뻐하며 마음에 새기고 능력에 따라 실천했습니다.

부처님은 사공

부처님께서 마가다 나라에 계시던 어느 때, 여러 비구들을 데리고 차례로 그 지방의 이 곳 저 곳에서 유세하시다가 갠지스 강 옆에 이르러서 그 강가에 있는 어떤 사공을 보고 말씀하셨습니다.

"네가 지금 우리 일행을 배에 태워 강물을 건너게 해다오."

"저에게 뱃삯을 치러주셔야만 강물을 건너드리겠습니다."

부처님께서 다시 타이르셨습니다.

"사공아, 나도 너와 같은 뱃사공이니라. 이 세 세계의 중생들을 생사의 바다에서 벗어나게 제도해 주는 것이 또한 상쾌하지 않느냐? 저 성내고 미워하는 마음이 많은 백성을 살해한 앙굴리마알라와 같은 자도 내가 그를 제도하여 생사의 바다를 벗어나게 했고, 저 교만한 마음이 짝이 없어 함부로 다른 사람을 멸시하는 마야나닷타와 같은 자도 내가 그를 제도하여 생사의 바다를 벗어나게 했고, 저 어리석기만 하고 지혜가 없는 우루빈라-카샤파와 같은 자도 내가 그를 제도하여 생사의 바다를 벗어나게 했다. 나는 이와 같이 한량없는 중생을 제도하여 다 생사의 바다로부터 벗어나게 했으나 모두 그 값을 요구한 바 없었는데, 어째서 너는 나에게 값을 받아야 강물을 건너 주겠다는 말이냐?"

이와 같이 세존께서 갖가지 법을 말씀해 주었으나 뱃사공은 완고하여 끝내 건너 드리지 않았는데, 그 때 마침 강 하류에서 다른 어떤 뱃사공이 부처님의 말씀을 듣고 곧 기쁜 마음을 내어 부처님 앞에 와서 이렇게 사뢰었습니다.

"제가 지금 부처님과 여러 스님들을 위하여, 건너 드리겠습니다."

부처님께서 그렇게 하기를 허락하시니 배를 장엄하고, 여러 비구들을 불러서 타라 하시니 어떤 비구는 허공에 있고 어떤 비구는 강 중류에 있고 어떤 비구는 강을 건너 가 언덕에 있었습니다.

부처님과 스님들의 나타내는 이러한 갖가지 신통변화를 보고 더욱 신심과 공경심을 내어 '전에 없었던 일' 이라고 찬탄한 뒤, 부처님을 비롯한 여러 스님들께 예배했으며, 부처님 또한 갖가지 설법을 하시니 그 마음과 뜻이 열려 곧 스로타판나가 되고, 앞서 값을 요구하던 뱃사공도 다른 뱃사공이 부처님과 스님들을 건너드리는 것과, 또 신통변화를 보고서 부끄럽게 여겨 온 몸을 땅에 엎드려 지극한 마음으로써 참회한 뒤에 부처님과 스님들을 초청했습니다.

부처님께서 초청을 받아들이시자, 그는 곧 집에 돌아가 온갖 맛난 음식을 만들어 부처님과 스님들에게 직접 공양을 올린 뒤에 조그마한 상을 가지고 와서 부처님 앞에 앉아 간절히 설법 듣기를 원하자, 부처님께서 그에게 갖가지로 설법하시니 그는 마음과 뜻이 열려 곧 서원을 세웠습니다.

"이 공양을 올린 선근의 공덕으로써 미래 세상에 저로 하여금 정각正覺을 이룩하여 오늘의 부처님과 다름없이 중생을 널리 제도할 수 있어지이다."

이렇게 발원을 하자, 부처님께서 곧 빙그레 웃으시니 다섯 가지 빛깔의 광명이 입에서 나와 세 겹으로 부처님을 둘러싼 뒤, 도로 부처님의 정수리로 들어갔습니다.

아난다가 부처님 앞에 나아가 사뢰었습니다.

"여래께서는 진중하사 함부로 웃으시지 아니하셨거늘, 지금 빙그레 웃으심은 무슨 까닭입니까? 부연해 주시옵소서."

"아난다야, 너는 지금 저 뱃사공이 스스로 부끄럽게 여기고 나에게 공양을 베풀고 참회하는 것을 보았느냐?"

"이미 보았나이다."

"저 뱃사공은 스스로가 참회하고 나에게 공양을 베푼 그 공덕으로써 미래 세상에 열세 겁을 지나도록 지옥 · 축생 · 아귀 갈래에 떨어지지 않고 항상 천상이나 인간 세상의 쾌락을 받으며, 최후의 몸을 받아 벽지불을 성취할 때, 도생사해度生死海란 명호로 한량없는 중생을 널리 제도할 것이다. 이런 이유 때문에 웃었느니라."

그 때 비구들은 부처님의 말씀을 듣고 다 기뻐하며 마음에 새기고 능력에 따라 실천했습니다.

전단향을 부처님 발에 바른 여인

부처님께서 라자그리하에 있는 칼란다카 대숲 절에 계시던 어느 때, 그 성중의 어떤 장자 집에 사는 계집종 하나가 성품이 착하고 어질 뿐 아니라, 삼보三寶에 대한 신심과 공경심이 돈독했으며, 언제나 그 상전을 위해 전단향을 갈아 가루를 만들던 어느 날, 잠깐 문밖으로 나갔다가 옷을 입고 바루를 가지신 채 여러 비구들을 데리고 성안에 들어오셔서 걸식하시는 세존을 뵙고, 곧 기쁜 마음을 내어 도로 집안에 들어가서 전단향栴檀香 가루를 조금 가지고 나와 세존의 발등 위에 바르는 공양을 올리니, 세존께서 곧 신통력神通力을 나타내사 미묘한 향 구름으로 온 라자그리하의 성문 안팎을 두루 덮게 하셨는데, 그 때 저 여인이 이 변화를 보고, 갑절이나 신심과 공경심을 내어 온 몸을 땅에 엎드려 예배하고 곧 이러한 서원誓願을 세웠습니다.

"이 향 가루를 부처님께 공양 올린 공덕으로써 미래 세상에 가서 제가 이같이 빈궁하고 미천한 몸을 아주 벗어나 빨리 정각正覺을 이룩하여 오늘의 부처님과 다름없이 중생을 널리 제도할 수 있어지이다."

이렇게 발원하자, 부처님께서 곧 빙그레 웃으시니, 입에서 다섯 가지 광명이 나와서 세 겹으로 부처님을 둘러싼 뒤, 도로 부처님의 정수리로 들어갔습니다.

그 때 아난다가 부처님 앞에 나아가 사뢰었습니다.

"여래께선 진중하사 함부로 웃으시지 아니하셨거늘 지금 빙그레 웃으심은 무슨 까닭입니까? 세존께서 분별하셔서 해설해 주시옵소서."

"아난다야, 너는 지금 저 장자의 종이 전단향 가루로써 나의 발등에 바르는 것을 보았느냐?"

"이미 보았나이다."

"저 장자의 종은 나의 발등에 전단향을 바른 그 선근의 공덕으로써 미래 세상에 구십 겁을 지내도록 지옥 · 축생 · 아귀 갈래에 떨어지지 않음은 물론, 항상 온몸이 깨끗하여 향기가, 풍기고 천상 인간의 모든 쾌락을 받으며, 최후의 몸을 받아 프라데카 부처를 성취할 때, 전단향이란 명호를 얻어서 한량없는 중생을 널리 제도할 것이다. 이 때문에 웃었느니라."

그 때 비구들은 부처님의 말씀을 듣고 다 기뻐하며 마음에 새기고 능력에 따라 실천했습니다.

부처님께 마른 나무를 보시한 발제

부처님께서 슈라바스티에 있는 기타 숲 외로운 이 돕는 절에 계시던 어느 때, 그 성중에 발제拔提라는 가난뱅이가 남의 산지기 노릇을 하며, 매일 마른 나무 한 짐을 지고 성중에 들어가 팔았습니다. 어느 날 성에 들어가다가 어떤 화인化人(불·보살이 중생을 교화하기 위해 모양을 변화하여 나타난 사람)을 만났는데, 그 화인이 가난뱅이에게 이렇게 말했습니다.

"그대가 지금 그 마른 나무를 나에게 준다면 나는 그대에게 온갖 맛난 음식을 보시하겠소."

가난뱅이가 저 화인의 말을 듣고 마음속으로 기뻐하며 곧 마른 나무를 화인에게 넘겨주자, 화인은 또 이렇게 말했습니다.

"그대가 나무를 가지고 나를 따라 오시오. 함께 저 기타 숲 외로운 이 돕는 절에 가면 그대에게 음식을 줄 수 있소."

마침내 가난뱅이는 화인을 따라 함께 절에 도착해, 세존의 서른두 가지 모습과 여든 가지 잘난 몸매에서 빛나는 광명이 마치 천 개의 햇빛 같음을 보고, 곧 기쁜 마음을 내어 부처님 앞에 엎드려 예배하고 나서 그 마른 나무를 바쳤는데, 세존께서 마른 나무를 땅에 꼽은 다음 신통력으로써 잠깐 사이에 가지와 잎이 생기고 꽃과 열매를 무성하게 하셔서, 마치 니구타尼拘陀나무처럼 둥글고도 사랑스러웠고, 세존께서 그 나무 밑에 앉아 무량한 대중들에게 설법을 하셨습니다. 가난뱅이는 이것을 보고 더욱 기쁨에 젖어 몸을 땅에 엎드려 아래와 같은 큰 서원을 세웠습니다.

"원컨대 이 마른 나무를 부처님께 보시한 공덕으로써 미래 세상에 제가 정각을 이룩해 오늘의 부처님처럼 중생을 널리 제도할 수 있어지이다."

이같이 발원하자, 부처님께서 빙그레 웃으시니 다섯 가지 빛깔의 광명이 입에서 나와 세 겹으로 부처님을 둘러싼 뒤, 도로 부처님의 정수리로 들어가니 아난다가 부처님께 사뢰었습니다.

"여래께선 항상 스스로 진중하사 함부로 웃음을 나타내지 아니하셨거늘, 지금 빙그레 웃으심은 무슨 까닭입니까? 세존께서 부연하여 주시옵소서."

"아난다야, 너는 이제 저 동산지기 가난뱅이가 나에게 마른 나무 보시하는 것을 보았느냐?"

"이미 보았나이다."

"저 사람이 비록 보잘 것 없는 것이지만 그 신심과 공경심으로써 나에게 보시한 선근의 공덕을 말미암아 미래 세상에 열세 겁을 지내도록 지옥 · 축생 · 아귀 갈래에 떨어지지 않고 항상 천상이나 인간 세상의 쾌락을 받으며, 최후의 몸으로 프라데카 부처가 되어 이구離垢라는 명호로 한량없는 중생을 널리 제도할 것이다. 이런 이유 때문에 웃었느니라."

그 때 비구들은 부처님의 말씀을 듣고 다 기뻐하며 마음에 새기고 능력을 따라 실천했습니다.

재주와 음악으로써 공양을 올리고

부처님께서 슈라바스티에 있는 기타 숲 외로운 이 돕는 절에 계시던 어느 때, 그 성중의 부호 장자들이 각각 제 나름대로 장엄하되 좋은 옷을 입고 보배 영락과 팔찌를 꼈으며, 꽃과 향을 가지고 온갖 재주와 음악을 갖추어 앞뒤로 서로 이어 성 밖으로 나가 유희하려고 성문을 나오다가, 부처님이 여러 비구들을 데리고 함께 옷을 입고 바루를 가진 채 성문에 들어와서 걸식하시는 것을 만나자, 그 사람들은 부처님의 서른두 가지 거룩한 모습과 여든 가지 뛰어난 몸매에서 뻗치는 빛과 광명이 천 개의 햇빛 같음을 보고는, 모두 기쁜 마음을 내어 부처님 앞에 엎드려 예배하고, 그들이 준비했던 재주와 음악을 연주하여 공양을 올리며, 또 부처님 머리 위를 향해 갖가지 꽃을 뿌리니, 그 꽃들이 다 부처님의 신통력으로써 허공에서 꽃 양산으로 변화하여 온 슈라바스티 성을 두루 덮었습니다. 그들이 그 신통 변화를 보고 전에 없었던 일이라고 찬탄한 뒤, 다시 온 몸을 땅에 엎드려 예배한 뒤에 곧 이러한 서원을 세웠습니다.

"이 재주와 음악을 부처님께 올린 선근의 공덕으로써 저희들이 미래 세상에 정각을 이룩하여 오늘의 부처님과 같이 중생을 널리 제도할 수 있어지이다."

이렇게 발원하자, 부처님께서 곧 빙그레 웃으시니, 입에서 다섯 가지 빛깔의 광명이 나와 세 겹으로 부처님을 둘러싼 뒤, 도로 부처님의 정수리로 들어가니, 아난다가 부처님께 사뢰었습니다.

"여래께서는 항상 스스로 진중하사 함부로 웃으시지 아니하셨거늘, 지금 빙그레 웃으심은 무슨 까닭입니까? 여래께서 부연해 주시옵소서."

"아난다야, 너는 지금 저 여러 사람이 재주와 음악으로써 나에게 올리는 공양을 보았느냐?"

"이미 보았나이다."

"저 사람들은 오늘 재주와 음악과 꽃을 뿌려 나에게 공양을 하게 한 그 선근의 공덕으로써, 미래 세상 백 겁을 지나도록 지옥 · 축생 · 아귀 갈래에 떨어지지 않고, 항상 천상이나 인간 세상의 쾌락을 받으며 최후의 몸으로 프라데카 부처가 되어 다같이 묘성妙聲이란 명호로 한량없는 중생을 널리 제도하게 될테니, 그런 이유 때문에 웃었느니라."

그 때 비구들은 부처님의 말씀을 듣고 다 기뻐하며 마음에 새기고 능력에 따라 실천했습니다.

도적을 벌준 비구

부처님께서 슈라비스티에 있는 기타 숲 외로운 이 돕는 절에 계시던 어느 때, 그 성중에 악노惡奴라는 어리석은 사람이 있어 항상 남의 창고를 털거나 물건을 탈취하는 그것으로써 생활을 계속했습니다.

그 때 어떤 비구가 무덤 주위에 앉아 좌선을 하다가 식사 때가 되어 옷을 입고 바루를 가지고 성문에 들어가 걸식하는데, 어떤 장자 한 사람이 비구의 조용한 위의를 보고, 곧 신심과 공경심이 일어나 집안에 들어가서 담요 한 장을 가지고 나와 비구에게 보시했습니다. 비구가 그 담요를 가지고 있던 곳으로 돌아가는 도중 저 겁탈하기 좋아하는 도적을 만났습니다. 비구가 가지고 오는 담요를 보고서 빼앗으려 하자 비구는 곧 주었습니다. 그 이튿날 다시 와서 요구하자 역시 가졌던 담요를 주었습니다. 사흘째 와서는 바루를 요구하자 이 때 비구는 생각했습니다.

'이 바루야말로 날마다 걸식할 때 필요하니 나의 생명을 유지하는 도구다. 줄 수 없을뿐더러 설사 준다 하더라도 저 도둑의 요구가 또한 끝이 없겠구나. 이제 어떤 계획을 세워 그에게 삼귀의를 가르쳐 다시는 오지 않게 하리라.'

이렇게 생각하고, 곧 도둑에게 타일렀습니다.

"조금만 기다려다오. 틀림없이 너에게 바루를 주겠노라."

도적이 이 말을 듣고 기다리는 동안에 비구가 노끈으로 올가미를 만들어 두고, 도적에게 이렇게 말했습니다.

"나는 지금 극도로 피곤하여 움직이기 싫으니, 그대가 두 손을 뻗쳐라. 너에게 바루를 쥐어 주리라."

그러자 도적이 과연 손을 디밀었고, 비구는 곧 노끈으로써 그 손을 묶어 평상 다리에 매어 두고는, 바깥으로 나가 몽둥이를 가지고 와서 갖가지로 꾸짖되, 몽둥이로 한 번 때리면서 '부처님께 귀의하여라.' 고 큰 소리로 외쳤으며, 도적이 아파서 말을 못하다가 겨우 정신이 돌아온 때를 기다려 갖가지로 꾸짖고, 몽둥이로 두 번째 때리면서 '법에 귀의하여라.' 고 큰 소리를 외쳤으며, 역시 도적이 갑절이나 아파서 까무러쳤다가 겨우 정신이 돌아올 때를 기다려 또 꾸짖고, 몽둥이로 세 번째 때리면서 '스님들께 귀의하여라.' 고 외치니, 도적이 또한 이렇게 생각했습니다.

'이제 마음과 뼈가 다 고통스러워 더 견딜 수 없구나. 만약

굴복하지 않다가 네 번째의 몽둥이를 맞는다면 반드시 죽고야 말겠구나.'

이와 같이 생각한 끝에 도적은 비구에게 사과하고 항복했으며, 비구는 도적을 풀어 주었는데, 도적은 그 길로 곧 부처님 처소에 나아가 큰 소리로 애원했습니다.

"대자대비하신 세존이시여, 아무 비구에게 분부하셔서 제가 삼보에 귀의할 수 있게 해주소서. 제가 이제 다행히 죽지는 않았으나, 만약 네 번째 저 비구의 몽둥이를 맞았다면 틀림없이 죽을 것이므로 삼보에 귀의할 수도 없겠나이다."

그 때 세존께서 도적의 마음이 이미 조복된 줄 아시고 갖가지 법을 말씀하시니, 그 마음과 뜻이 열리어 도적은 곧 스로타판나가 되어 출가하기를 원하였으며, 부처님께서 '잘왔도다 비구야.' 라고 말씀하시니, 도적의 수염과 머리털이 저절로 떨어지고 법복이 몸에 입혀져 곧 사문의 모습이 되었으며, 또 부지런히 정진하여 수행한 지 얼마 뒤, 아라한과를 얻고 마침내 세 가지 밝음明, 여섯 가지 신통通과 여덟 가지 해탈解脫을 갖추어 온 천상과 세간의 존경을 받게 되었습니다.

그 때 비구들은 부처님의 말씀을 듣고 다 기뻐하며 마음에 새기고 능력에 따라 실천했습니다.

출생보살품

出生菩薩品

4권

이생에 못 이룬 보시 내생에 이루려고 몸을 버리며 서원을 세우다

부처님께서 슈라바스티에 있는 기타 숲 외로운 이 돕는 절에 계시던 어느 가을 과일이 익었을 때, 세존께서 여러 비구들을 데리고 부락에 다니시며 유세하셨는데, 비구들이 그 과일을 얻어먹고는 모두 소화가 되지 않아 위장병에 걸린 이가 가장 많고, 그 밖에도 갖가지 병이 생겨나서 좌선을 하거나 경을 외우거나 도를 익힐 수 없었습니다.

그 때 아난다가 부처님 앞에 나아가 사뢰었습니다.

"여래께서는 과거 세상에 어떠한 복을 심으셨기에 모든 음식을 잘 소화시켜 몸에 아무런 지장이 없으시며 지금 위의와 안이 더욱 선명하고도 윤택하시나이까?"

"아난다야, 내가 과거 세상에 자비를 수행할 적에 탕약을 처방하여 중생들에게 보시한 일이 있었으니, 그 과보로써 지금 병이 없고 모든 음식을 잘 소화시켜 아무런 고통이 없느니라."

아난다가 다시 부처님께 사뢰었습니다.

"세존이시여, 과거 세상에 어떠한 일을 수행하셨는지 알 수 있도록 말씀해 주시옵소서."

"아난다야, 내가 이제 분별하여 자세히 말할 테니 너희들은 자세히 듣고 기억하여라.

과거 세상에 바라나시에 연화왕蓮華王은 그 나라를 올바르게 다스림으로써 백성들이 많았고 생활이 안락하며 물산이 풍부하고 전쟁과 형벌이 없으며, 더 나아가 코끼리 · 말 · 소 · 염소 따위 목축이 번성하고, 감자나 포도 등 갖가지 과일도 다 충실하고 맛이 있었다. 그러나 저 백성들이 너무 많은 음식을 탐하여 제대로 소화시키지 못하고 갖가지 병에 걸려 서로 붙잡고 왕의 처소에 나아가 의약醫藥을 요구했다. 왕은 그 병든 사람들을 보고 매우 가엾이 여겨 곧 국내의 의원들을 불러 약을 처방해 백성들에게 보시할 것을 명령했으나 그 많은 병자를 다 치료할 수 없게 되자, 왕은 의원들을 책망했다.

'너희들은 어째서 백성들을 치료하지 못하고 나에게까지 오게 하는가?'

여러 의원들은 왕에게 대답했다.

'탕약을 갖추지 못해 치료할 수 없나이다. 저희들 자신의 병도 치료하지 못하거늘, 하물며 다른 사람의 병을 치료할 수

있겠습니까?'

연화왕은 이 말을 듣고 깊이 걱정하고 유감스럽게 여겨 여러 의원들에게 물었다.

'어떤 약을 갖추지 못했는가?'

의원들은 왕에게 이렇게 대답했다.

'반드시 붉은 물고기의 살과 피를 먹어야만 병을 낫게 할 수 있거늘 저희들이 아무리 붉은 물고기를 구하여도 얻을 길이 없어 이 때문에 병자가 더욱 많고 사망하는 자가 늘어납니다.'

그 때 연화왕은 이렇게 생각했다.

'지금 붉은 물고기를 얻을 수 없다면, 내가 서원을 세워 붉은 물고기가 되어 중생들의 병을 낫게 할 수 있으리라.'

이와 같이 생각한 끝에 곧 태자와 대신들을 불러 유언을 했다.

'나는 이제부터 국토를 너희들에게 맡기려하니, 함께 힘써 다스려 백성들을 그릇되게 하지 말라.'

태자와 대신이 이 말을 듣고, 슬피 울어 목이 메고 눈물이 앞을 가로 막아 말을 제대로 못하고 왕 앞에 나아가 물었다.

'대왕이시여, 저희들 대신과 태자가 어떤 법답지 못한 일을 저질렀기에 대왕께서 이러한 유언을 하시나이까?'

연화왕은 곧 태자와 대신들에게 대답했다.

'지금 나의 이러한 결심은 너희들에게 어떤 허물이 있어서가 아니라, 다만 현재 이 나라의 백성들 가운데 병자가 많고 사망하는 자가 늘어난다. 의원들이 반드시 붉은 물고기의 피와 살을 구해먹어야 낫는다고 하니, 나는 지금 이 몸뚱이를 버리고 붉은 물고기가 되어서 백성들의 병을 치료하려 하기 때문에 너희들을 불러 이 국토를 맡기는 것이니라.'

이 때 태자와 대신들은 이 말을 듣고 하늘을 우러러 슬피 울고는, 다시 왕의 발을 안고서 목멘 음성으로 말했다.

'저희들이 이제까지 인자하신 대왕의 힘을 입어 국토가 안락하고 백성들이 편안하게 살아왔사온데, 어찌하여 하루아침에 저희들을 다 버리고 아주 떠나가려 하시나이까?'

왕은 또 태자와 대신들을 이렇게 타일렀다.

'지금 내가 하려는 일은 역시 백성들을 위한 것이다. 왜 너희들은 굳이 막으려 하는가?'

그 때 태자와 대신들은 갖가지로 왕께 진언했으나, 끝까지 만류할 수 없었으며, 왕은 곧 향과 꽃을 가지고 높은 누각에 올라가 사방을 향해 예배하면서 다음과 같이 큰 서원을 세웠다.

"제가 지금 이 몸뚱이를 버리겠사오니, 원컨대 저로 하여금 저 바라나시 나라의 큰 강물 속에 큰 붉은 물고기가 되어 그 피와 살을 먹는 백성들은 다 병을 낫게 해주옵소서."

이 같이 발원한 뒤에 곧 누각 밑으로 몸을 떨어뜨려 죽어서 저 강물 속의 큰 붉은 물고기가 되었는데, 그 때 백성들이 저 강물 속에 큰 붉은 물고기가 있다는 소문을 듣자, 제각기 연장을 가지고 서로 앞을 다퉈 가서 그 피와 살을 베어 먹고 병이 다 나았고, 그 살을 베어낸 곳마다 곧 새 살이 도로 돋아나, 이 같이 열두 해를 지내도록 계속 백성들에게 피와 살을 보시하되 조금도 후회하거나 원망하는 마음이 없었기 때문에, 목숨이 끝나고는 도리천忉利天에 왕생했느니라.

아난다야, 알아두라. 그 때의 연화왕이 바로 나의 전신이었다. 그 당시 나의 몸뚱이를 버려 저 중생들의 생명을 구제했기 때문에 한량없는 세상에서 지금까지 질병과 고통을 겪지 않았으며, 또 오늘 성불하여 역시 많은 중생을 제도하는 것이니라."

그 때 비구들은 부처님의 말씀을 듣고 다 기뻐하며 마음에 새기고 능력에 따라 실천했습니다.

수행자에게 곡식을 보시한 범예왕

부처님께서 슈라바스티에 있는 기타 숲 외로운 이 돕는 절에 계시던 어느 때, 여러 비구들이 부처님 앞에 나아와 사뢰었습니다.

"지금까지 세존께서는 무엇 때문에 항상 보시에 대한 공덕이 한량없다고 찬탄하십니까. 저희들은 무슨 일로 그렇게 말씀하시는지를 모르오니, 해설해 주시옵소서."

"비구들아, 자세히 들어라. 내가 이제 너희들에게 잘 분별하여 말해 주리라.

한량없는 과거 세상 어느 때, 저 바라나시에 범예왕梵豫王은 올바르게 나라를 다스림으로써 백성들이 매우 많았고 생활용품이 풍부하고 안락하기가 끝이 없으며, 코끼리 · 말 · 소 · 염소 따위 가축까지도 다 번성했는데, 그 때 그 나라 안에서 가장 점술과 관상술에 능한 어떤 바라문이 왕에게 와서 이렇게 말했다.

'멀지않은 장래에 왕의 경내에 화성火星이 출현하므로, 열

두 해 동안 큰 가뭄이 계속되어 농작물의 수확이 없기 때문에 많은 백성들이 굶주리게 될 것입니다.'

이 말을 들은 왕은 매우 근심이 되어 생각했다.

'어떻게 해야 이 백성들을 다 살릴 수 있을까?'

그리고 양곡 책임자를 불러 창고에 있는 양곡을 백성들의 수에 비추어 계산하게 했고, 계산해 본 결과 한 사람에게 하루 한 되씩을 준다면 여섯 해는 공급할 수 있으나 사망할 자가 많겠고, 국왕의 몫을 두 되씩을 계산해 바로 시행하고 있었는데, 뒤늦게 어떤 바라문이 왕 앞에 와서 이렇게 말했다.

'저는 양곡을 받지 못했으니, 곧 굶어 죽게 되었습니다. 대왕의 몫에서 약간의 양곡이라도 나눠주시면 좋겠습니다.'

범예왕은 이 말을 듣고 또 생각했다.

'내가 지금 조그마한 굶주림과 목마름도 참지 못한다면 어떻게 미래 세상에 한량없는 세상에서 중생들을 위해 그 추위 더위와 목마르고 굶주림의 온갖 고통을 견뎌 낼 수 있겠는가.'

이와 같이 생각하고 양곡의 절반을 바라문에게 보시하니, 그 정성에 천상의 궁전이 움직여 제자리에 있지 않으니, 제석천왕이 아래와 같이 생각했다.

'무엇 때문에 나의 궁전이 이렇게 흔들릴까. 장차 나의 목

숨이 끝나려고 이러한 변이 일어나는 것일까?'

이렇게 생각한 제석천왕이 하계를 굽어보고, 범예왕이 그 굶주리는 중생들에게 가장 어려운 보시를 했기 때문에 천상의 궁전이 흔들리게 된 줄 알고, 범예왕의 그 착한 마음이 허위가 아닌가를 시험해 볼 생각으로서, 일부러 바라문의 형상으로 변화하되, 곧 병들고 파리하여 죽게 된 모습으로 지팡이를 짚고 왕의 궁문에 나아가 애걸하니, 왕은 그 때 이렇게 생각했다.

'지금 나의 이 몸뚱이를 보시하던, 보시하지 않던 간에 결국 죽고야 말 것이니, 그렇다면 차라리 이 몸뚱이를 깨끗이 보시하여 중생들을 이익하게 하자, 그렇게 하면 죽어도 아무런 여한이 없으리라.'

이같이 생각하고 또 그 양곡의 절반을 바라문에게 주었다. 바라문이 이 양곡을 얻고 나서 대왕에게 물었다.

'대왕이 지금같이 굶주리는 상황에서 가장 어려운 보시를 하는 것은 혹시 제석천왕 · 범천왕 · 전륜성왕이 되기를 구합니까? 세상의 어떤 영화와 향락을 구하려는 것입니까?'

범예왕은 곧 대답했다.

'나는 이 보시의 공덕으로써 제석천왕 · 범천왕 · 전륜성왕의 몸을 구하는 것이 아니고, 세간의 영화와 향락을 구하는 것도 아니며, 오직 소원은 미래 세상에 정각正覺을 이루어 저 추위와 더위와 굶주리고 목마름에 허덕이는 중생들을 구제하려는 것뿐이요.'

이러한 서원을 세우자 바라문이 '훌륭하십니다. 전에 없었던 일입니다.'라고 찬사를 올리고는, 곧 제석천왕의 본래 몸이 되어 말했다.

'대왕은 지금부터 백성들에게 명령하여 빨리 밭을 갈고 씨를 뿌리게 하소서. 앞으로 이레 만에 내가 틀림없이 단 비가 오게 해 주리다.'

범예왕은 이 말을 듣자, 마음이 너무나 기뻐서 곧 백성들에게 명령을 내렸다.

'백성들은 내 명령을 어기지 말고 밭을 갈고 씨를 뿌려라. 이레 뒤에 반드시 단 비가 꼭 내리리라.'

그 때 모든 백성들은 왕의 명령을 듣고 밭을 갈고 씨를 뿌렸더니, 이레가 되자 비가 쏟아져 일체 농작물이 다 잘 자라 백성들이 전과 같이 모든 물자가 한없이 풍부했느니라.

비구들아, 알아두라. 그 때의 범예왕이 바로 나의 전신이었다. 그 때문에 나는 항상 보시의 과보가 한량없다는 것을 찬탄하여 마지않느니라."

그 때 비구들은 부처님의 말씀을 듣고 다 기뻐하며 마음에 새기고 능력에 따라 실천했습니다.

눈 보시

부처님께서 슈라바스티에 있는 기타 숲 외로운 이 돕는 절에 계시던 어느 때, 여러 비구들이 안거安居를 마치고 자자自恣할 때가 오면 봄과 가을 두 철에 그곳에 모여 와서 부처님의 설법을 들었습니다. 그 중에 혹 옷을 빨거나 바루에 칠을 하거나 또는 새 옷을 짓거나 염색하거나 헌옷을 꿰매는 등 각자가 하는 일이 있었습니다.

그 때 대중 가운데 시바尸婆라는 늙은 비구가 눈이 어두워서 땅에 앉아 옷을 꿰매려 했으나, 바늘구멍과 실 끝이 보이지 않아 큰 소리로 외쳤습니다.

"누가 복덕을 짓기 위해 나의 바늘에 실을 꿰어 주겠는가!"

그 때 마침 세존께서 비구의 말을 듣고, 곧 그 옆에 가서 비구의 손을 잡은 채 바늘을 찾아 실을 꿰어 주시려하자, 이 늙은 비구가 부처님의 음성을 알아채고 사뢰었습니다.

"세존이시여, 여래께서는 과거 세 아승기 겁에 걸쳐 대자대비를 닦아 여섯 바라밀을 만족하셨고, 모든 보살행을 실천하서서 번뇌를 끊고, 공덕을 구족하셨으므로 오늘날 스스로 성불하셨거늘, 이제 무엇 때문에 또 저에게 복덕을 구하려 하시나이까?"

부처님께서 비구에게 말씀하셨습니다.

"나는 옛날의 오랜 습관을 아직도 잊지 않았기 때문에 이제 그대에게 복덕을 짓게 된 것이니라."

그러자, 여러 비구들이 부처님의 이 말씀을 듣고 곧 부처님께 사뢰었습니다.

"여래께서 과거에 저 늙은 비구에게 어떠한 공덕을 지으셨습니까? 해설해 주시옵소서."

"비구들아, 내가 이제 말할 테니 너희들은 자세히 들어라.

과거 한량없는 세상 동안 바라나시의 시비왕尸毘王이 그 국토를 올바르게 다스려 백성들이 많고 물자가 풍부하고 안락하기가 끝이 없으며, 또 시비왕이 보시하기를 좋아하며 재보는 물론, 심지어 머리 · 눈 · 골수까지도 요구하는 자가 있으면 마침내 인색하지 않았다. 그 정성에 감응되어 천상의 궁전이 제자리에 있지 않으니, 그 때 제석천왕이 이렇게 생각했다.

'무엇 때문에 나의 궁전이 이렇게 흔들릴까. 장차 나의 목숨이 끝나려고 하는 것이 아닐까?'

하계를 살피던 제석천왕은 시비왕이 재보를 아끼지 않고 요구하는 자에게 다 보시하는 그 정성이 하늘의 궁전을 흔들어서 모든 물건이 제 자리에 안정되어 있지 않는 것을 알고 '나는 그의 착한 마음이 진실인가 허위인가를 시험해 보리라.'

곧 큰 독수리의 몸으로 변화하여 왕 앞에 날아가서 말했다.

'제가 듣건대 대왕이 보시하기를 좋아하여 중생들의 요구를 거절하지 않는다 하니 저도 역시 요구가 있어 이제 일부러 이곳에 왔으니, 대왕은 저의 소원을 들어주시오.'

왕은 이 말을 듣고 매우 기뻐하면서 대답했다.

'그대의 요구하는 대로 무엇이든지 끝까지 아끼지 않겠소.'

독수리는 또 왕에게 말했다.

'저는 금이나 은 따위 보배와 재물을 필요로 하지 않고, 다만 대왕의 눈을 얻어 그것으로서 맛난 음식을 만들려 하오니, 대왕께선 이제 두 눈을 도려내어 주시오.'

이 말을 듣고 시비왕은 역시 기뻐하면서 날카로운 칼을 손에 잡고 스스로 두 눈을 도려내어 독수리에게 보시하되 조금도 고통스럽게 여기거나 후회하는 마음이 없었으니, 이 때 온 대지가 여섯 가지로 진동하고 온갖 하늘 꽃이 소나기처럼 쏟아졌다.

독수리는 왕에게 말했다.

'대왕이 이제 두 눈을 도려내어 저에게 보시한 것을 혹시 후회하고 원망하지는 않습니까?'

'나의 참된 마음으로써 그대에게 눈을 보시했거늘, 무슨 후회가 있고 원망이 있겠소.'

'그렇지만, 대왕의 그 후회 없고 원망 없는 마음을 무엇으로써 증명하겠소.'

'내가 만일 그대에게 눈을 보시하고, 후회하는 마음이 조금도 없다면 나의 두 눈이 본래대로 회복될 것이오.'

이와 같이 맹세함과 동시에 왕의 두 눈은 본래와 조금도 다름이 없었다. 독수리 역시 제석천왕의 본래 몸으로 돌아가 왕을 향해 찬탄했다.

'전에 없었던 기이한 일입니다. 대왕께서 이제 가장 어려운 보시를 한 것은 앞으로 제석천왕·범천왕·전륜성왕이 되기를 구하려는 것입니까? 또는 세속의 영화와 향락을 구하려는 것입니까?'

왕은 곧 제석천에게 대답했다.

'저는 제석천왕·범천왕·전륜성왕을 구하는 것이 아니고 세속의 영화나 향락을 구하는 것도 아니며, 이 눈을 보시한 선

근과 공덕으로써 미래 세상에 정각正覺을 이루고 중생을 제도하려는 것뿐입니다.'

이렇게 발원하고, 제석천왕은 곧 천궁에 돌아갔느니라.

비구들아, 알아두라. 그 때의 시비왕은 바로 나의 전신이었고, 그 때의 독수리는 바로 지금 이 늙은 비구의 전신이었다. 그 당시 나의 눈을 도려내어 보시하기를 아끼지 않았기 때문에 스스로 성불했으며, 또 지금에 와서 너희들 보다 더 복덕을 닦아도 만족하게 여기지 않느니라."

그 때 비구들은 부처님의 말씀을 듣고 다 기뻐하며 마음에 새기고 능력에 따라 실천했습니다.

법을 구한 왕

부처님께서 슈라바스티에 있는 기타 숲 외로운 이 돕는 절에 계시던 어느 때, 부처님께서 대비로써 마음을 다스려 일체종지一切種智를 얻으시고, 더 없는 감로甘露의 묘법을 널리 하늘 사람이나 세상 사람들에게 밤낮없이 계속 말씀하시되, 조금도 피로함이 없고 게을리하지 않으시니, 여러 비구들이 이 일을 보고 나서 부처님께 사뢰었습니다.

"세존이시여, 이제 세존께서 밤낮 쉴 새 없이 법의 중요한 부분을 말씀하시되 몸으로나 마음으로나 도무지 피로함이 없고 게을리하지도 않으시니, 어떻게 그렇게 하시나이까?"

"비구들아, 잘 들어라. 내가 이제 너희들에게 해설하리라.

한량없는 과거 세상 어느 때, 바라나시에 선면善面이란 국왕이 있었고 손다리孫陀利란 태자가 있었는데, 그 나라는 모든 물자가 풍부하고 안락하며, 백성들이 많았다. 저 총명하고도 지혜 있는 선면왕이 깊이 도덕을 좋아하여 항상 오묘한 법을 구함으로써, 뭇 값진 보물을 네거리 복판에 비치해 두고 이렇게 외쳤다.

'누구라도 나를 위해 미묘한 설법을 해주는 이가 있다면, 이 값진 보물을 다 그에게 넘겨주리라.'

이같이 법을 구하는 지극한 정성이 천상의 궁전을 감동시켜 궁전이 다 흔들리게 되자, 그 때, 제석천왕이 이상하게 여기고 식별해 보니, 선면왕이 법을 구하는 정성이 궁전을 감동시킨 것임을 알고, 그 몸을 나찰羅刹의 형상으로 변화하되 갈고리 같기도 하고 날카로운 긴 칼 같기도 한 두 어금니를 드러낸 채 굶어서 마구 설치는 매우 겁나는 모습으로 왕의 궁문에 이르러 큰 소리로 외쳤다.

'나는 바른 법을 알고 있다.'

왕은 이 말을 듣고 곧 문밖으로 나가 맞이한 뒤에 오묘한 법 듣기를 청하자, 나찰은 왕에게 말했다.

'나는 바르고 오묘한 법을 알고 있으나 이제 굶주림과 목마름에 지쳐 말을 할 수가 없소.'

왕은 또 이 말을 듣고 갖가지 음식을 갖춰주니, 나찰은 말했다.

'나는 뜨거운 피를 마시고 갓 잡아 온기가 있는 살코기를 먹을 뿐, 이 따위 음식은 나에게 필요가 없소.'

왕자 손다리가 이 말을 듣고서 부왕에게 간청했다.

'무릇 오묘한 법은 듣기가 매우 어려운 것이라, 제가 이제 나찰에게 몸을 보시해 마음대로 뜯어먹게 하겠사오니, 원컨대 부왕께선 오묘한 법을 들으시옵소서.'

왕은 태자가 광대한 마음을 내어 몸과 목숨까지도 아끼지 않음을 알고는, 곧 스스로 생각했다.

'나는 오랜 겁 동안 은애恩愛에 얽매여 끝없이 생사에 유전했으니, 이제 법을 듣기 위해서는 차라리 사랑하는 자식을 버리리라.'

이렇게 생각하고 허락하자, 태자는 곧 나찰에게 그 몸을 보시했는데, 나찰은 바로 왕 앞에서 태자의 몸을 찢어 땅에 앉아 피를 마시고 살을 뜯어먹은 다음 그래도 '만족하지 못하다.' 고 말했다. 그 때, 왕의 부인이 이 광경을 보고 역시 생각했다.

'나의 자식도 몸과 목숨을 보시했거늘, 어찌 나의 이 몸을 버리지 못하랴?'

곧 생각한 그대로 왕에게 말하니 왕이 또 허락하자 부인은 나찰에게 몸을 보시했는데, 나찰이 또한 몸을 받아서 앞서와 같이 먹었으나 아직도 '굶주리고 목마르다.' 라고 하면서 왕에게 말했다.

'이제는 당신의 몸을 나의 먹이로 제공하시오.'

왕은 곧 대답했다.

'나의 이 몸을 제공하는 것은 조금도 아깝지 않지만, 몸이 없어지고서야 어떻게 법을 들을 수 있겠소. 이제 그대가 먼저 나에게 법을 말해 준다면, 나도 몸을 버리겠소.'

나찰은 왕의 그 성심과 신심을 알고 곧 왕을 위해 다음과 같은 시를 읊었다.

> 은애恩愛로 인하여 근심이 생기고
> 은애로 인하여 두려움이 있네.
> 그러므로 은애를 여의는 이라야
> 아주 근심과 두려움을 끊을 수 있네.

나찰은 위의 시를 읊고 나서 제석천왕의 본래 몸으로 돌아갔고, 태자와 부인도 홀연히 앞에 나타났으며, 왕은 법을 듣고 더욱 신심과 공경심을 내었을 뿐만 아니라, 다시 부인과 태자가 그대로 생존함을 보고서 기쁨에 넘쳐 스스로가 어쩔 줄을 몰랐느니라.

비구들아, 알아두라. 그 때의 선면왕은 바로 나의 전신이었고, 그 때의 태자는 바로 지금 아난다의 전신이었고, 그 때의 부인은 바로 지금 야수다라였다. 이와 같이 나는 과거 세상에 보살도를 닦을 적에 법을 구하기 위해서는 사랑하고 공경하는 처자까지도 애석하게 여기지 않았거늘, 어찌 오늘날 피로하다거나 게으름이 있을 수 있겠느냐."

그 때 비구들은 부처님의 말씀을 듣고 다 기뻐하며 마음에 새기고 능력에 따라 실천했습니다.

태자의 구법

부처님께서 슈라바스티에 있는 기타 숲 외로운 이 돕는 절에 계시던 어느 때, 그 성중에 수달水獺이란 장자가 있었으니, 그는 성품이 어질고 삼보를 공경하고 믿음으로써 날마다 절에 나아가 탑을 청소했습니다. 어느 하루는 용무가 있어 가느라고 탑을 청소하지 못했는데, 그 때 세존께서 마우드갈야야나 · 사리푸트라 · 카샤파 등 여러 비구들을 데리고 함께 그 탑 속에 들어가 청소를 마친 뒤에, 한 쪽에 물러나 앉아서 청소에 대한 공덕을 이렇게 말씀하셨습니다.

"청소를 함으로써 다섯 가지 공덕을 얻나니 첫째 자신의 더러운 마음을 제거하고, 둘째 다른 사람의 더러운 마음까지 제거시키고, 셋째 교만을 제거하고, 넷째 들뜨는 마음을 조복하고, 다섯째 공덕을 증장하여 좋은 곳에 태어남이 그것이니라."

뒤늦게 수달 장자가 그 절에 이르러 세존께서 비구들에게 이 청소에 대한 공덕을 말씀하신 사실을 듣고는, 곧 기쁜 마음을 내어 부처님 앞에 나아가 사뢰었습니다.

“제가 이제 부처님께서 말씀하신 청소에 대한 다섯 가지 공덕을 듣고부터 어느 곳에서나 모든 현성賢聖들이 바로 저의 눈앞에 계심을 뵈옵는 듯합니다.”

“수달 장자님. 내가 사랑하고 공경하는 일체의 선한 법도 다 그러하니, 이제 장자를 위해 분별하여 말하겠으니, 잘 들으시오.

한량없는 과거 세상 어느 때, 바라나시의 범마달다왕梵摩達多王이 바른 법으로써 나라를 다스리니 백성들이 많고 생활이 풍부하고 안락했는데, 왕의 부인이 임신을 하니 그 이마 위에 자연히 보배 양산 하나가 부인이 다니고 앉는 곳을 따라 다녔으므로, 왕이 관상가를 불러 부인의 상을 보였소. 그의 말에 의하면, ‘앞으로 큰 복덕 있는 아이를 출생하여 그 아이가 사방으로 법을 구하게 되리라.’는 것이었소. 마침내 열 달이 되어 아들을 낳으니 이 세상에서 보기 드물 만큼 용모가 훤칠하고 단정하며 엄숙함으로써 곧 태자의 이름을 구법求法이라 했소. 나이가 들어 점점 장성하자 과연 도를 좋아하여 사람을 시켜 값진 보물을 가지고 사방으로 법을 구하기 시작했으나 뜻대로 구해지지 않으니 울고 근심하여 스스로가 편안하지 못하다 여겼소. 그 정성이 제석천을 감동시켜 궁전이 흔들리니 자리가 안정되지 않았소. 그 때 제석천왕이 이렇게 생각했소.

'무엇 때문에 나의 이 궁전이 이같이 흔들릴까?'

제석천왕은 자신이 곧 식별한 끝에 '왕자가 법을 구하다가 뜻대로 구해지지 않는 것을 근심하여 저렇게 울어서 나의 궁전을 이와 같이 흔들리게 하는구나. 나는 지금 가서 태자의 마음이 과연 진실인가 거짓인가를 시험해 보겠다.' 하고 바라문의 몸으로 변화하여 왕의 궁문에 이르러 큰 소리로 외쳤소.

'내가 바로 미묘한 법을 알고 있으니, 그 누구라도 법 듣기를 원한다면, 나는 그에게 법을 말해 주리다.'

왕자가 이 말을 듣고 스스로 어쩔 줄 모르고 기쁨에 넘쳐서 궁문에 나아가 맞이하여 엎드려 발에 예배한 뒤에 왕궁으로 모시고 가 좋은 자리에 앉히고 합장하고 간청했소.

'대사께서 가엾이 여기사 저를 위해 오묘한 법을 말해 주소서.'

바라문은 대답했소.

'태자님 법은 배우기가 매우 어렵소. 오래도록 스승을 모시고 정성을 다해야만 법을 들을 수 있거늘 지금 바로 법을 들으려는 것은 이치로 보아서도 그럴 수 없소.'

태자는 다시 대사에게 간청했소.

'대사께서 필요하신 것을 말씀만 하신다면, 이 몸뚱이와 아내 · 자식과 코끼리 · 말 · 보배 등 그 모든 것을 아낌없이 다 드리겠습니다.'

바라문은 곧 이렇게 대답했다.

'지금 태자가 말씀한 따위의 것은 나에게는 다 필요치 않은 것이요. 그러나 지금 태자가 만약 열 길 정도 깊이의 큰 구덩이를 파서 그 속에 불을 가득 채워 두고 태자 자신의 몸을 던진다면, 그 때 나는 오묘한 법을 말하겠소.'

왕자가 이 말을 듣자 마음으로 기뻐하며, 곧 큰 구덩이를 파서 그 속에 불을 가득 채워 두고 스스로 몸을 던지려 했는데 왕의 부인을 비롯한 여러 신하들이 달려와 태자를 잡고 만류하며, 저 바라문을 향해 호소했다.

'원컨대 대사께서 저희들을 가엾이 여기시고 저희들의 뜻에 따라 태자가 이 불 구덩이에 뛰어들지 못하게 하소서. 대사께서 필요한 것이라면 이 국토의 성읍 · 보물과 심지어 처자까지 다 공급하겠습니다.'

바라문은 이에 대답했다.

'내가 왜 태자를 괴롭히겠습니까? 다만 태자의 뜻에 따라 태자가 그렇게 한다면 내가 설법해 주겠다고 했소.'

이 말을 들은 태자는 말했다.

'나는 오랜 겁에 걸쳐 헛되이 몸과 목숨을 버렸지만, 그 누가 나를 위해 미묘한 법을 말해 주는 이가 없었기 때문에 이제 내 스스로 몸을 던지려는 것입니다.'

이 때 왕의 부인과 신하들이 태자의 뜻이 반드시 법을 위해 죽으려는 것을 관찰한 끝에 다시 부하들을 시켜 하루 천 리를 갈 수 있는 코끼리를 타고 온 나라 안에 있는 대신들을 한꺼번에 집합시켜 합장하고 만류했소.

'부디 저희들을 위해서라도 이 불 구덩이에는 들어가지 마시오. 이제 무엇 때문에 저 바라문 한 사람을 위해 모든 것을 다 버리려 하십니까.'

그러나 태자는 여러 신하들에 이렇게 대답했소.

'나는 과거 세상에 무수한 생사 가운데 혹 지옥 · 축생 · 아귀에 떨어져 서로가 살해하고 불에 태우고 굶주리는 등 하루 동안에 말할 수 없는 고통을 겪으면서 헛되이 몸을 버렸지만, 이제까지 유익한 법을 들은 일이 없었소. 지금 이 더러운 몸을 던지려는 것은 더 없는 불도를 구하기 위함이오. 이 목숨을 버리고 중생들을 제도하여 괴로움에서 나오게 하려 하기 때문이거늘, 왜 모두들 굳이 나를 만류하는가.'

이같이 말한 다음 마지막 결정을 내리고 바라문에게 말했소.

'이 목숨이 끝난 뒤에는 법을 들을 수 없으니, 원컨대 대사께서 먼저 묘법을 말해 주시오.'

이 때 바라문은 곧 태자를 위해 시를 읊었다.

항상 인자한 마음을 내어 실천하고
성내거나 해치는 생각 없애고
대비심으로써 중생을 가엾이 여기되
상처로 눈물을 흘리듯 구제하라.

대비를 수행하는 자
얻는 법을 몸과 같이 여기고
모든 중생을 다 구제해야만
비로소 보살행이라 할 수 있네.

그 때 태자가 이 시를 듣고 어쩔 줄 모르게 기뻐하며 곧 큰 불구덩이 속으로 뛰어들었으나, 그 불구덩이는 연못으로 변하고 태자는 연꽃 위에 앉아 있었소. 온 땅이 진동하고 천상의 뭇꽃이 쏟아져 무릎에 이르기까지 쌓였소. 바라문인 제석천왕은 본래 몸이 되어 태자를 칭찬했소.

'태자가 이제 이 불구덩이 속에서도 이 두 연의 시를 위하여 몸과 목숨을 아끼지 않은 것은 어떠한 소원 때문인가?'

'저의 소원은 앞으로 더 없이 높은 부처가 되어 널리 중생들을 제도하여 생사의 바다를 벗어나게 하려는 것입니다.'

그 때 제석천왕은 이 태자의 말을 듣고서 '전에 없었던 일이라.' 고 찬탄한 다음, 도로 천상에 올라갔고, 범마왕을 비롯하여 부인과 그 여러 신하들도 역시 '전에 없었던 기이한 일이라.' 라고 찬탄한 뒤에 모두들 기쁜 마음으로 태자와 함께 궁중으로 돌아갔소."

부처님께서 비구들에게 말씀하셨습니다.

"비구들아, 알아두라. 그 때의 범마왕은 바로 지금의 정반왕淨飯王 전신이었고, 그 때의 왕후는 바로 지금의 마야摩耶부인 전신이었고, 그 때의 태자는 바로 나의 전신이었느니라."

부처님께서 이 법을 구하는 인연을 말씀하실 적에, 어떤 이는 스로타판나를, 어떤 이는 샤크르다가민을, 어떤 이는 아나가민을, 어떤 이는 아라한과를 얻었으며, 어떤 이는 벽지불이 되겠다는 마음을 내고, 어떤 이는 더 없이 높은 부처님이 되겠다는 마음을 내기도 했습니다.

그 때 비구들은 부처님의 말씀을 듣고 다 기뻐하며 마음에 새기고 능력에 따라 실천했습니다.

말빚을 지다

부처님께서 슈라바스티에 있는 기타 숲 외로운 이 돕는 절에 계시던 어느 때, 여러 비구들과 함께 성중에 들어가서 걸식하셨습니다. 어느 거리 복판에서 한 바라문을 만났는데, 그 바라문이 손가락으로 땅에 금을 그어두고 못 가게 막으면서 이렇게 말했습니다.

"당신이 이제 오백 냥을 나에게 준다면 이 길을 지나가게 하려니와, 그렇지 않을 경우엔 끝내 못 가게 할 것이니 그리 아시오."

세존께서 비구들과 함께 말없이 그대로 멈추어 더 전진하지 않으셨습니다. 이 사실이 나라에 알려지자 성주와 프라세나짓왕과 비사카 석종과 부루나 등이 모두 모여와서 각각 값진 보물을 가지고 바라문에게 주었으나, 바라문은 이것을 받지 않았고, 수닷다 장자가 부처님께서 바라문에게 붙들려 못 가신다는 소식을 듣고 곧 오백 냥을 바라문에게 건너 주어 그 때야 비로소 세존께서 길을 지나가시게 되었는데, 여러 비구들이 이 광경을 보고 부처님께 사뢰었습니다.

"세존이시여, 지금 길을 막고 부처님을 못 지나가시게 한 것은 이 무슨 인연입니까?"

"비구들아, 자세히 들어라. 내가 지금 분별하여 말해 주리라.

한량없는 과거 세상 어느 때, 바라나시에 범마달다梵摩達多 왕이 있었고, 선생善生이란 태자가 있었다. 태자가 친구들을 데리고 관광을 하는 도중에, 어떤 사람이 재상의 아들과 어울려 도박을 하여, 재상의 아들이 마침내 돈 오백 냥을 잃는 것을 보았다. 재상의 아들이 그 오백 냥 빚을 지고 갚으려하지 않으므로, 태자가 빚 받을 사람에게 이렇게 말했다.

'만약 그가 돈을 주지 않을 때엔 내가 대신 갚겠다.'

그 뒤 재상의 아들은 자기 세력을 믿고 끝내 갚지 않았으므로, 한량없는 겁 동안 빚 받을 사람은 항상 태자에게 독촉했느니라.

비구들아, 알아라. 그 때의 태자는 바로 나의 전신이었고, 그 때 재상의 아들은 바로 지금 수닷다 장자의 전신이었고, 그 때 빚 받을 사람은 바로 저 바라문의 전신이었다. 그러므로 너희들은 빚진 자로서 빚 받을 사람에게 대항하거나 염치를 무릅쓰고서 갚지 않는 그러한 일을 하지 말라. 더 나아가 성불한 오늘에 있어서도 내가 이런 곤란을 당하게 된 것이니라."

그 때 비구들은 부처님의 말씀을 듣고 기뻐하며 마음에 새기고 능력에 따라 실천했습니다.

열반하시던 침상에서 제도한 5백 역사

부처님께서 쿠시나가라에 있는 두 그루 사라수 사이에 계시며, 곧 열반에 드시려 할 때, 수바드라가 이 소문을 듣고 5백 역사들을 거느리고 부처님 앞에 와서 엎드려 예배한 다음, 한쪽에 물러나 출가 수도하기를 원하므로, 부처님께서 이렇게 말씀하셨습니다.

'잘 왔구나! 비구들아.' 하니, 수염과 머리털이 저절로 다 땅에 떨어지고 법복이 몸에 입혀져, 곧 스님의 모습을 갖추게 되었고, 부처님께서 그들을 위해 갖가지 설법을 하시니 마음과 뜻이 열려 제각기 도의 자취를 얻었습니다.

비구들이 이 광경을 보고 부처님께 사뢰었습니다.

"지금 수바드라를 비롯한 오백 비구들은 과거 세상 어느 때, 어떠한 복을 심었기에 부처님께서 열반에 드시려하는 이 와중에 부처님의 제도를 받게 되었나이까?"

"비구들아, 그들이 지금과 같은 총망중에 제도를 받은 것은 지금만 아니다. 과거에도 내가 역시 위급함에도 불구하고 제도하여 벗어나게 했느니라."

"세존이시여, 과거에 어떠한 일로 저 사람들을 제도하셨는지 저희들은 모르오니, 해설해 주시옵소서."

"비구들아, 내가 이제 분별하여 말할 테니, 너희들은 자세히 들어라.

과거 한량없는 세상 이전에 바라나시의 범마달다梵摩達多왕이 여러 백성들을 거느리고 성문을 나와 사냥을 시작하여 어느 산중의 큰 강물 있는 곳에서 오백 마리 사슴 떼를 만나 포위해 점점 좁혀갔다. 사슴들은 강 언덕으로 모여들어 공포에 떨면서 강물을 건너려 해도 너무 깊어서 건널 수 없었다. 사냥꾼들이 바로 눈앞에 닥쳐, 생명이 정말 위급한 이러한 광경을 본 사슴왕은 여러 사슴들에게 아래와 같이 말했느니라.

'지금 사태가 위급하다. 내가 너희들을 위해 네 발을 뻗어 강물의 양편 언덕에 걸치겠으니 너희들이 나의 등을 밟고 저 언덕으로 건너가거라.'

그 때 사슴들이 서로 앞을 다퉈 나의 등골을 밟고 다 건널 때까지 뼈가 부서져서 고통이란 이루 말할 수 없었다. 이 때 여러 사슴들이 다 건너간 뒤에 어미사슴 한 마리가 새끼를 데리고 남아 있으면서 허둥지둥하는지라, 저 사슴 왕은 이것을 보고 고통을 참은 채 건너게 하고는, 곧 목숨이 끝나 저 도리천에 태어났느니라.

비구들아, 나는 그 당시 축생 속에 있으면서도 자비심을 내어 고통을 꺼리지 않고 몸을 버리며 중생들을 다 제도하였거늘 하물며 오늘날 세 세계를 초월하여 거리낌 없이 자유로운 내가 무슨 괴로움이 있겠느냐?

비구들아, 알아라. 그 때의 사슴 왕은 바로 나의 전신이었고, 그 때의 뭇 사슴들은 바로 지금 수바드라를 비롯한 오백 비구들의 전신이었느니라."

그 때에 여러 비구들이 다시 부처님께 사뢰었습니다.

"세존이시여, 저 수바드라를 비롯한 오백 비구들은 과거 세상에 어떠한 복을 심어 지금 부처님을 만나자마자 모두 다 도를 얻었습니까?"

"비구들아, 내가 또한 너희들을 위해 분별해 말할 테니 자세히 들어라.

이 현겁賢劫에 카샤파 부처님이 바라나시에 출현하여 중생들을 교화하시다가 그 교화의 인연이 끝나 곧 열반에 들려하실 때였다. 그 당시 오백 명 비구들이 산림 속에서 좌선하며 도를 이루려 했으나 아직 도를 얻지 못했다. 그 때에 카샤파 여래께서 중생의 교화를 다 마치고 열반에 드시려는데, 비구들은 전연 몰랐지만 그 산림의 나무신은 카샤파 여래께서 열반에 드시려는 것을 알고, 마음이 괴로워서 울다가 흐르는 눈물이 나무 밑에 있는 비구들 머리에 떨어지자 비구들이 각각 나무신에게 물었다.

'너희들은 지금 무엇 때문에 이같이 눈물을 흘리면서 슬피 우느냐?'

'카샤파 세존께서 지금 열반에 드시려 하기 때문에 저희들이 괴로워서 이같이 눈물을 흘리며 우는 것입니다.'

이 말을 들은 비구들이 놀라고 두려워하며 나무신에게 말했다.

'이제 우리가 어떻게 해야 세존을 가서 뵐 수 있을까. 우리 스스로가 먼저 죽어버리자. 부처님께서 먼저 열반하시는 것을 차마 어찌 보겠는가?'

나무신은 말했다.

'이제 당신들이 꼭 가시려거든 모두 눈을 감으시오. 저희들이 당신네로 하여금 세존의 처소에까지 도달하게 하겠습니다.'

비구들이 이 말을 듣고, 곧 눈을 감으니 과연 자신들도 모르는 사이에 홀연히 세존의 처소에 이르러, 세존께 문안드리고 열반에 들었다. 그 당시 출가하여 계법을 지켰기 때문에 현재 세상에도 나를 만나 도과를 증득하게 된 것이다. 비구들아, 알아라. 그 때의 오백 비구가 바로 지금 수바드라를 비롯한 5백 역사 비구들의 전신이니라."

그 때, 비구들은 부처님의 말씀을 듣고 모두 기뻐하며 마음에 새기고 능력에 따라 실천했습니다.

토끼와 신선

부처님께서 슈라바스티에 있는 기타 숲 외로운 이 돕는 절에 계시던 어느 때, 그 성중에 발제拔提란 장자가 있었는데, 그가 출가했으나, 마음속으로 항상 세속의 인연을 좋아해 몸으로써 나쁜 짓을 하고, 입으로써 나쁜 말을 하며, 마음은 잡념에 휩싸이므로, 그 때 세존께서 '이제는 발제의 선근이 이미 성숙되어서 교화를 받을 수 있겠다.' 생각하시고 아난다에게 이렇게 말씀하셨습니다.

"네가 발제 비구를 불러 나의 처소에 오게 하여라."

곧 발제 비구를 불러왔으며, 부처님께서 발제에게 알맞은 설법을 하시고, 산림 속에 들어가 좋은 법을 닦아 익히게 하시니, 부처님 교훈대로 산림 속에서 좌선을 시작한 지 오래지 않아 아라한과를 얻었습니다.

여러 비구들이 이 일을 보고 나서 부처님께 사뢰었습니다.

"세존이시여, 지금 저 발제 비구는 과거 세상에 어떠한 복을 심었기에 출가하여 세속의 인연을 좋아했으나, 다시 부처님의 가르침을 듣고 아라한이 되었습니까?"

"비구들아, 지금만 저 비구를 교화한 것은 아니고 내가 과거 세상에서도 저 비구를 교화한 일이 있었느니라."

여러 비구들은 다시 부처님께 사뢰었습니다.

"세존이시여, 과거 세상에 어떠한 일이 있었는지를 저희들은 알 수 없사옵니다."

"비구들아, 내가 이제 분별해 말할 테니, 너희들은 자세히 들어라.

이 현겁에 바라나시 나라의 어떤 선인仙人이 산림 속에 있으면서 과일과 물만 먹고 오랜 세월에 걸쳐 신선의 도를 닦아오다가, 심한 가뭄이 들어 꽃이 피지 않고 과일이 열리지 않아 굶주림과 목마름이 절박하였다. 곧 마을에 들어가 걸식하려 했는데, 그 때 보살인 토끼왕이 여러 토끼들을 거느리고 물과 풀을 찾아가던 도중이었다. 수염이 길고 위의가 있는 어떤 선인이 굶주림과 목마름에 시달려, 마을에 들어가 걸식하려는 것을 보고, 곧 앞에 가서 말했다.

'내일 변변치 못하지만, 우리들의 공양을 받으십시오. 그리고 또 좋은 법이 있으니 당신은 들어 보시오.'

선인이 이 말을 듣고 생각했다.

'저 토끼왕이 혹시 날짐승과 길짐승이 죽은 것을 보고서 그 것으로써 음식을 만들어 나에게 공양을 베풀려는 것이 아닐까?'

이와 같이 생각한 끝에 허락했다. 토끼왕은 선인의 허락을 듣고 여러 토끼와 저 신선을 모아놓고 오묘법을 말한 뒤, 직접 마른 나무를 땅에 쌓아 불을 붙이고 스스로 그 불구덩이 속으로 뛰어들었다. 이 광경을 본 선인이 곧 앞에 나가 끌어안았으나, 덧없는 생명은 이미 세상을 달리했으므로 선인은 큰 소리로 이렇게 외쳤다.

'화상 대사여, 어찌다 하루아침에 우리들을 다 버리고 가셨나요, 다시는 법을 들을 수 없습니다.'

슬퍼서 목이 메도록 하늘을 우러러 부르짖고 울다가 기절하여 땅에 쓰러지며, 그 슬픔은 말로 다 할 수 없었다. 그 때 바로 온 땅이 진동하고 천상의 미묘한 꽃이 소나기처럼 쏟아져 토끼왕의 위를 덮었으며 저 선인도 이것을 보고 대자비심을 닦아서 감히 토끼 왕의 살을 뜯어먹지 못할 뿐 아니라, 그 해골을 거둬서 탑을 세우고 공양을 올렸다.

비구들아, 알아라. 그 때의 보살 토끼 왕은 바로 나의 전신이었고, 선인은 바로 지금 발제 비구의 전신이었다. 그 당시 나의 말에 수순하여 설법을 들었기 때문에 지금 또 나를 만나 출가 수도하여 아라한이 되었다."

여러 비구들은 부처님의 말씀을 듣고 다 기뻐하며 마음에 새기고 능력에 따라 실천했습니다.

왕후가 죽인 왕자

부처님께서 슈라바스티에 있는 기타 숲 외로운 이 돕는 절에 계시던 어느 때, 아주 어리석고도 지혜 없는 데바닷타가 항상 질투심과 진심을 품고서 세존을 향해 마구 욕설을 퍼부어 왔으나, 세존께선 끝내 그에게 조금도 싫은 생각을 내거나 유감스럽게 여기는 마음이 없었으므로, 비구들이 이 일을 보고 곧 부처님 앞에 나와 사뢰었습니다.

"세존이시여, 왜 그러하십니까?"

"비구들아, 오늘만 그에게 욕설을 듣는 것이 아니고 과거 세상에서도 항상 나는 계속 당해 왔느니라."

"세존이시여, 과거 세상의 일을 듣고 싶으니 말씀해 주시옵소서."

"비구들아, 자세히 들어라, 내가 이제 너희들에 분별하여 말하겠다.

이 현겁에 범마달다梵摩達多란 국왕이 바라나시를 바른 법으로 다스려 백성들이 많고 모든 물자가 풍부했다. 왕에게 두 부인이 있었는데 첫째 부인의 이름은 선의善意였고, 둘째 부인은 수선의修善意였다. 첫째 부인은 그 성품이 유순하여 왕의 뜻에 잘 맞았지만 자식이 없고, 둘째 부인에게 태어난 외아들이 총명하고도 인자하여 부모에게 효순했기 때문에 왕이 무척 사랑해 학교에 보내 공부하게 했다. 첫째 부인을 데리고 궁성 바깥을 나와 온갖 유희와 오락으로 홍미롭게 지내는 도중, 그 궁성 안에 있는 둘째 부인에게 약간의 술과 음식을 보내 주었는데 부인이 진심과 질투심을 내어 악한 말을 퍼붓기 시작했다.

'나는 차라리 왕자의 목을 찔러 그 피를 뽑아 마시는 한이 있어도 지금 왕이 보낸 술은 끝내 마시지 않겠다.'

사자가 도로 왕에게 가서 이 사실을 보고하자, 왕이 곧 크게 성낸 끝에 다시 사람을 시켜 왕자를 보내서 과연 그렇게 하는가, 못하는가를 시험해 보게 했다. 아니나 다를까. 부인이 곧 왕자의 목을 찌르려 하자, 왕자는 몸을 굽혀 합장하고서 그 어머니께 애원했다.

'제가 아무런 허물이 없거늘 무엇 때문에 이러하십니까?'

'네 아버지의 명령으로 죽이는 것이지 너에게 허물이 있는 것은 아니다.'

그 말을 듣고 어머니를 향해 한없이 빌었지만, 그 어머니는 끝내 듣지 않고 아들을 죽이고 말았다. 그러나 왕자는 부모에게 효순한 그 선심으로 말미암아 도리천忉利天에 났다. 나는 그 당시 범부로서 어머니께 살해를 당해도 끝까지 조그마한 원망마저 없었거늘, 하물며 오늘날 세 세계를 초월한 내가 저 데바닷타에게 어찌 자비심을 내지 않겠느냐.

비구들아, 알아라. 그 때 국왕의 외아들은 바로 나의 전신이었고, 그 때의 어머니는 바로 데바닷타의 전신이었다."

여러 비구들은 부처님의 이 말씀을 듣고 다 슬픔과 기쁨에 감동되어 예배하고 물러갔습니다.

강도였던 누타

부처님께서 슈라바스티에 있는 기타 숲 외로운 이 돕는 절에 계시던 어느 때, 그 성중에 누타樓陀라는 강도가 있어 항상 허리엔 날카로운 칼을 차고 손에는 활을 잡고서 길목에 머물러 백성들의 물건을 겁탈해 그것으로써 생활했습니다.

어느 때 수일 동안 굶주림과 목마름에 시달려오다가 마침 비구 서너 명이 바루를 잡은 채 나무 밑으로 걸어가는 것을 보고 문득 생각했습니다.

'저 사람들의 바루 속에는 반드시 음식이 있겠지. 지금 가서 바루를 빼앗고 그 음식을 먹어야 하겠다.'

이와 같이 생각한 끝에 가까운 거리에까지 가서 조금 멈칫했는데, 비구들도 도적의 뜻을 알고서 생각했다.

'지금 우리가 먼저 도적을 불러 음식을 주지 않으면, 반드시 도적이 여기에 와서 우리들을 괴롭힘으로써 세 가지 나쁜 갈래에 떨어질 죄악만 더하게 되리라.'

그리고 멀리서 불렀다.

"누타야, 빨리 오너라. 우리들이 너에게 음식을 주겠다."

누타는 생각했습니다.

'이제 저 비구들이 멀리서 나의 굶주림을 알고 나를 불러 음식을 주려하는구나.'

곧 앞에 다가가 음식을 포식하고 기쁜 마음을 내었으며, 비구가 누타를 위해 설법하니, 마음과 뜻이 열려 수다원과를 얻고, 또 삼명三明·육통六通과 팔해탈八解脫을 갖춰 천상의 사람들로부터도 존경을 받게 되었습니다.

다른 여러 비구들도 이 사실을 듣고 다 기뻐했습니다.

아귀품

餓鬼品

5권

여인과 아귀

부처님께서 라자그리하에 있는 칼란다카 대숲 절에 계시던 어느 때, 존자 사리푸트라와 마우드갈야야나 등은 공양을 하기 전에, 반드시 지옥 · 축생 · 아귀들의 상황을 먼저 알아 본 뒤, 공양을 했습니다. 왜냐하면 중생들로 하여금 생사에 집착하지 않고, 열반을 구하게 하기 위함이었습니다.

그러던 어느 때, 마우드갈야야나가 선정에 들어 어떤 아귀를 보니, 팔다리는 막대기처럼 마르고, 배는 큰 산 같고, 목구멍은 바늘처럼 가늘고, 머리털은 송곳처럼 뾰족하여 온몸을 마구 찔러 상처투성이고, 겨드랑이와 사타구니에서 불이 나오니 큰 소리로 부르짖고, 사방으로 돌아다니며 사람의 대소변을 찾아 먹으려고 종일 끙끙거려도 그마저 얻어먹지 못했습니다. 마우드갈야야나가 곧 아귀 앞에 가서 물었습니다.

"너는 무슨 악업을 저질러 이러한 고통을 받고 있느냐?"

"태양이 비추는 곳에는 등불이 필요하지 않습니다. 지금 여래 세존께서 이 세상에 계시니, 당신 스스로 세존께 여쭈어 보십시오. 저는 지금 너무나 굶주림과 목마름에 지쳐 대답할 수 없습니다."

그 때 마우드갈야야나는 곧 부처님의 처소에 가서 '아귀가 고통 받는 것이 어떠한 악업 때문인가?'를 여쭈려고 했는데, 마침 세존께서 하늘 사람들과 사람들을 위해 설법하시다가 마우드갈야야나가 들어오는 것을 보시고 물으셨습니다.

"너는 조금 전에 선정에 들어 무엇을 보았는가?"

마우드갈야야나는 아까 본 아귀의 모습을 빠뜨리지 않고 다 갖춰 세존께 말씀드리고 다음과 같이 여쭈었습니다.

"저 아귀가 어떠한 악업을 저질러 저러한 고통을 계속 받습니까?"

"마우드갈야야나야, 내가 이제 분별하여 말할 테니 잘 들어라.

이 현겁에 라자그리하의 성중에 한량없고 헤아릴 수 없는 재산을 지닌 어떤 장자가 있었다. 그는 항상 종을 시켜 감자즙을 짜서 수행자들에게 바치게 했다. 그 때 어떤 프라데카 부처가 항상 갈증으로 인해 매우 고생하고 있었는데, 뛰어난 의원이 감자즙을 먹으면 그 갈증이 없어질 것이라고 처방해 주었다. 프라데카 부처는 곧 저 장자의 집에 가서 구걸했다.

저 장자가 그의 조용한 위의를 보고 깊은 신심과 존경심을 내어 그에게 물었다.

'무엇이 필요하십니까?'

'감자즙을 먹어야만 갈증이 풀린다 하기 때문에 이제 일부러 와서 부탁하는 것이오.'

장자가 이 말을 듣고 곧 기쁜 마음을 내어 그 아내 부나기에 말했다.

'나는 지금 급한 용무가 있어 외출해야 하니, 당신이 지금부터 감자즙을 짜서 저 분에게 보시하시오.'

부나기는 대답했다.

'당신은 외출하시오. 제가 보시하겠습니다.'

장자가 외출한 뒤 부인은 그의 바리를 가지고 외진 곳에 가서 바리에 오물을 담고 감자즙으로 그 위를 덮어 그에게 주었다. 그가 바리를 받아 곧 그것이 아님을 알고서 땅에 쏟아버리고 빈 바리를 들고 돌아갔다. 부인은 그 뒤 목숨이 끝나고 아귀가 되어 항상 굶주림과 목마름에 시달리니, 그 업연 때문에 지금 그러한 고통을 받느니라. 마우드갈야야나야, 그 때의 장자 부인이 바로 그대가 아까 본 아귀의 전신이었느니라."

부처님께서 이 아귀의 인연을 말씀하실 적에 여러 비구들이

다 아끼고 탐하는 마음을 버리고 생사를 싫어하더니, 그 중에 어떤 이는 스로타판나가, 어떤 이는 샤크르다가민이, 어떤 이는 아나가민이, 어떤 이는 아라한이 되었고, 어떤 이는 프라데카 부처가 되려는 마음을 내고, 어떤 이는 더없이 높은 부처님이 되겠다는 마음을 내기도 했습니다.

그 때 다른 여러 비구들도 부처님의 이 말씀을 듣고 다 기쁜 마음을 내었습니다.

비구를 굶긴 여자

부처님께서 라자그리하의 깃자쿠우타 산중에 계시던 어느 때, 존자 마우드갈야야나가 나무 아래 앉아 선정에 들어서 식별했습니다. 어떤 아귀가 몸은 막대기처럼 마르고, 배는 큰 산 같고, 목은 바늘처럼 가늘고, 송곳처럼 뾰족한 머리카락이 온 몸을 마구 찔러 상처투성이며, 겨드랑이와 사타구니에서는 거센 불길이 나오니 큰 소리로 부르짖고, 사방으로 돌아다니며, 대소변을 찾아 먹으려고 밤낮으로 끙끙거려도, 그마저 얻어먹지 못하는 그를 보고, 그 앞에 가서 물었습니다.

"너는 전생에 무슨 악업을 저질러서 이러한 고통을 받느냐?"

"이 세간에 여래가 계시니 당신 스스로가 물어 보십시오. 저는 지금 굶주리고 목이 말라 대답할 힘조차 없습니다."

마우드갈야야나는 곧 부처님 처소에 가서 그 이유를 여쭸습니다.

"아까 제가 본 아귀는 어떠한 악업을 저질러 저러한 고통을 받습니까?"

"마우드갈야야나야, 내가 지금 너를 위해 분별하여 말할 테니 자세히 들어라.

과거 한량없이 오랜 옛적에 바라나시란 나라가 있었다. 그 국토는 안락하고 백성들은 많고 아무런 전쟁과 시비가 없었다. 그 나라에 현선賢善이란 장자가 있어 천성이 착하고 온화함은 물론 삼보를 믿고 존경해 항상 보시하기를 좋아하므로 이름이 널리 알려졌다. 어느 때 한 비구가 옷을 입고 바루를 들고 그 집에 가서 걸식했는데, 공교롭게도 저 장자는 급한 용무가 있어 직접 보시하지 못하고 곧 외출하면서 그 부인에게 신신 당부했다.

"나 대신 저 비구스님에게 정성껏 음식을 보시하십시오."

"당신은 염려하지 마세요. 그대로 꼭 시행하겠습니다."

장자의 부인은 문득 아까운 마음이 나서 스스로 생각했다.

'지금 만약 음식을 보시한다면 뒷날 다시 올 것이다. 이 사람들이야말로 매우 귀찮은 존재다.'

그리고는 곧 비구스님을 불러 방안으로 들어오게 하여 빈방에 가두고서 해가 저물도록 음식을 제공하지 아니했다. 이 악업으로써 한량없는 세상을 거치며 항상 아귀에 떨어져 그러한 고통을 받느니라.

마우드갈야야나야, 그 때 장자의 부인이 바로 지금의 저 아귀다. 그러므로 누구든지 언제나 부지런히 보시하고 아끼는 마음은 내지 말아야하느니라."

부처님께서 이 아귀의 인연을 말씀하실 적에 그 모임에 있던 대중들이 다 아끼는 마음을 버리고 생사를 싫어했고, 그 중에 어떤 이는 스로타판나가, 어떤 이는 샤크르다가민이, 어떤 이는 아나가민이, 어떤 이는 아라한이 되었고, 어떤 이는 벽지불이 되겠다는 마음을 내고, 어떤 이는 더 없는 부처가 되려는 마음을 내기도 했으며, 그때 여러 비구들도 부처님의 이 말씀을 듣고는, 다 기쁜 마음을 내고 마음에 새기고 실천했습니다.

이 물을 주지 않겠소

부처님께서 라자그리하에 있는 칼란다카 대숲 절에 계시던 어느 때, 존자 마우드갈야야나가 어떤 나무 아래 앉아있었습니다. 마침 어떤 아귀가 몸은 막대기처럼 마르고, 배는 큰 산 같고, 목구멍은 바늘처럼 가늘고, 송곳처럼 뾰족한 머리카락이 온 몸을 마구 찔러 상처투성이며, 겨드랑이와 사타구니에서는 거센 불길이 나오고, 목이 말라 강이나 샘에 달려가면 물이 다 고갈되었고, 설사 물이 있어 마시려 해도 입술이 다 타버려 마실 수 없었고, 하늘에서 소나기가 퍼붓더라도 비가 변하여 불이 되는 것을 본, 마우드갈야야나는 곧 그 아귀에게 물었습니다.

"너는 전생에 무슨 악업을 지었기 때문에 이러한 고통을 받느냐?"

"저는 지금 한량없는 고통을 받을 뿐 아니라, 입이 타고 목이 말라서 대답할 수 없으니, 당신이 직접 부처님께 여쭈어 보십시오."

마우드갈야야나가 곧 부처님 처소에 가서 그 인연을 여쭈려 했는데, 세존께서 대중들을 위해 설법하시다가, 마우드갈야야나가 들어오는 것을 보시고 먼저 부드러운 표정으로 말씀하셨습니다.

"무슨 이상한 일이 있었느냐?"

"제가 조금 전에 나무 밑에서 한 아귀가 몸이 다 불에 타면서 사방으로 돌아다니는 것을 보았습니다."

그리고 위의 사실을 갖춰 부처님께 여쭸습니다.

"전생에 어떠한 악업을 지어서 지금 그러한 고통을 받습니까?"

"마우드갈야야나야, 내가 이제 너를 위해 분별하여 말할 테니 자세히 들어라.

이 현겁에 카샤파 부처님이 바라나시 나라에 출현하셨다. 어떤 사문이 먼 길을 떠나 가다가 더위와 갈증에 매우 지쳤을 때, 마침 악견惡見이란 여인이 우물에서 물을 긷는 것을 보고 거기에 가서 물을 좀 달라고 하니, 그 여인은 이렇게 대답했다.

'스님이 목이 말라서 죽는 한이 있더라도 나는 끝내 이 물을 주지 않겠소. 그리고 스님 스스로는 내가 스님에게 물을 주게 하지도 못할 것이오.'

사문은 물을 얻지 못한 채 할 수 없이 되돌아가고 말았다. 저 여인은 그 뒤에도 아끼는 마음이 더하여, 와서 구걸하는 이가 있어도 보시하지 않았다. 목숨이 끝나고 아귀에 떨어졌으니, 그 악업 때문에 그러한 고통을 받느니라.

마우드갈야야나야, 그 당시 물을 보시하지 않았던 여인이 바로 지금의 저 아귀니라."

부처님께서 이 악견 여인의 인연을 말씀하실 적에, 그 모임에 있던 여러 비구들이 아까워하는 마음을 버리고 생사를 싫어했고, 어떤 이는 스로타판나가, 어떤 이는 샤크르다가민이, 어떤 이는 아나가민이, 어떤 이는 아라한이 되었으며, 어떤 이는 벽지불이 되겠다는 마음을 내고, 어떤 이는 더 없는 부처가 되려는 마음을 내기도 했습니다.

그 때에 다른 비구들도 부처님의 이 말씀을 듣고는 다 기쁜 마음을 내며 실천했습니다.

반타라의 악업

부처님께서 라자그리하에 있는 칼란다카 대숲 절에 계시던 어느 때, 존자 마우드갈야야나가 식사 때가 되어 옷을 입고 바루를 들고 성중에 들어가 걸식하여 본래의 처소에 돌아와 공양을 마치고, 옷과 바루를 다 정리한 뒤에 어떤 나무 아래 가서 앉아 삼매에 들었습니다. 마침 한 아귀가 온 몸에 아주 흉악한 냄새를 풍겨 도저히 가까이 할 수 없는 것을 보고, 곧 그 아귀에게 물었습니다.

"너는 어떠한 악업을 지어 가까이 할 수 없이 더러운 냄새 나는 그런 아귀 몸을 받았느냐?"

"스님이 직접 부처님께 물어보면, 이 인연을 말씀해 주실 것입니다."

이 말을 들은 마우드갈야야나가 곧 부처님 처소에 이르니, 부처님께서 말씀하셨습니다.

"조금 전, 너에게 무슨 이상한 일이 있었느냐?"

"제가 조금 전에 어떤 나무 아래에서 삼매에 들었습니다.

한 아귀가 온 몸에 아주 흉악한 냄새를 풍기는 것이 사람의 똥보다 더하고, 사방을 헤매면서 대소변을 찾아 달게 먹는 것을 보았습니다. 그것은 도대체 어떠한 악업 때문입니까?"

"네가 지금 그 인연을 알고 싶으냐?"

"그러하옵니다. 세존이시여, 어떠한 인연인가를 듣고자 하옵니다."

"마우드갈야야나야, 그렇다면 내가 이제 너를 위해 분별해 말할 테니 자세히 들어라.

과거 한량없는 아승기 겁 이전에 어떤 프라데카 부처가 바라나시에 출현했다. 그가 고요한 곳에서 풀을 깔고 한결같은 마음으로 좌선을 하다가 몸에 병이 났다. 어느 훌륭한 의원이 '이 병은 고기를 먹어야만 낫는다.' 고 처방해 주었다. 그 때, 벽지불은 곧 성중에 들어가 길선吉善이란 장자를 만나 위의 사실을 말하고 고기를 시주하라고 했다. 장자는 그 부인 반타라에게 말했다.

'나는 지금 급한 용무가 있어 외출해야 하니, 당신이 정성껏 이 분의 병에 맞는 약을 보시하시오.'

그 때에 장자의 부인은 이렇게 대답했다.

'당신은 뒷일은 염려하지 말고 외출하되 조심하시오. 제가

꼭 저 분의 병에 맞는 약을 보시하겠습니다.'

장자가 외출하자 그녀는 곧 아까운 마음이 나서 혼자 생각했다.

'만약 오늘 보시한다면 내일 다시 오게 되니, 매우 귀찮은 일이 생길 것이다.'

이와 같이 생각한 뒤, 곧 벽지불의 바루를 받아 가지고 외진 곳에 가서 바루에 오물을 채우고 그 위에 밥을 덮어 주었다. 그는 곧 그 더러운 냄새를 맡고 땅에 쏟아버리고 되돌아갔다. 이 좋지 못한 업으로써 한량없는 겁 동안 항상 아귀에 떨어져서 그 몸에 냄새가 나서 가까이 할 수 없었고, 또 언제나 사람의 똥을 먹게 된 것이니라.

마우드갈야야나야, 알아라. 그 당시 바루에 오물을 담아 프라데카 부처에게 보시한 그녀가 바로 오늘의 그 아귀니라."

부처님께서 이 아귀의 악업을 말씀하실 적에 비구들이 다 아끼고 탐하는 마음을 버리고 생사를 싫어했으며, 그 중에 어떤 이는 스로타판나가 어떤 이는 샤크르다가민이, 어떤 이는 아나가민이, 어떤 이는 아라한이 되었고, 어떤 이는 프라데카 부처가 되겠다는 마음을 내었고, 어떤 이는 더 없는 부처님이 되려는 마음을 내기도 했습니다.

그 때, 모든 비구들은 부처님 말씀을 듣고 기뻐하며 마음에 새기고 실천했습니다.

5 백 아귀의 전쟁

부처님께서 라자그리하에 있는 칼란다카 대숲 절에 계시던 어느 때, 마우드갈야야나가 식사 때가 되어 옷을 입고 바루를 들고 성에 들어가 걸식하다가 마침 성문 바깥에서 들어오는 오백 아귀들을 만났다. 그 아귀들이 마우드갈야야나를 보자 기쁨으로 충만하여 아래와 같이 말했습니다.

"존자님. 존자님께서 자비하신 마음으로써 저희들 전생의 가정 권속들에게 말씀 좀 해 주시옵소서. 저희들이 좋은 업을 닦지 않고, 보시하기를 좋아하지 않았기 때문에 지금 아귀에 떨어져 이러한 몸을 받은 것이니, 존자께서 저희들의 친척들이 각각 재물을 갹출하여 그것으로써 맛난 음식을 만들어 부처님과 스님들을 초청해 공양을 올리게 해 주십시오. 만약 그 물자가 부족할 경우엔 우리들을 위하여 여러 시주들에게 권선하여 공동으로 모임을 베풀어 부디 저희들이 아귀의 몸을 벗어나게 하여 주시옵소서."

그 때, 마우드갈야야나가 곧 아귀들의 간청을 받아들이고 다시 물어 보았습니다.

"너희들은 과거 세상에 어떠한 악업을 지었기 때문에 이러한 과보를 받느냐?"

아귀들은 함께 똑같은 소리로 이렇게 말했습니다.

"과거 세상에 저희들은 다 이 라자그리하 성중에 있는 장자의 아들로서 교만하고 방자하여 보시하기를 좋아하지 않고, 세속의 향락에 탐닉하여 삼보의 더 높은 도를 믿지 않았으며, 그 당시 성중에 들어와 걸식하는 스님들을 보고 스스로가 보시하지 않을 뿐만 아니라 더러 다른 사람이 보시하는 것까지를 막으면서 '이러한 도인은 자기 자신이 생활하지 않고 백성들에게만 의존하니 지금 만약 준다면 뒷날 다시 오게 되어 그 요구가 끝이 없고, 싫어하거나 만족하지 않으리라.' 고 했습니다. 그 악업 때문에 그 목숨이 끝난 뒤 모두가 아귀가 되어 과보를 받게 된 것입니다."

마우드갈야야나가 여러 아귀들에게 말했습니다.

"내가 이제 너희들의 간청에 따라 너희들의 친척과 권속들에게 말하여 서로 도와서 큰 모임을 베풀게 하겠으니, 너희들도 그 때는 빠짐없이 참석하여라."

아귀들은 또 함께 같은 소리로 존자에게 말했습니다.

"이에 존자께서 보시는 바와 같이 저희들은 전생의 죄업으로써 몸을 받기는 했으나 팔과다리는 막대기처럼 마르고, 배는 큰 산 같고, 목구멍은 바늘처럼 가늘고, 송곳처럼 뾰족한 머리카락이 온 몸을 마구 찔러 상처투성이며, 겨드랑이와 사타구니에서 불길이 뿜어져 나오고, 사방을 돌아다니면서 음식을 구해도 얻어먹을 수 없고, 설령 맛난 음식을 보더라도 달려가서 먹으려 하면 그 음식이 다 피고름으로 변하게 되거늘, 이 같은 몸을 가지고서 어떻게 그 대중의 모임에 갈 수 있겠습니까."

이 때 마우드갈야야나가 이내 삼매에 들어 아귀들이 있는 곳을 두루 관찰해 보았으나 열여섯 큰 나라의 어느 곳에도 보이지 않고, 더 나아가 남섬부주와 사천하와 천 세계와 삼천 대천 세계의 그 어느 곳에도 다 보이지 않으므로, 이상하게 여기고, 곧 부처님 처소에 나아가 사뢰었습니다.

"세존이시여, 제가 방금 아귀들의 청탁을 받아 그의 친척과 권속들로 하여금 큰 모임을 베풀어 복덕을 짓게 하려고, 온 세계를 식별해 보았으나 그 아귀들은 도무지 볼 수 없으니 무슨 까닭입니까? 세존이시여, 아귀들이 있는 곳이 어디인가를 알 도리가 없나이다."

"마우드갈야야나야, 저 아귀들은 큰 업풍業風에 따라 다음 생으로 갔기 때문에 너희들 성문으로서 알아 볼 수 없느니라. 그러나 이제 저 아귀들이 큰 모임을 마련하려는 너의 힘을 입어 죄업을 제거하게 되었구나. 내가 직접 큰 모임의 처소에 나오게 하리라."

마우드갈야야나는 곧 아귀들을 위하여 갖가지 음식을 만들어 부처님과 스님들을 초청했으며, 부처님께서도 신통력으로써 그 여러 아귀들을 다 모임의 처소에까지 나아오게 하셨습니다. 온 라자그리하 성중의 바라문 · 찰리 · 거사들이 아귀들의 그 추악한 모습이 몹시 무섭게 생겼음을 보고 모두가 아끼고 탐하던 마음을 버리고 생사를 싫어하여 마음과 뜻이 열려, 그 중에 어떤 이는 스로타판나가, 어떤 이는 샤크르다가민이, 어떤 이는 아나가민이, 어떤 이는 아라한이 되었고, 어떤 이는 프라데카 부처가 되겠다는 마음을 내고, 어떤 이는 더 없는 부처님이 되려는 마음을 내기도 했습니다.

그 때 세존께서 저 아귀들을 위해 아낌과 탐욕에 대한 갖가지 허물을 말씀하시니, 아귀들이 다 깊은 신심과 공경심을 내고, 그 날 밤 곧 목숨이 끝나 도리천忉利天에 왕생하여 스스로들 이렇게 생각했습니다.

'우리들이 지금 어떠한 복업을 지어 이 도리천에 태어났을까? 스스로 관찰해 보니, 존자 마우드갈야야나님이 우리들을 위해 모임을 베풀어서 부처님과 스님들을 초청하여 공양을 올렸기 때문에 여기 태어 날 수 있었구나. 그렇다면 우리들 모두가 함께 가서 그 은혜를 갚아야 할 것이 아닌가!'

이와 같이 말하고 곧 도리천에서 내려와 하늘 갓을 쓰고, 보배 영락을 걸치고, 그 몸을 장엄하고 제각기 꽃과 향을 가지고 부처님과 마우드갈야야나 존자에게 공양을 올린 다음, 한쪽에 물러나 앉아서 부처님의 설법을 듣고 마음이 열려 각자가 도를 얻고, 세 번 부처님을 돌고는 도로 천상으로 갔습니다.

부처님께서 다시 말씀하셨습니다.

"마우드갈야야나야, 너는 알아라. 지난번의 오백 아귀가 바로 지금의 오백 천자들 전신이었느니라."

그 때 온 대중은 부처님의 말씀을 듣고 다 기뻐하며 마음에 새기고 실천했습니다.

아들을 속인 어머니 아귀

부처님께서 라자그리하에 있는 칼란다카 대숲 절에 계시던 어느 때, 그 성중에 한량없는 재산을 지닌 장자가 있었고, 그가 어떤 문벌 좋은 집의 딸과 결혼하여 개그와 음악을 즐겼으며, 그 부인이 회임하여 열 달 만에 한 남자아이를 낳으니 단정하고 뛰어남이 세간에 드물 정도이므로, 부모가 기뻐하여 아이의 이름을 우다라優多羅로 지었습니다. 나이가 점차 들어 어른이 되었을 때 그 아버지가 사망하니 스스로가 곧 생각했습니다.

'나의 돌아가신 아버지는 판매업販賣業으로서 성가하셨으나 이제 나의 대에 와서는 이 직업을 그만두는 것이 좋지 않을까?'

그리고는, 불법을 깊이 믿고 존경하여 출가하려고 그 어머니 앞에 나아가 출가하기를 간청하자, 그 어머니는 이렇게 대답했습니다.

"네 아버지가 돌아가신 뒤, 집 지킬 사람이 없고, 자식이라 곧 너 하나뿐이거늘 어찌하여 나를 버리고 출가하려 하느냐? 내가 살아 있는 동안엔 끝까지 너의 출가 수도를 허락하지 않겠다. 내가 죽은 뒤에 가서 너의 뜻대로 하여라."

그 때 아들이 소원대로 허락을 받지 못해 매우 우울하게 지내더니 마지막으로 그 어머니께 말했습니다.

"어머니께서 끝까지 허락하지 않으신다면, 저는 이제 높은 바위에서 떨어지거나 독약을 마시고 죽겠습니다."

"너는 그런 말을 하지 말라. 무엇 때문에 꼭 출가하려 하느냐? 지금 네가 부처님과 스님네와 바라문을 초청해 공양을 올리려 하면, 네 뜻에 따라 모든 것을 준비해 주겠다."

아들이 이 말을 듣고는, 조금 위안이 되어 여러 스님들과 바라문들을 자주 초청해 공양을 올렸습니다. 그 어머니는 여러 수행자들이 너무 자주 오는 것을 보고 매우 싫고 원망스러워 여러 스님들과 바라문들 향해 악담을 퍼부었습니다.

'스스로가 생활해나갈 생각을 하지 않고, 백성들에게만 의존하니, 뻔뻔스러워 매우 보기 싫습니다.'

마침 그 아들이 집에 없을 때, 그 어머니는 밥과 요리 등을 다 땅에 내어버리고, 아들이 돌아오니 어머니는 곧 이렇게 말했습니다.

"네가 외출한 뒤에 내가 직접 음식을 만들어 스님들과 바라문들을 초청하여 공양을 올렸다."

그리고 아들을 데리고 가서 (그 음식을 버린 곳을 보인 다음) 다시 이렇게 말했다.

"내가 잘 공양을 올렸더니 다 가버리더라."

아들은 그 말을 듣고 기뻐했습니다. 어머니는 그 뒤 목숨이 끝나서 아귀에 떨어졌습니다. 아들은 출가해 힘껏 정진해서 아라한과를 얻어 어떤 강 언덕의 굴속에서 좌선을 하고 있었습니다. 한 아귀가 나타나 그 굶주림과 목마름에 허덕이는 모습으로 비구 옆에 다가와서 말했습니다.

"내가 바로 전생에 그대의 어머니니라."

비구가 이상하게 여겨 말했습니다.

"어머니께서 생존시에 항상 보시하기를 좋아하셨거늘 이제 어찌하여 아귀에 떨어진 과보를 받았나이까?"

"내가 아끼고 탐하는 마음으로써 그 당시 스님들과 바라문들에게 정성껏 공양을 올리지 않았기 때문에 이 아귀의 몸을 받아 20 년 동안 음식을 얻어먹지 못했으며, 설사 강 · 샘 · 못 등 물 있는 곳에 가보아도 물이 다 마르고 과일 나무가 다 말라버리므로, 지금 이 기갈과 고통은 이루 말할 수 없구나."

비구가 다시 물었습니다.

"도대체 무슨 까닭으로 이렇게 되었습니까?"

아귀는 대답했습니다.

"내가 그 당시 보시하기는 했지만, 항상 아끼고 탐하는 마음이 있어서 여러 스님들과 바라문들을 공경하지 않고 함부로 욕설을 퍼부은 탓으로 이제 이 과보를 받게 된 것이니, 지금이라도 네가 나를 위해 부처님과 스님들께 공양을 베풀어 보시하고 나를 위해 참회한다면, 나는 반드시 아귀의 몸을 벗어날 것이다."

이 말을 들은 아들 비구는 매우 가엾이 여겨 곧 권선하여 갖가지 맛난 음식을 준비하여 부처님과 스님들을 초청해 공양을 올렸는데, 공양을 마칠 무렵 아귀가 과연 그 몸을 나타내 모임에 나와서 모든 사실을 드러내어 참회했습니다. 그 때 부처님께서 저 아귀를 위해 갖가지 법을 말씀해 주시니, 아귀는 곧 마음속으로 부끄럽게 여긴 나머지 그 날 밤 목숨이 끝나 다시 몸을 받기는 했으나, 날아다니는 아귀가 되어 하늘 갓을 쓰고 보배 영락으로써 그 몸을 꾸미고 비구의 처소에 내려와 다시 말했습니다.

"나는 아직도 아귀의 몸을 벗어나지 못했으니, 네가 한 번

더 나를 위해 음식과 집기와 의복 등 공양을 베풀어 사방 스님들께 보시해야만 내가 이 아귀의 몸을 완전히 벗어날 수 있겠구나."

그 때 아들 비구가 이 말을 듣고 다시 어머니를 구원하기 위해 구걸하여 음식 · 상탑 · 의복을 갖추어 사방 스님들에게 공양을 베풀었는데, 그 공양을 마칠 무렵에 아귀는 또 대중 앞에 몸을 나타내어 참회했고, 그 날 밤 곧 목숨이 끝나 도리천忉利天에 왕생하여 이렇게 생각했습니다.

'내가 무슨 복을 지었기에 여기에 태어났을까? 곧 숙명통으로써 관찰하여 아들 비구가 나를 위해 갖가지 맛난 음식을 베풀어 부처님과 여러 스님들을 초청했기 때문에 아귀의 몸을 벗어나서 이 천상에 태어났구나. 그렇다면 나는 지금 부처님과 비구의 그 은혜를 갚아야 하지 않을까!'

이와 같이 생각한 끝에 곧 하늘 갓을 쓰고, 보배 영락을 걸쳐 그 몸을 꾸미고, 향과 꽃을 가지고 내려와 부처님과 그 아들 비구에게 공양을 올린 다음, 한쪽에 물러나 앉아 부처님의 설법을 듣고, 곧 마음과 뜻이 열려 스로타판나가 되더니, 부처님을 세 번 돌고 도로 천궁에 올라갔습니다.

부처님께서 이 우다라의 업연을 말씀하실 때 그 모임에 있던 여러 비구들은 다 아끼는 마음과 탐욕심을 버리고 생사를 싫어했고, 어떤 이는 스로타판나가, 어떤 이는 샤크르다가민이, 어떤 이는 아나가민이, 어떤 이는 아라한이 되었으며, 어떤 이는 벽지불이 되겠다는 마음을 내고, 어떤 이는 더 없는 부처님이 되려는 마음을 내기도 했습니다.

그 때 여러 비구들도 부처님의 이 말씀을 듣고 다 기뻐하며 마음에 새기고 실천했습니다.

눈이 먼 아귀

부처님께서 슈라바스티에 있는 기타 숲 외로운 이 돕는 절에 계시던 어느 때, 존자 아난다가 옷을 입고 바루를 들고 성중에 들어가 걸식하다가 어떤 아귀가 몸은 막대기처럼 마르고, 배는 큰 산 같고, 목구멍은 바늘처럼 가늘며, 또 소경이 되어 온갖 까마귀 · 독수리 · 솔개 · 올빼미 따위의 날짐승들에게 쪼여 구르면서 쉴 새 없이 큰 소리로 부르짖는 것을 보고는, 그 아귀에게 물었습니다.

"너는 전생에 무슨 악업을 저질렀기 때문에 그러한 고통을 받느냐?"

아귀는 이렇게 대답했습니다.

"태양이 비추는 곳에는 촛불이 필요하지 않습니다. 이 세간에 여래가 계시니, 스님이 직접 여래에게 여쭈어 보십시오."

걸식을 마친 아난다가 곧 부처님 앞에 가서 아뢰었습니다.

"세존이시여, 제가 조금 전에 성중에 들어가 걸식하다가 어떤 아귀가 말할 수 없는 고통 받는 것을 보았습니다. 그 아귀는 전생에 무슨 악업을 지었기 때문에 그러한 고통을 받는 것입니까?"

"아난다야, 내가 이제 너를 위해 분별해 말할 테니 자세히 들어라.

이 현겁에 카샤파 부처님이 바라나시에 출현하여 비구들을 데리고 여러 곳을 다니시며 교화하시던 중 녹야원鹿野苑에 도착하셨다. 그 때 임신한 어떤 여인이 부처님을 뵈옵고 깊이 존경하고 독실히 믿더니, 열 달이 차서 계집아이를 낳으니 그 용모가 단정하고 특수하여 사람들이 모두 감탄했다. 아이가 점차 자라 부처님 처소에 나가 설법을 듣고는, 지극한 마음으로 공경심과 믿음을 내고, 그녀는 집에 돌아온 즉시 부모에게 이와 같이 말했었다.

'양친께서는 저를 가엾이 여기사 출가 수도할 것을 허락해 주옵소서.'

이 말을 들은 부모가 아무리 타일렀으나 딸아이는 출가하여 비구니가 되었다. 저 부모가 그 딸을 위해 절을 마련하고 다른 여러 비구니들을 초청해 딸과 함께 살게 했다. 그 뒤 저 장자의 딸이 계율을 범한 일이 있어 다른 비구니들로부터 그 절에서 쫓겨났고, 그녀는 부끄러움을 느껴 본가에 돌아가지 못하고, 다른 집에 의탁해 있으면서 심하게 성을 내며 생각했다.

'내가 내 절에 살고 있거늘 지금 어찌하여 도로 나를 쫓아내고 저희들끼리만 살려고 하는가.'

그녀는 참다못해 아버지에게 다른 여러 비구니들의 갖가지 죄과를 말하며 서원했습니다.

'마치 아귀 같은 무리들이 스스로가 생활하지 않고 백성들에게만 의존하니 내가 몸을 받으면 이런 무리들을 보지 않겠습니다.'

이러한 맹세하는 말을 하고, 잘못을 참회하기 전에 목숨이 끝나서 아귀에 떨어졌고, 지금 소경이 되었느니라.

아난다야, 알아라. 그 당시 출가 수도하다가 계율을 범한 악업으로써 절에서 쫓겨나 다른 비구니들을 나쁜 말로써 비방한 장자의 딸이 바로 지금의 그 소경 아귀니라."

부처님께서 이 소경 아귀의 인연을 말씀하실 적에 그 모임에 있던 비구들은 모두 몸 · 입 · 뜻의 업을 조심하며, 생사를 싫어했고, 어떤 이는 스로타판나가, 어떤 이는 샤크르다가민이, 어떤 이는 아나가민이, 어떤 이는 아라한이 되었고, 어떤 이는 벽지불이 되겠다는 마음을 내고, 어떤 이는 더 없는 부처님이 되려는 마음을 내기도 했습니다.

다른 여러 비구들도 부처님의 이 말씀을 듣고 기뻐하며 마음에 새기고, 실천했습니다.

아귀가 된 장자

부처님께서 슈라바스티에 있는 기타 숲 외로운 이 돕는 절에 계시던 어느 때, 그 성중에 야달다란 장자가 한량없는 재산과 노비와 사환과 더 나아가 코끼리 · 말 · 소 · 염소 따위를 지니고 있었습니다. 그가 여행 도중 기타 숲 외로운 이 돕는 절에 이르러 세존의 서른두 가지 뛰어난 모습과 여든 가지 훌륭한 몸매에서 마치 천 개의 햇빛 같은 광명이 나서 온 몸을 둘러싸는 장엄함을 보고, 곧 신심과 공경하는 마음을 내고 땅에 엎드려 예배한 뒤에 한쪽에 물러나 앉아 부처님의 설법을 듣고 더욱 기쁜 마음을 내었습니다. 그 길로 집에 돌아가 권속들과 하직하고 부처님 처소에 되돌아와서 출가하기를 원하자 부처님께서 곧 칭찬하셨습니다.

"잘 왔도다! 비구야."

수염과 머리털이 저절로 깎이고 법복이 몸에 입혀져 곧 스님의 모습이 되었습니다.

그 때, 여러 친족과 백성들은 모두 '그가 본래 갖가지 물자를 많이 보시하리라.'고 생각했습니다. 그러나 그는 출가한 뒤에 아끼고 탐하는 마음을 내어, 범행梵行을 닦는 같은 동료들에게도 보시하지 않았습니다. 마침내 목숨이 끝나 아귀 속에 떨어져 자기의 옷과 바루는 지키고 있었습니다. 동료 스님들이 그가 세상 떠난 줄을 알고 방문을 열고 시체와 옷과 바루를 수습하고 화장하려고 그 방문을 여니 방안에 어떤 아귀가 몸은 막대기처럼 마르고, 아주 무서운 모습으로 옷과 바루를 지키고 있어, 누구도 접근할 수 없자, 세존께 나아가 이 모든 사실을 사뢰었습니다. 세존께서 곧 여러 비구들을 거느리고, 그 방에 들어가 아귀에게 말씀하셨습니다.

"이 염치없는 것아. 네가 전생에 출가하여 도에 들어와서 비구가 되어 이익만 탐하고 보시하기를 좋아하지 않다가 마침내 아귀에 떨어져 이 추악한 몸을 받았거늘 어찌하여 아직도 부끄러움을 모르고 다시 이 곳에 와서 여전히 옷과 바루를 지키느냐? 아끼고 탐함은 그 무엇보다도 죄과가 많은 것이므로 그러한 중생은 다 나쁜 갈래에 떨어지기 마련이니라."

그리고 세존께서 또 갖가지 법을 말씀하시니 마음과 뜻이 열려 그는 곧 깊이 부끄러움을 느껴 옷과 바루를 여러 스님들께 보시한 다음, 그 날 밤에 목숨이 끝나 다른 몸을 받아 날아

다니는 아귀가 되었습니다. 단정하고도 아름답게 온갖 보배 영락으로써 그 몸을 장엄하고 몸에서 나온 광명이 온 기타 숲을 비추며, 허공을 자유로이 날되 마치 천신과 다름없이 부처님 처소에 내려와 엎드려 예배하고 한쪽에 물러나 앉았습니다. 부처님께서 곧 갖가지 법을 말씀하시니 그는 마음과 뜻이 열려 기쁨에 넘쳐 돌아갔고, 이튿날 아침에 비구들이 부처님께 사뢰었습니다.

"세존이시여, 어젯밤 이 기타 숲 동산을 비춘 광명이 혹시 범천왕 · 제석천왕 · 사천왕의 광명이거나 삼십팔 부部 신장들의 광명이 아니었습니까? 그렇지 않으면, 다른 시방 세계의 큰 보살들이 이곳에 와서 설법을 듣기 위해 비춘 광명이었습니까?"

부처님께서 말씀하셨습니다.

"비구들아, 범천 · 제석천의 광명이거나 삼십팔 부 신장들의 광명이 아니고 바로 이 슈라바스티 성중의 대부호 야달다가 출가 수도하던 도중 근일 목숨이 끝나 날아다니는 아귀에 떨어져서 향과 꽃을 가지고 나에게 공양을 베풀면서 광명을 내었느니라."

부처님께서 이 인연을 말씀하실 적에 그 모임에 있던 비구들이 다 인색함과 탐심을 버리고 생사를 싫어하여, 어떤 이는 스로타판나가, 어떤 이는 샤크르다가민이, 어떤 이는 아나가민이, 어떤 이는 아라한이 되었고, 어떤 이는 프라데카 부처가 되겠다는 마음을 내고 어떤 이는 더 없는 부처님이 되려는 마음을 내기도 했습니다.

다른 여러 비구들도 부처님의 이 말씀을 듣고는 다 기뻐하며 마음에 새기고 실천했습니다.

거짓이 만든 아귀

부처님께서 라자그리하에 있는 칼란다카 대 숲 절에 계시던 어느 때, 존자 나라달다那羅達多가 옷을 입고 바루를 들고 성중에 들어가 걸식을 마치고, 본래의 처소로 돌아와 밥을 먹고 멀리서 기타 숲 절에 마치 피처럼 붉은 빛이 비추는 것을 보고, 이상하게 여겨 곧 달려가 보았습니다. 어떤 아귀의 몸에 살이 다 녹아 팔과 다리는 뼈만 앙상한데 하루 낮밤 사이에, 오백 명 새끼를 낳느라 극도로 쇠약하여, 기력이 다하여 정신없이 쓰러져, 곧 죽을 지경에 놓여 팔과 다리가 다 풀리고, 굶주림과 목마름에 견디다 못해 새끼를 낳는 대로 다잡아먹었으나, 그래도 배를 채우지 못했습니다. 그 때 나라달다가 그 아귀 앞에 가까이 가서 물었습니다.

"너는 무슨 악업을 지었기 때문에 이렇게 괴로운 업보를 받느냐?"

"지금 스님이 직접 세존께 물어보신다면, 이 악업의 인연을 말씀해 주실 것이오."

나라달다가 곧 부처님 처소에 가서 엎드려 예배하고 한쪽에 물러나 문안드리자, 세존께서 먼저 말씀하셨습니다.

"너는 오늘 어떤 이상한 일을 보았느냐?"

"제가 아까 걸식을 마치고 돌아오는 도중 어떤 아귀가 하루 낮밤 사이에 오백 명 새끼를 낳고 너무나 굶주림과 목마름에 견디지 못해 그 오백 명 새끼를 낳는 대로 다 잡아먹는 것을 보았습니다.

세존이시여, 저 아귀가 전생에 무슨 업業을 지었기 때문에 그러한 고통을 받는 것입니까?"

"나라달다야, 네가 그것을 알려면 잘 들어라. 이제 분별하여 해설하리라.

이 현겁에 바라나시에 금·은·보배와 노비와 사환과 코끼리·말·소·염소 따위가 한량없는 재산을 지닌 장자가 있었다. 단 하나뿐인 부인에게 자식이 없자 천지신명에 기도를 올려 자식 두기를 원했다. 그러나 끝까지 자식을 얻을 길이 없었다. 그 장자가 다시 어떤 좋은 집안의 딸을 맞아 얼마 뒤 아이를 가졌다. 그 큰 부인이 둘째 부인의 몸에 태기가 있음을 알고, 문득 질투심이 생겨나서 비밀리 독약을 먹여 낙태하게 했다. 그 사실이 발각되어 둘째 부인의 자매 권속들이 모여와서 큰 부인을 상대로 싸움이 벌어져, 마구 치고 때리면서 그 사실이 거짓인가 참인가를 따지기 시작했다. 저 큰 부인은 바른 말을 하자니 죽게 될 것이고, 거짓말을 하자니 양심이 허락하지 않는 진퇴양난의 위급한 처지에 놓인 상태에서 다짐했다.

'만약 내가 낙태시킨 것이 사실이라면 저로 하여금 목숨이 끝날 때 아귀로 태어나서, 하루 낮밤 사이에 오백 명 자식을 낳되, 그 자식을 낳는 대로 다 잡아먹어도 굶주림을 면하지 못하게 하옵소서.'

그와 같이 맹서한 끝에 겨우 죽을 고비를 피했다.

나라달다야, 알아라. 그 당시 장자의 큰 부인이 질투심을 내어 작은부인의 태아를 낙태시키고 함부로 거짓 맹세를 했기 때문에 아귀에 떨어져서 이제 그러한 고통을 받는 것이니라."

이 때 여러 비구들이 부처님의 말씀을 듣고, 다함께 질투심을 버리고 생사를 싫어하고, 마음과 뜻이 열려 어떤 이는 스로타판나가, 어떤 이는 샤크르다가민이, 어떤 이는 아나가민이, 어떤 이는 아라한이 되었고, 어떤 이는 프라데카 부처가 되겠다는 마음을 내고, 어떤 이는 더 없는 부처님이 되려는 마음을 내기도 했습니다. 부처님의 이 말씀을 들은 비구들은 다 기뻐하며 마음에 새기고 실천했습니다.

잠바라의 모습

부처님께서 바이샤알리毘舍離의 미후강獼猿江 가 누각에 계실 때, 성중의 어떤 장자가 자기 배필이 될 여인을 골라 아내로 맞이하여 항상 음악을 연주하며 행복하게 살던 어느 때, 그 부인이 태기가 있더니 그 순간부터 더러운 냄새가 풍겨 가까이 할 수 없었으므로, 남편이 물었습니다.

"그대가 전에는 그렇지 않았는데, 이제 무슨 까닭으로 온몸에서 더러운 냄새가 풍기는가?"

부인은 이렇게 대답했습니다.

"이는 틀림없이 나의 태중에 있는 아이의 악업 때문에 그러한 것 같습니다."

과연 열 달이 차서 아들을 낳기는 했으나 뼈만 앙상할 정도로 파리하기 짝이 없고, 온 몸이 똥과 오줌으로 칠갑을 한 채로 태어났습니다. 점차 나이 들어서는 집에 있기를 좋아하지 않고, 항상 대소변 등 더러운 것만을 찾아 먹었습니다. 부모나 친척들이 다 보기 싫어 해 집 바깥으로 쫓아내어 가까이 오지 못하게 했고, 아이도 역시 본래의 습성 그대로 뒷간 같은 더러운 곳에 가서 대소변을 찾아 그것을 달갑게 먹고 지내니, 이러한 것을 보게 된 그 당시의 사람들이 아이의 이름을 잠바라 귀신이라고 불렀습니다.

그 나라의 어떤 이교도가 길을 가다가 우연히 이 아이를 만나보고서 찬탄했습니다.

"훌륭하구나. 나를 따라갈 생각이 없느냐?"

아이는 이 말을 듣고 너무나 기쁨에 넘쳐 어쩔 줄 모르고 이교도 앞에 나아가 애원했습니다.

"저를 가엾이 여기사 함께 갈 수 있게 해 주시옵소서."

그가 출가를 시켜 알몸으로 재灰를 그 몸에 바르고 이교도의 수행을 익히게 했습니다. 잠바라는 비록 이교도의 문하에 있으면서도 여전히 대소변 등 더러운 것을 찾아 먹었으므로 이교도 역시 이것을 보자 때로는 꾸짖고 때로는 때려가면서 타일렀습니다.

"네가 무슨 까닭으로 아직도 더러운 것만을 좋아하느냐!"

아이는 저 이교도로부터 자주 이러한 꾸지람을 듣고 매질을 당하자, 그곳을 떠나 어떤 강기슭의 구덩이 속에 가서 스스로 즐겁게 지내려했습니다. 거기엔 또 이미 자리 잡고 있는 오백

마리 아귀들이 잠바라가 오자 그 냄새나는 몸을 싫어하여 모두가 가까이 하지 않고 다른 곳으로 떠나가니, 잠바라는 그 여러 아귀들을 향해 이렇게 말했습니다.

"내가 인간에 있을 때 너무나 꾸지람을 듣고 매질을 당하여 고통을 받았더니, 이제 여기에 와서부터는 꾸지람과 매질을 당하지 않고 나 혼자 즐기네."

그 때, 아귀들이 잠바라의 그 냄새나고 깨끗하지 못함을 보고 막상 다 떠나가자 잠바라는 여러 아귀들에 말했습니다.

"나는 냄새나는 몸이지만 당신들을 의지하여 수일 동안 잘 지내왔는데, 당신들도 또 나를 버리고 가려고 하니 나 홀로 어떻게 살아갈 수 있겠소."

이같이 말하고 매우 괴로워하고 근심하여 땅에 주저앉아 있었습니다. 마침 세존께서 밤낮으로 중생들 가운데 그 어떤 이라도 제도를 받을 자가 있는가를 식별하여 직접 가서 제도하시던 때였습니다. 저 잠바라가 그의 동료를 잃고 근심과 괴로움에 쌓여 어쩔 줄 모르고 걱정하는 것을 보시고, 곧 굴속으로 찾아가서 갖가지 법을 말씀하셔서 그가 기쁜 마음을 내게 하셨습니다. 잠바라는 세존의 그 모든 감각기관이 고요하고 빛나는 광명이 마치 천 개의 해에서 쏟아지는 햇빛처럼 그 몸이 장엄함을 보고는, 기쁜 마음을 내어 엎드려 예배하고 사뢰었습니다.

"세존이시여, 이 세간에 저같이 더럽고 용렬한 인간도 출가할 수 있나이까?"

"잠바라야, 나의 법에는 높고 낮음을 가릴 것 없이 누구나 다 출가할 수 있느니라."

부처님의 이 말씀을 들은 잠바라는 다시 사뢰었습니다.

"저를 가엾이 여기사 출가하게 해주시옵소서."

그 때 세존께서 곧 금 빛깔의 오른 팔을 들고서 말씀하셨습니다.

"잘 왔도다! 비구야."

그러자 수염과 머리털이 저절로 깎이고 법복이 몸에 입혀져 곧 스님의 모습이 되니, 그 조용한 위의가 마치 오래된 비구와 다름이 없었습니다.

잠바라는 이미 부처님 은혜에 힘입어 출가하고 곧 부처님 앞에서 시를 읊어 사뢰었습니다.

이제 부처님 은혜를 입사와
평소 저의 소원한 바 그대로

더럽고 냄새 나는 몸을 벗어나
스님의 모습이 되었나이다.

부처님께서 다시 말씀하셨습니다.

"잠바라야, 네가 이제 나의 법에 이미 출가했으니 한결같은 마음으로 부지런히 수습한다면, 오래지 않아서 아라한의 과위를 얻음과 동시에 삼명三明 육통六通과 팔해탈八解脫을 구족하여 모든 하늘 사람들한테서나 세상 사람들한테서나 존경을 받게 되느니라."

그 때, 여러 비구들이 이 일을 보고 부처님께 사뢰었습니다.

"세존이시여, 지금 저 잠바라 비구는 전생에 무슨 악업을 지어 그러한 과보를 받다가, 지금 와서 또 무슨 인연으로써 부처님을 만나서 아라한의 과위까지 얻게 된다 하시나이까?"

세존께서 곧 비구들을 위해 시를 읊어 대답하셨습니다.

전생의 선업과 악업은
백 겁을 지내도 없어지지 않나니
죄업의 인연 때문에
이제 이러한 과보를 얻었느니라.

비구들은 부처님의 이 시를 듣고 나서 다시 부처님께 사뢰었습니다.

"세존이시여, 과거 세상에 어떠한 일이 있었는지를 저희들은 모르오니, 부연해 주시옵소서."

"비구들아, 내가 이제 분별分別하여 말할 테니 자세히 들어라.

이 현겁에 사람의 수명이 사만 세를 누릴 때 가라가손타라라는 부처님이 바라나시에 출현하여 여러 비구들과 함께 지방을 다니시며 교화하시다가 보전국寶殿國에 도착하셨는데, 국왕이 부처님 오신다는 소문을 듣고 기쁜 마음으로 신하들을 거느리고 성문에 나와 받들어 맞이한 다음 엎드려 예배하고 길에 꿇어앉아 간청했다.

'세존께서 저희들을 가엾이 여기시고 석 달 동안만 저희들의 의복 · 음식 · 탕약 · 침구 등의 공양을 받아주시옵소서.'

부처님께서 그렇게 하기를 허락하셨다. 국왕은 곧 부처님과 제자들을 위해 별도의 방사를 마련하고, 비구 한 사람을 청해 사주寺主의 일을 맡아 관리하게 했다. 어느 날 사주가 외출한 사이에 다른 어떤 아라한 비구가 그 절에 들어왔다. 절에 있던 한 비구가 저 나한 비구의 조용한 위의를 보고서 그를 목욕실로 인도하여 깨끗이 목욕시키고 다시 향유香油를 몸에 발라

주었는데, 그 무렵 외출했던 사주가 절에 돌아와서 이 나한 비구가 몸에 바른향유를 보고 문득 아까운 마음이 생겨나 곧 나쁜 말을 퍼부었다.

'네가 출가한 사람으로서 어떻게 이럴 수 있느냐, 똥으로 너의 몸에 발라 놓은 것과 같구나.'

이렇게 말함으로써 몸에 향유를 바른 저 나한 비구가 마음으로 가엾이 여겨 곧 허공에 솟아올라 열여덟 가지 변화를 나타내었다. 그 변화를 본 사주는 깊이 부끄럽게 여겨 나한 비구를 향해 참회하고 사과한 다음 각자의 처소로 돌아갔다. 이 업연으로써 저 사주가 오백 생애 동안 항상 더럽고 냄새나는 몸을 받아 다른 사람들에게 가까이 할 수 없게 되었느니라.

비구들아, 알아라. 그 당시 나한에게 나쁜 말을 퍼부은 저 사주 비구가 바로 오늘의 잠바라 비구다. 그래도 그가 일찍이 출가 수도했고 결국 나한 비구에게 자신의 죄과를 참회했기 때문에 이제 나를 만나서 출가 득도하게 된 것이니라."

부처님께서 이 잠바라의 인연을 말씀하실 적에 각자 몸과 입과 뜻의 업을 조심하여 질투심을 버리고 생사를 싫어했고, 그 중에 어떤 이는 스로타판나가, 어떤 이는 샤크르다가민이, 어떤 이는 아나가민이, 어떤 이는 아라한이 되었고, 어떤 이는 프라데카 부처가 되겠다는 마음을 내고, 어떤 이는 더 없는 부처가 되려는 마음을 내기도 했습니다.

이 때 비구들은 부처님의 이 말씀을 듣고 기뻐하며 마음에 새기고 실천했습니다.

제천내하공양품

諸天來下供養品

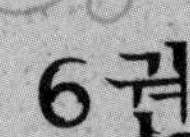

6권

독사가 된 장자

부처님께서 라자그리하에 있는 칼란다카 대숲 절에 계시던 어느 때, 그 성중에 한량없고 헤아릴 수 없는 재산을 지닌 현면賢面이란 장자가 있었습니다. 그는 천성이 매우 아첨을 잘하고 인색하고 탐욕스러웠고, 질투가 많아 죽을 때까지 베푸는 마음이 없었습니다. 심지어 날짐승도 그 집 근처에 얼씬하지 않았고 어떤 빈궁한 바라문이 그 집에 가서 구걸하면 항상 나쁜 말을 퍼붓고, 지독하게 재산 모으는 것으로만 업을 삼았고, 전혀 보시布施를 행하지 않았습니다. 목숨이 끝나 독사의 몸을 받고 역시 본래의 재산을 지키기 위해 재산에 접근하는 이가 있으면 진심을 내고 성난 눈으로 노려보아 사람들을 물어 죽였습니다. 이 사실을 빔비사라 왕께 보고하니, 왕이 놀라고 또 이상하게 여겨 스스로 생각했습니다.

'이제 이 독사가 진심이 많고 독기가 매우 많아서 보는 대로 사람을 살해하니 부처님 세존만이 이 독사를 항복을 받으실 수 있겠다.'

곧 신하들과 함께 부처님 처소에 나아가 엎드려 예배하고 한쪽에 물러나 앉아 사뢰었습니다.

"세존이시여, 지금 이 성중에 한량없는 재보를 지녔던 한 장자가 보시하기를 싫어하다가 목숨이 끝난 뒤 독사의 몸을 받았습니다. 역시 본래의 재산을 지키기 위해 진심을 내어 재산에 가까이 가는 사람을 해치니, 세존께서 이 독사를 항복 받아 다시는 사람을 해치지 못하게 해 주시옵소서."

부처님께서 말없이 허락하신 다음, 그 이튿날 옷을 입고 바루를 들고 독사가 있는 곳으로 가셨습니다. 독사가 부처님께서 오시는 것을 보고 몹시 진심을 내어 여래를 물려고 하자 부처님께서 인자하신 힘을 더하사 다섯 손가락 끝에 광명을 놓아 저 독사의 몸을 비추니, 독사는 이내 몸이 시원하여 독기와 열기가 다 소멸되고 기쁨이 마음에 넘쳐 머리를 들고 사방을 돌아보면서 이렇게 생각했습니다.

'어떤 복덕 있는 이가 이 광명을 놓아 나의 몸에 비춰 이같이 시원하게 해줄까. 참으로 말할 수 없이 상쾌하도다.'

그 때 세존께서 독사가 이미 길들여짐을 보시고 타이르셨습니다.

"현면 장자야, 네가 전생에 인색했고 탐내었기 때문에 이 독사의 몸을 받았거늘, 이제 어쩌자고 또 진심을 내고 독기를 피워 함부로 사람을 해치느냐! 이렇게 나쁜 일만 더하다가는 미래 세상에 반드시 큰 고통을 받으리라."

이에 독사는 부처님의 말씀을 듣고 깊이 스스로 자책하니, 잠간 사이에 그 번뇌가 다 제거되고, 전생에 장자로서 악업을 지었기 때문에 이제 그 과보를 받게 됨을 기억해 알고는, 곧 부처님께 깊은 신심과 공경하는 마음을 내었습니다. 세존께서는 이 독사의 마음이 이제 완전히 길들여진 사실을 아시고 다시 말씀하셨습니다.

"네가 전생에 내 말을 따르지 않았기 때문에 이 독사의 몸을 받았으니, 이제는 나의 말을 잘 듣고 따라야 하느니라."

부처님께서 계속 독사에게 말씀하셨습니다.

"독사야, 네가 과연 나의 말에 따를 생각이라면 나의 바루 속에 들어오너라."

그러자 독사는 곧 바루 속에 들어갔고, 독사를 숲 속으로 옮겨 가려했습니다. 그 때 빔비사라 왕과 그 여러 신민들이 세존께서 독사를 길들여 바루 속에 넣어 오신 다는 소문을 듣고, 온 성 안의 백성들이 함께 바루 속에 들어 있는 독사를 구경함으로써, 독사는 그 여러 사람들을 보자 곧 독사의 몸 받은 것을 매우 부끄럽게 여겨, 바로 그 날 밤에 목숨이 끝나 도리천忉利天에 태어나서 스스로 이렇게 생각했습니다.

'내가 무슨 복을 지었기에 이 천상에 태어났을까? 세간에 있을 때엔 독사의 몸을 받았는데, 아마 부처님을 뵙고 믿고 공경하는 마음을 낸 그 인연으로써, 독사 몸을 싫어하고 이 천상에 태어나서 하늘의 쾌락을 얻게 되었겠다. 그렇다면 이제 세존께 은혜를 갚아야 하지 않을까!'

그는 하늘 갓을 쓰고 보배 영락을 걸쳐 그 몸을 장엄하고 향과 꽃을 받들어 광명을 비추면서 세존 앞에 이르러 예배 공양한 다음 한쪽에 물러나 앉아 설법을 듣고, 마음과 뜻이 열림으로써 수다원과를 얻고, 그 자리에서 시로써 부처님을 찬탄했습니다.

거룩하신 큰 성인께서
모든 공덕을 구족하사
중생들의 어두운 눈을 열어
불과佛果를 얻게 하셨습니다.

중생들의 더러운 번뇌를 씻어

생사의 바다를 벗어나게 하시니
이제 부처님의 은덕恩德으로써
셋 나쁜 갈래를 벗어났습니다.

이같이 찬탄하고 나서 세 번 부처님을 돌고 도로 천궁天宮에 올라갔습니다. 그 이튿날 새벽 빔비사라 왕이 부처님께 사뢰었습니다.

"세존이시여, 어젯밤 세존께 비춰준 광명이 누구의 광명이었습니까? 혹시 제석천왕 · 범천왕 · 전륜성왕입니까? 그렇지 않으면 팔부部 신장들의 광명이었습니까?"

"제석천 · 범천이나 천신들이 와서 설법을 들은 것이 아니요, 바로 옛날 독사가 되었던 장자 현면이 천상에 태어나 나에게 와 공양을 베풀면서 비췄던 광명이었소."

이같이 빔바사라 왕이 부처님으로부터 인색과 탐심의 과보를 들을 적에 그 모임에 있던 사람으로서 어떤 이는 스로타판나가, 어떤 이는 샤크르다가민이, 어떤 이는 아나가민이, 어떤 이는 아라한이 되었고, 어떤 이는 프라데카 부처가 되겠다는 마음을, 어떤 이는 더 없는 부처가 되려는 마음을 내기도 했습니다.

그 때 여러 비구들도 부처님의 이 말씀을 듣고 기뻐하며 마음에 새기고 실천했습니다.

어린이와 천당

부처님께서 슈라바스티에 있는 기타 숲 외로운 이 돕는 절에 계시던 어느 때, 그 성중에 어떤 바라문이 농사를 지으며 살더니, 여자 종을 아내로 정하여 결혼한 지 열 달 만에 한 남자 아이를 낳아 그 이름을 월광月光이라 했습니다. 점차 성장하여 수닷타 장자의 아들과 함께 성문 밖에 나가 놀다가, 어떤 절에 들어가 여러 비구들이 경전을 애써 외우고 익히는 것을 들었습니다. 그 때 바라문의 아들이 시 네 구절을 듣고 곧 신심과 공경하는 마음을 내고 집에 돌아갔습니다. 그는 칠 일 만에 문득 목숨이 끝나 도리천忉利天에 태어났고, 그 부모는 슬피 울며 마음아파 했습니다.

"이제 외아들을 잃었으니, 누가 나를 돌보아 주랴. 이 아픈 마음 말할 수 없구나. 차라리 자식을 따라 죽고 싶을 뿐 집에 돌아가고 싶지 않다."

여러 친척들이 달려와서 갖가지로 위로하고 타일렀으나, 그 부모는 끝내 돌아갈 줄 몰랐습니다. 지극히 슬퍼한 정성에 감응하여 천상의 궁전이 흔들려 불안하게 되자, 그 천상에 태어난 아들이 식별하여 알게 되었습니다.

'내가 인간에서 천상에 태어났구나. 지금 부모가 무덤에서 나의 시체를 안고 목이 메도록 슬피 울며 스스로 억제하지 못하는구나. 그로 인해 이 천상의 궁전이 흔들리는구나.'

그는 전생의 부모를 가엾이 여겨 곧 천상에서 내려와 그 몸을 신선의 형상으로 변화하여 부모 옆에 나타나 다섯 가지 열五熱로써 그 몸을 지졌는데, 바라문이 신선에게 말했습니다.

"그대는 지금 무엇 때문에 다섯 가지 열로써 몸을 지지는가? 무엇을 구하려고 그러는가?"

"지금 나의 욕망은 한 나라의 왕이 되어 금金으로 수레를 만들되 뭇 보배로 잡다하게 꾸미고, 일월日月천자로써 좌우 대장을 삼고 사천왕이 수레를 끌고 온 천하를 두루 돌아다니게 하려는 것이니, 이것이 얼마나 기분이 좋은 일이겠습니까?"

"선인님. 그대가 가령 지금부터 백 년 동안 밤낮으로 이글거리는 불로써 몸을 지지면서 그러한 보배 수레를 구해 여러 천자들로 하여금 좌우에서 그대를 모시게 하려 해도 끝까지 그렇게 될 수 없을 것이요."

"당신은 지금 죽은 시체를 안고서 무엇을 구하려는 것입니까?"

"나는 외아들을 잃었기 때문에 너무나 슬퍼서 다시 살아오기를 바랄 뿐이요."

"당신 역시 마찬가집니다. 당신이 죽은 시체를 안고 가령 백 년 동안 밤낮으로 울부짖더라도 죽은 아들을 끝까지 다시 살아오게 하지는 못할 것입니다."

바라문은 이 신선의 말을 듣자, 마음속으로 부끄럽게 여기고, 다시 울지 않고 잠잠히 서 있었으며, 아들이었던 천자는 신선의 형상을 버리고 본래의 몸으로 되돌아가 그 부모에게 사뢰었습니다.

"제가 바로 과거 세상에 당신의 외아들이었습니다. 제가 어느 때 절에 갔다가 시 네 구절을 듣고 기쁜 마음을 내고 부처님의 가르침을 믿는 마음이 생겼는데, 곧 목숨이 끝나 천상에 태어나게 되었습니다. 이제 부모님의 근심과 괴로움을 풀어드리기 위해 신선의 형상으로 변화하여 여기에 와서 위의 말씀을 올리는 것입니다."

그 부모는 그의 말을 듣고, 어쩔 줄 모르게 기뻐했으며, 천자는 곧 하늘 갓을 쓰고 보배 영락을 걸고서 온 몸을 장엄한 채, 꽃과 향을 부모에게 주어 함께 부처님 처소에 나아가 부처님께 공양을 올리고, 한쪽에 물러나 앉아 있었는데, 부처님께서 곧 그들을 위해 네 가지 진리의 법을 말씀해 주시니, 그들은 마음과 뜻이 열려 다 같이 스로타판나가 되었습니다.

여러 비구들이 이 광경을 보고 부처님 앞에 나아가 사뢰었습니다.

"세존이시여, 지금 저 천자는 전생에 어떠한 복을 심었기 때문에 그 훌륭한 위로의 말로써 부모의 근심과 괴로움을 풀어 다시 울지 않게 하고, 또 도를 얻었습니까?"

"비구들아, 저 천자는 다만 오늘만 그 부모의 근심과 괴로움을 풀어 드린 것이 아니고, 과거 세상에서도 그러한 일이 있었느니라."

"세존이시여, 과거 세상에 어떠한 일이 있었는지를 저희들은 모르오니, 부연해 주시옵소서."

"그렇다면 내가 이제 분별하여 말할 테니 자세히 들어라. 과거 한량없는 오랜 옛적에 이 바라나시에 어떤 어리석은 사람이 있었다. 도적이 되어 항상 남을 해치고 속이고, 사음하기를 좋아하다가 법관에 체포되어 국왕이 그 죄상을 심문한 결과 사실이 틀림없으므로 곧 사형에 처하라고 명령했다. 그 때, 그의 아들은 천성이 인자하고 온순하고 현명하고 부드러웠으므로 온 나라에 소문이 났는데, 그는 그 아버지를 위해 국왕을 뵙고 용서해 주십사고 세 번이나 청원했다. 국왕은 그 아들의 청원에 따라 결국 죽이지 않고 놓아줌으로써 그는 자유로운 몸이 되었느니라.

비구들아, 알아라. 그 당시 남을 해치던 어리석은 사람은 바로 지금 저 천자의 전생 아버지였고, 청원했던 아들은 바로 지금의 저 천자다. 아버지인 그가 한 때 카샤파 부처님한테 삼귀의계三歸依戒를 받았기 때문에 지금 나를 만나 스로타판나가 된 것이니라."

부처님께서 그들의 과거를 말씀하실 적에, 그 모임의 대중들 가운데 어떤 이는 스로타판나가 되었고, 더 나아가 어떤 이는 위없는 부처가 되려는 마음을 낸 이도 있었습니다.

그 때, 여러 비구들은 부처님의 말씀을 듣고 다 기뻐하며 마음에 새기고 실천했습니다.

꽃 공양을 올린 심부름꾼

부처님께서 슈라바스티에 있는 기타 숲 외로운 이 돕는 절에 계시던 어느 때, 그 성중에서 이름이 난 장자들이 샘물 근처에 모여 장기와 음악으로써 함께 즐기며, 그 모임의 명칭을 사라화회娑羅花會라 했습니다. 그 모임에서 사람을 고용하여 숲 속에 보내어 사라 꽃을 꺾어 많은 꽃다발을 만들게 했는데, 꽃 꺾으러 간 사람이 돌아오는 도중에 세존의 서른두 가지 거룩한 모습과 여든 가지 뛰어난 몸매에서 천 개의 햇빛 같은 광명이 널리 비춤을 보고 곧 기쁜 마음을 내어 부처님 앞에 엎드려 예배함과 동시에 꺾은 꽃을 다 받들어 부처님께 바쳤습니다.

다시 꽃을 꺾으려 나무 위에 올라가 꽃을 꺾다가 나뭇가지가 부러져 땅에 떨어져 죽자, 그는 즉시에 도리천에 태어나 단정하고 빼어나게 아름다운 몸을 얻고, 사라꽃 궁전에 살았으므로 제석천왕이 그에게 물었습니다.

"그대는 어느 곳에서 복업을 닦아 이 천상에 태어났는가?"

"제가 남섬부주에서 사라꽃을 꺾어 길을 가다가 세존을 만나 뽑고 그 꽃을 받들어 공양을 올 린 일이 있었는데, 그 공덕으로써 여기에 태어났습니다."

그 때 제석천왕은 이 천자의 몸매가 가장 단정하고 뛰어남을 보고 시를 읊어 찬탄했습니다.

몸은 진금 빛깔같이
매우 선명하여 두루 비추고
얼굴은 아주 단정하게 뛰어나
모든 천자 가운데 제일이로세.

천자도 곧 시를 읊어 대답했습니다.

부처님의 은혜와 공덕 힘입어
사라꽃으로써 공양 올렸던
그 좋은 인연을 말미암아서
이제 이 과보를 얻었습니다.

그 때 천자는 이 시를 읊고 나서 곧 제석천왕과 함께 부처님 처소에 와서 엎드려 예배하고 한쪽에 물러나 있었습니다. 부처님께서 곧 갖가지 법을 말씀해 주시니, 그들은 마음과 뜻이 열려 이십억 겁 동안 집착하던 삿된 소견과 업장을 깨뜨리고 수다원과를 얻음으로써 마음이 기쁨에 넘쳐 다시 부처님 앞에서 시를 읊어 찬탄했습니다.

거룩하옵신 큰 성인이시여!
가장 높아 견줄 데 없으시니
부모와 사장師長을 비롯한
그 누구의 공덕도 미칠 수 없나이다.

사방의 바닷물을 고갈시키고
나고 죽음의 산 초월하셔서
셋 나쁜 갈래의 길을 막고
셋 좋은 문을 널리 열어 주셨네.

천자는 이 시를 읊은 뒤 부처님께 엎드려 예배하고 세 번 돌고 도로 천상에 올라가 버렸습니다. 여러 비구들이 이 광경을 보고 그 이튿날 이른 아침에 부처님께 사뢰었습니다.

"세존이시여, 어젯밤 이 기타 숲 동산에 널리 비춘 그 광명이 혹시 제석천왕 · 범천왕 · 사천왕들의 광명이었습니까? 아니면 팔부部 신장들이 비춘 광명이었습니까?"

"비구들아, 그것은 제석이나 범천이나 귀신이나 사천왕 등이 비춘 것이 아니니다. 옛날 사라꽃을 꺾어 나에게 공양으로 바친 사람이 지금 천상에 태어나서 향과 꽃을 가지고 와서 비춘 광명이었느니라."

여러 비구들은 부처님의 말씀을 듣고 다 기뻐하며 마음에 새기고 실천했습니다.

탑에 공양을 올린 공덕

부처님께서 라자그리하에 있는 칼란다카 대숲 절에 계시던 어느 때, 저 빔비사라왕이 매일 여러 관속官屬을 거느리고 부처님 처소에 와서 예배 문안하다가, 점차 늙음에 몸이 무거워 전과 같이 날마다 예배하러 올 수 없으므로, 백성들이 왕에게 이렇게 사뢰었습니다.

"부처님의 머리털과 손톱을 모시고 와서 이 궁중에 탑을 세워 봉안하고 향과 꽃을 올리고 등불을 켜서 공양을 올리소서."

왕은 그들의 말에 따라 그렇게 하기로 생각하고, 곧 세존께 사뢰어 머리털과 손톱을 얻어 와서 탑을 세우고, 비단으로 만든 깃대와 보배 양산을 달고 향을 사르고 꽃을 흩고 등불을 켜서 날마다 세 번씩 공양 올렸습니다. 그러다가 뒷날 태자 아자타사트루가 데바닷타와 함께 음모를 꾸며 그 부왕을 시해하고 스스로 왕이 되고부터 궁내에 명령을 내려 누구든지 저 탑에 예배하고 공양을 올리지 못하게 하고, 명령을 듣지 않는 자는 처벌한다는 명령을 내렸습니다. 마침 칠월 보름날에 이

으러 궁인 공덕의功德意가 이렇게 생각했습니다.

'이 탑은 과거 선왕께서 세우신 것, 이제 아무리 퇴락하고 더러워도 청소하는 이가 없으니, 나의 이 몸이 갈가리 찢기는 사형을 받더라도 이 탑만은 깨끗이 청소하여 향과 꽃을 올리고 등불을 켜서 공양을 올리겠다.'

이와 같이 생각한 뒤에 바로 탑에 나아가 향과 꽃을 올리고 등불을 켜서 공양을 올렸는데, 왕이 멀리 누각 위에서 탑에 등불이 환한 것을 보고 매우 화를 내어 곧 사환을 보내 그 공양을 올리는 이가 누구인가를 조사하게 했고, 사환이 돌아와 사실 그대로 보고하자 왕이 다시 사환으로 하여금 붙들어 와서 그 이유를 따져 물으니 공덕의는 왕에게 대답했습니다.

"이 탑은 과거 선왕께서 세워 공양을 올렸사온데, 오늘처럼 좋은 날에 깨끗이 청소하고 등불을 켜서 공양을 올렸습니다."

왕은 그녀를 보고 말했습니다.

"너는 나의 명령命令을 듣지 못했는가?"

그녀는 다시 대답했습니다.

"저도 대왕이 명령하신 말씀을 듣기는 했습니다. 그러나 지금 대왕께서 나라를 다스리는 교화가 선왕 때보다 뒤떨어지기 때문입니다."

왕은 그 말을 듣고 화를 내어 곧 칼을 휘둘러 공덕의를 죽였습니다. 그러나 그녀는 그 좋은 마음을 말미암아 그 목숨이 끝나자 도리천에 태어나서 일 유순에 가득한 광명을 온 몸으로 비추니, 제석천왕을 비롯한 여러 천신들이 함께 와서 물었습니다.

"그대는 무슨 복을 지었기 때문에 이 천상에 태어나서 그 어느 천인들보다도 가장 밝고 빛난 광명을 나타내는가?"

그 때 천자는 곧 시를 읊어 제석천왕에게 대답했습니다.

여래께서 세간에 출현하시니
그 광명 마치 해와 달 같습니다.
저 모든 어두움 비추어
죄다 널리 밝게 하시옵니다.

보는 이마다 환희심 내고
마음의 번뇌 저절로 제거됩니다.
더 높은 이 없는 세존께서는
바로 이 중생들의 복 밭입니다.
저 또한 몸과 목숨 아끼지 않고

신심 내어 복덕을 쌓았기에
피살되어 목숨이 끝나는 즉시
이 도리천상에 태어났습니다.

천자는 제석천왕을 향해 이 시를 읊은 뒤, 하늘 갓을 쓰고 보배 영락을 걸쳐 그 몸을 장엄하고 여러 천자들과 함께 각각 꽃과 향을 가지고 내려와 부처님께 공양을 올리니, 온 칼란다카 대숲 절을 평시보다 몇 배의 광명으로써 밝게 비추고, 부처님께 엎드려 예배하고 한쪽에 앉아 있었는데 부처님께서 곧 네 가지 진리의 법을 말씀해 주시니, 마음과 뜻이 열려 스로타판나가 되어 이렇게 생각했습니다.

'내가 옛날 수미산보다 더 많은 흰 뼈를 쌓고 큰 바다보다 더 많은 눈물을 흘려가면서, 온 몸의 피와 살을 희생하고 목숨을 아끼지 않았기 때문에, 이제 괴로움을 떠나게 되었구나.'

이와 같이 생각한 뒤, 부처님을 세 번 돌고는, 도로 천궁으로 올라갔습니다.

비구들이 이튿날 이른 아침에 세존께 사뢰었습니다.

"세존이시여, 어젯밤에 빼어나게 밝게 비춘 광명은 제석 · 범천 · 사천왕 등이 비춘 것이옵니까? 혹은 팔부 신장들의 광명이었습니까?"

"비구들아, 그 광명은 제석이나 범천이나 신장 등이 비춘 것이 아니라, 바로 빔비사라 왕의 후궁 채녀 공덕의가 탑에 공양 올렸다가 아자타사트루에게 피살되어 목숨이 끝나는 즉시 도리천에 태어났는데, 나에게 공양을 베풀기 위해 어제 천상에서 내려와 비췄든 광명이었느니라."

부처님께서 이 공덕의에 대한 인연을 말씀하실 적에 어떤 이는 스로타판나가, 어떤 이는 샤크르다가민이, 어떤 이는 아나가민이, 어떤 이는 아라한이 되었고, 어떤 이는 프라데카 부처가 되려는 마음을 내었고, 어떤 이는 더 없는 부처님이 되려는 마음을 내었습니다.

여러 비구들은 부처님의 말씀을 듣고, 다 기뻐하며 마음에 새기고 실천했습니다.

화주가 된 수닷타

부처님께서 슈라바스티에 있는 기타 숲 외로운 이 돕는 절에 계시던 어느 때, 그 성중에 수닷타란 장자가 있어 백억 냥을 부처님께 보시하고 이렇게 생각했습니다.

'나는 한량없는 재물로써 지은 외로운 이 돕는 절을 부처님과 스님들에게 보시한 것은 어려운 일이라 할 것 없겠지만, 지금 가장 빈궁하고 미천한 사람들에게 권선해 조그마한 바늘이나 실 같은 것이라도 그것을 부처님께 보시할 수 있게 하는 것이 오히려 어려운 일이며, 한량없고 그지없는 공덕을 얻게 하는 것이리라.'

이와 같이 생각한 끝에 곧 프라세나짓 왕에게 가서 그 뜻을 밝히니, 왕이 즉시 그렇게 하는 것을 허락하고 온 성중에 신하들을 보내 북을 두드리면서 여러 사람들에 전달했다.

"지금부터 수닷타 장자가 뭇 사람들에게 권선하여 보시의 공덕을 짓게 해 주려고 한다."

그렇게 한 칠 일 만에 수닷타 장자가 과연 흰 코끼리를 타고

도시의 네거리와 마을의 언덕에 이르기까지 곳곳을 다니면서 널리 권선하자, 사람들이 모두 기뻐하며 서로 보시하되, 어떤 이는 의복 · 영락 · 금 · 은 따위 보물을, 어떤 이는 각가지 고리 · 팔찌 · 바늘 · 실 따위를 각자의 집에 있는 대로 다 꺼내어 보시하는데, 빈궁한 여인 한 사람이 석 달 동안 나그네로 돌아다니면서 겨우 담요 한 장을 사서 그것을 옷 삼아 입고 있다가, 수닷타 장자가 여러 사람들에게 권선하는 것을 보고 그 옆에 있는 사람에게 물었습니다.

"저 수닷타 장자는 많은 재산을 모은 사람으로서 아무것도 모자람이 없기가 마치 땅 속에 묻힌 창고와 같거늘, 지금 무엇이 부족해 또 여러 사람들에게 구걸하러 다니는가?"

어떤 사람이 대답했습니다.

"그런 것이 아니요, 저 장자는 사실 모자람이 없지만, 뭇 사람들을 가엾이 여겨 함께 부처님과 스님들에게 다 같이 복을 짓게 하려고 권선하는 것이오."

가난한 여인이 이 말을 듣고 매우 기뻐하며 이렇게 생각했습니다.

'내가 전생에 보시하지 않았기 때문에 이같이 빈궁한 것이 아닐까? 그러니 지금 보시하지 않으면 후세에 가서 이 빈궁이

더욱 극심하겠지.'

그리고 여인은 또 생각했습니다.

'이 세상에서 부처님 만나기는 매우 어렵다. 지금 내가 보시하지 않으면 뒷날 비록 부처님과 스님들을 초청하려 해도 할 수가 수 없지 않을까? 나에게 있는 것은 이 담요 한 장이지만 이것을 보시하자. 나는 알몸으로 앉아 있어도 좋고, 설령 이 담요가 아무런 소용없게 될지라도 나는 보시한 뒤에 바라는 것이 없을뿐더러, 지금 빈궁함의 고통을 받다가 그대로 죽어도 담요만은 끝내 보시하겠다.'

이와 같이 생각하고, 곧 담요 한 장을 창문을 열고 수닷타 장자에게 던져 주었는데, 장자가 담요를 받은 뒤 사환을 보내 살펴 본 결과 그 여인이 알몸으로 앉아 있는 것을 발견하고 이렇게 물었습니다.

"그대는 무엇 때문에 옷 삼아 몸을 덮은 담요를 벗어 보시했는가?"

"저는 후세에 가서도 이 극심한 빈궁을 다시 받을까봐 그것이 두려워 보시하는 것입니다."

사환이 이 사실을 갖춰 장자에게 보고하니, 장자가 이 말을 들은 즉시 '기이한 일이로다.' 고 감탄하면서 자신이 입은 옷을 벗어 그 여인에게 보시했습니다. 여인은 그 옷을 얻고 너무나 기뻐 '나는 보시한 공덕으로 지금 현전에 이러한 과보를 받았거늘, 하물며 미래 세상에 있어서야 더 말할 것이 있겠는가!' 라고 외쳤습니다. 그 며칠 뒤, 여인은 목숨이 끝나서 도리천에 태어나, 스스로 이렇게 생각했습니다.

'내가 무슨 복을 지었기에 이 천상에 태어났을까! 인간에 있을 때엔 매우 빈궁했는데…. 담요 한 장을 보시한 그 공덕으로써 여기에 태어났구나. 그렇다면 이제 곧 부처님과 장자에게 은혜를 갚아야 하겠다.'

그는 곧 하늘 갓을 쓰고 보배 영락을 걸치고 그 몸을 꾸민 뒤, 꽃과 향을 가지고 천상에서 내려와 부처님과 장자에게 공양을 올린 다음, 엎드려 부처님께 예배하고, 한쪽에 물러앉아 있었습니다. 부처님께서 네 가지 진리를 말씀해주시니 그는 마음과 뜻이 열려 곧 스로타판나가 되어 부처님께 절하고 세 번 부처님을 돌고 도로 천상으로 올라가 버렸는데, 그 이튿날 이른 아침에 여러 비구들이 부처님께 사뢰었습니다.

"세존이시여, 어젯밤 여래에게 비춘 그 광명이 혹시 제석 · 범천 · 사천왕 등이 비춘 것입니까? 또는 팔부 신장들이 비춘 것입니까?"

"그 광명은 제석이나 범천이나 신장들이 비춘 것이 아니고, 바로 수닷타 장자의 권선을 받은 저 빈궁한 여인이 담요 한 장을 보시한 공덕으로써, 천상에 태어나서 어제 나에게 공양을 베풀기 위해 와서 비춘 광명이었다. 비구들아, 알아라. 지난 때의 빈궁한 여인이 곧 어제 밤의 저 천자였느니라."

비구들은 부처님의 말씀을 듣고 다 기뻐하며 마음에 새기고 실천했습니다.

부처님과 앵무새

부처님께서 슈라바스티에 있는 기타 숲 외로운 이 돕는 절에 계시던 어느 때, 여름 안거를 마치고 여러 비구들과 함께 다른 나라로 설법하려 가실 즈음, 빔비사라 왕이 신하들을 거느리고 성문을 나오다가 여래를 뵙고 이렇게 사뢰었습니다.

"세존께서 이제 어느 곳에 가서 계시려 하십니까? 이 중생들을 가엾이 여기사 비구 스님들과 함께 여기에서 저희들의 공양을 받으시옵소서."

그 때 세존께서 왕의 그 간절한 성의를 짐작하시고, 비구들과 같이 점차 마가다국을 향해 가시는 도중, 뭇 새들 가운데 앵무왕이 부처님을 바라보고 멀리 허공으로부터 날아와서 길을 가로막고 맞이했습니다.

"원컨대 부처님과 여러 스님께선 저희들을 가엾이 여기사 이 숲 속에서 하룻밤 묵고 가시옵소서."

부처님께서 그렇게 하기를 허락하시자 앵무왕은 부처님의 허락을 알고 본래의 숲에 돌아가 뭇 앵무새들에게 명령해 함께 와서 맞이했습니다. 부처님과 비구 스님들은 앵무 숲에 이르러서 각각 나무 밑에 자리를 잡고 좌선坐禪하셨습니다. 그 때 앵무왕은 부처님과 스님들이 고요히 앉아 계시는 것을 보고 매우 기뻐하며, 혹시 사자 · 호랑이 · 이리 따위 짐승이나 도적들이 부처님과 비구 스님들을 괴롭히지 않을까 염려하고 밤이 새도록 날아다니며 부처님과 비구들을 둘러싸고 사방을 살폈습니다. 이튿날 밝은 아침에 세존께서 출발하려 하시자 앵무새는 기뻐하며 앞길을 인도해 라자그리하에 이르러 빔비사라 왕에게 말했습니다.

"세존께서 이제 비구들을 데리고 곧 이 곳에 도착하십니다. 대왕께서는 모든 맛난 음식을 준비시키고 길에 나가 맞이하소서."

빔비사라 왕이 그 말을 듣고 모든 맛난 음식을 준비시키고 깃발 · 꽃 · 향 · 기악 등을 준비하고 신하들과 함께 길에 나가 맞이했습니다. 한편 앵무왕은 그 날 밤중에 목숨이 끝나는 대로 도리천에 태어나 홀연히 여덟 살 정도의 아이가 되어 이렇게 생각했습니다.

'내가 무슨 복을 지었기에 이 천상에 태어나 천자가 되었을까? 아마 내가 세간에 있을 때 앵무왕으로서 부처님께 간청해

하룻밤 묵게 한 그 인연으로써 여기에 태어났구나. 그렇다면 나는 이제 세존께 은혜를 갚아야 하겠다.'

이와 같이 생각한 그는 하늘 갓을 쓰고, 보배 영락을 걸쳐 그 몸을 꾸미고, 향과 꽃을 가지고 내려와 부처님께 공양을 올리고 한쪽에 물러앉아 있으니, 부처님은 곧 그에게 네 가지 진리를 말씀해주셨고, 그는 곧 마음과 뜻이 열려 스로타판나가 되었고, 부처님을 세 번 돌더니 도로 천상으로 올라갔습니다.

그 이튿날 이른 아침에 비구들이 부처님께 사뢰었습니다.

"세존이시여, 어젯밤에 비춘 광명이 제석 · 범천 · 사천왕 등이 비춘 광명이었습니까? 아니면 팔부 신장들이 비춘 것입니까?"

"비구들아, 그 광명은 제석이나 범천이나 신장들의 광명이 아니고, 앞서 길에 나와 비구들을 숲 속으로 초청해 하룻밤을 묵게 한 저 앵무왕이 천상에 태어나 나에게 공양을 베풀려고 와서 비춘 광명이었느니라."

"세존이시여, 저 천자는 전생에 무슨 업을 지어 앵무새 속에 태어났다가, 지금은 무슨 복을 지었기에 법을 들은 즉시 스로타판나가 되었나이까?"

"비구들아, 내가 이제 분별하여 말할 테니, 너희들은 자세히 들어라.

이 현겁 중에 카샤파 부처님이 바라나시에 출현하셨을 때, 어떤 장자 한 사람이 그 부처님의 법을 따라 다섯 가지 계율을 받아 지키던 중, 어느 때 한 가지 계율을 범함으로 인하여 앵무새 가운에 태어났으나, 나머지 네 가지 계율만은 완전히 지켰기 때문에 이제 나를 만나 도를 얻게 된 것이다. 비구들아, 알아라. 그 당시의 저 우바사카가 바로 지금의 천자의 전신이었느니라."

그 때 여러 비구들은 부처님의 말씀을 듣고 다 기뻐하며 마음에 새기고 실천했습니다.

천상에 난 심부름꾼

부처님께서 라자그리하에 있는 칼란다카 대숲 절에 계시던 어느 때, 여름 안거를 마치신 다음, 여러 비구들을 데리고 다른 나라로 가시려 하시는데, 그 때 수닷타 장자가 프라세나짓 왕에게 말했습니다.

"저희들이 오랫동안 부처님을 뵙지 못했으니, 대왕께서 이제 편지와 함께 사신을 보내어 부처님을 이곳으로 맞이해 다같이 공양을 올릴 수 있게 하시옵소서."

이 말을 들은 프라세나짓 왕이 멀리서 예배하고 문안편지와 함께 사신을 보내어 초청했습니다.

'오랫동안 뵙지 못하였습니다. 이제 사신을 보내오니, 저희들을 가엾이 여기사 저의 초청을 받아주시옵소서.'

부처님께서 곧 그렇게 하기를 허락하셨고, 사신이 돌아가 사실 그대로를 왕에게 보고 하니, 왕은 다시 신하들을 시켜 수레를 잘 꾸며 가지고 가서 부처님을 모시고 오게 했습니다.

"세존께서 저희들을 가엾이 여기시고, 저의 국왕의 초청을 받아 이 수레를 타시옵소서."

부처님께서 사신에게 대답하셨습니다.

"나에게 여섯 가지 신통이 있고, 일곱 가지 깨달음의 꽃다발이 있고, 여덟 가지 바른 길이 있고, 다섯 가지 모시는 편안한 수레가 있으니 너희의 수레를 필요로 하지 않느니라."

사신이 재삼 정성껏 간청했습니다.

"저를 가엾이 여기사 신족을 거두시고 저 국왕의 초청을 받아들이시는 뜻에서 이 수레를 이용하시옵소서."

세존께서는 그 사신을 가엾이 여겨 수레에 오르심과 동시 곧 신통의 힘으로써 수레를 타신 채 허공으로부터 라자그리하에 도착하셔서 왕의 마중을 받으셨습니다. 한편 사신은 그날 밤 바로 목숨이 끝나 도리천에 왕생하여, 홀연히 여덟 살 정도의 큰 아이가 되어 곧 이렇게 말했습니다.

"내가 무슨 복을 지었기 때문에 이 천상에 태어났을까? 아마 내가 세간에 있을 때 국왕의 사신이 되어, 수레를 가지고 부처님께 가서 국왕의 초청대로 수레를 타시게 권한 그 좋은 마음으로써 이 천상에 태어났구나. 그러니 지금 나는 부처님께 은혜를 갚아야 하겠다."

그는 곧 하늘 갓을 쓰고 보배 영락을 걸쳐 그 몸을 꾸미고,

향과 꽃을 가지고 널리 광명을 기원정사에 비추면서 내려와 부처님께 예배 공양 올린 다음 한쪽에 물러나 앉았습니다. 부처님께서 곧 네 가지 진리를 말씀해 주셨고, 마음과 뜻이 열려 스로타판나가 되더니, 그는 세 번 부처님을 돌고 도로 천궁에 올라갔습니다. 그 이튿날 이른 아침에 비구들이 부처님께 사뢰었습니다.

"어젯밤 이 곳을 비춘 광명이 혹시 제석 · 범천 · 사천왕 또는 팔부 신장들의 광명이었습니까?"

"비구들아, 그 광명은 제석이나 범천이나 신장들이 설법을 듣기 위해 비춘 것이 아니라, 지난번 수레를 가지고 와서 나를 맞이한 저 국왕의 사신이 착한 마음으로써 천상에 태어나 나에게 공양을 바치기 위해 비춘 광명이었느니라."

그 때 비구들은 부처님의 말씀을 듣고 다 기뻐하며 마음에 새기고 실천했습니다.

천상에 난 물소

부처님께서 코살라에 계시던 어느 때, 비구들과 함께 늑나 나무 아래에 가시려고 어느 강가에 도착하셨습니다. 마침 그 곳에 아주 크고도 사나운 물소 오백 마리와 소치는 사람 오백 명이 있다가 멀리서 비구들을 거느리고 길을 따라 오시는 부처님을 보고는, 큰 소리로 외쳤습니다.

"세존이시여, 부디 이 길로는 다니지 마시옵소서. 이 소 떼 중에는 크고 악한 소가 있어 사람을 떠받고 해치는 습성이 있사오니 길을 지나가기가 매우 어렵기 때문입니다."

부처님은 소치는 사람들에게 말씀하셨습니다.

"그대들은 너무 염려하지 말라. 설사 저 물소들이 한꺼번에 와서 나를 떠받더라도 내가 스스로 알아서 할 터이니라."

이렇게 말씀하시는 동안에 그 사나운 소가 별안간 달려들어 꼬리를 흔들며 뿔을 낮추고 앞발로써 땅을 파헤치면서 소리를 지르고 앞에 다가와 마구 뛰었습니다. 그 때 여래께서 다섯 손가락으로써 다섯 마리 사자를 변화로 만들어 내셔서 좌우에 배치해 두고, 사방엔 두루 큰 불구덩이를 만들어 두시자, 저 물소가 놀래고 겁을 내어 사방으로 달아날 곳이 없고, 다만 세존의 발 앞에 조그마한 땅이 시원하고도 자유로이 활동할 수 있고, 두려움이 없는 곳인 줄 알았습니다. 사납던 물소가 꿇어 앉아 머리를 숙여 세존의 발을 핥다가 다시 머리를 들어 세존을 우러러 뵙고 기쁨에 넘쳐 있었습니다.

그 때 세존께서 저 사나운 소의 마음이 이미 항복한 것임을 아시고, 곧 소를 위해 시를 읊으셨습니다.

아주 나쁜 생각 품고 와서
함부로 나를 해치려 했지만
이제 정성껏 귀의하여
도리어 나의 발을 핥는구나.

물소가 부처님의 시를 듣고 깊이 부끄럽게 여김으로써 모든 장애가 제거되어, 홀연히 전생에 인간으로써 나쁜 짓을 저지른 것을 깨닫고, 더욱더 부끄럽게 여겨 물과 풀을 먹지 않더니, 곧 목숨이 끝나 도리천에 태어나 홀연히 여덟 살 정도의 아이가 되어서 이렇게 말했습니다.

"내가 무슨 복을 닦았기에 이 천상에 태어났을까? 아마 세간에 있을 때 물소의 몸으로써 부처님의 제도를 받아 여기에 태어났겠지. 그렇다면 나는 이제 부처님께 은혜를 갚아야 하겠다."

이같이 생각한 끝에 곧 하늘 갓을 쓰고 영락을 걸쳐 그 몸을 꾸미고, 향과 꽃을 가지고 빛나는 광명으로써 부처님을 비추며 예배한 다음 한쪽에 물러 나 앉았습니다. 세존께서 곧 그에게 네 가지 진리의 법을 말씀해 주시자, 마음과 뜻이 열려 스로타판나가 되어, 부처님을 세 번 돌고 도로 천상에 올라갔습니다. 그 이튿날 이른 아침에 물소를 방목하던 사람들이 부처님께 사뢰었습니다.

"세존이시여, 어젯밤에 비춘 광명이 혹시 제석 · 범천 · 사천왕이나 팔부 신장들의 광명이었습니까?"

"그 광명은 제석이나 범천이나 신장들이 설법을 듣기 위해 비춘 것이 아니라, 바로 그대들이 방목하던 그 사나운 물소가 나를 보았기 때문에 목숨이 끝나자 천상에 태어났고, 그가 나에게 공양을 베풀려고 와서 비춘 광명이었느니라."

물소를 방목하던 오백 사람들이 부처님의 이 말씀을 듣고 각자가 서로 이렇게 말했습니다.

"저 사나운 물소도 부처님을 뵙고 천상에 태어났거늘 하물며 우리들 사람으로서 어찌 좋은 법을 닦지 않겠느냐?"

이같이 말하고 나서 그들은 각각 서로가 모여 맛난 음식을 마련하고 부처님을 비롯한 여러 스님들을 초청했습니다. 부처님께서 공양을 받으신 뒤, 갖가지 법을 말씀해 주시니 모두 마음과 뜻이 열려 도를 얻고, 동시에 출가하기를 원하자 부처님께서 말씀하셨습니다.

"잘 왔도다! 비구들아."

그들은 수염과 머리털이 저절로 깎이고 법복이 몸에 입혀져 스님의 모습을 갖추었습니다.

정성껏 부지런히 공부하더니 아라한과를 얻고, 삼명三明과 육통六通과 팔해탈八解脫을 갖추어, 하늘 사람과 사람들로부터 존경을 받게 되었습니다.

그 때 비구들이 이 일을 보고 부처님께 사뢰었습니다.

"세존이시여, 저 물소와 소 치던 오백 사람들은 전생에 무슨 업을 지어 물소 주인으로 태어났고, 한편 무슨 복을 닦았기에 부처님을 만나는 즉시 출가하여 도를 얻게 되었나이까?"

"비구들아, 알아라. 저 물소와 물소를 방목하던 사람들이 전생에 지은 악업 인연을 알려고 하느냐? 내가 지금 시로써 설명해 주리라."

> 전생 때 지은 선하고 악한 업은
> 백 겁을 지나도 사라지지 않나니
> 그 선한 업을 지은 인연 때문에
> 이제 이러한 과보를 얻은 것이네.

위의 시를 들은 비구들이 다시 부처님께 사뢰었습니다.

"세존이시여, 전생에 어떠한 일이 있었는지 저희들은 모르오니 부연해 주시옵소서."

부처님께서 말씀하셨습니다.

"비구들아, 내가 이제 분별하여 말할 테니 자세히 들어라. 이 현겁에 카샤파 부처님이 바라나시에 출현하셨을 때, 어느 삼장三藏 비구가 제자 오백 명을 거느리고 여러 나라를 다니며 대중 앞에서 법을 논란하다가, 어려운 질문에 부딪쳐 통달하지 못하고 도리어 성을 내어 곧 꾸짖었다.

'너희들은 이제 아무것도 모르면서 억지로 나에게 질문하니 그 꼴이야말로 물소가 사람을 떠받는 것과 같구나.'

제자들이 모두가 옳다하고 그 삼장을 비방하고 각자 흩어져 가버렸는데, 이 나쁜 구업口業을 지은 인연 때문에 그들은 오백 번 태어나는 동안 물소 또는 물소 방목하는 사람으로 태어나 서로가 따르게 되어 이제까지도 벗어나지 못했다.

비구들아, 알아라. 그 당시의 삼장 비구가 바로 지금의 저 물소 가운데 가장 사나운 물소였으며, 그 당시 오백 제자가 바로 지금의 저 물소를 방목하던 오백 사람이니라."

부처님께서 이 물소의 인연을 말씀하실 적에 비구들이 각자가 몸 · 입 · 뜻의 업을 조심하고 생사를 싫어하더니, 그 중에 어떤 이는 스로타판나가, 어떤 이는 샤크르다가민이, 어떤 이는 아나가민이, 어떤 이는 아라한이 되었고, 어떤 이는 프라데카 부처가 되겠다는 마음을 내고, 어떤 이는 더 없는 부처님이 되려는 마음을 내었습니다.

여러 비구들은 부처님의 말씀을 듣고 다 기뻐하며 마음에 새기고 실천했습니다.

이교도와 재계

부처님께서 슈라바스티에 있는 기타 숲 외로운 이 돕는 절에 계시던 어느 날 저녁, 천자들 오백 명이 하늘 갓을 쓰고 보배 영락으로써 그 몸을 꾸미고, 향과 꽃을 가지고 내려와 온 기타 숲에 광명을 비추면서 부처님께 예배드리고, 공양 올린 다음 한쪽에 앉아 부처님의 설법을 듣고, 곧 마음과 뜻이 열려 스로타판나가 되더니, 부처님을 세 번 돌고 도로 하늘로 올라갔습니다. 그 이튿날 이른 아침에 아난다가 부처님께 사뢰었습니다.

"세존이시여, 어젯밤 이 제타 숲을 평상시보다 몇 배나 밝게 비친 광명은 제석 · 범천 · 사천왕이나 팔부 신장들이 와서 법을 듣기 위해 비춘 광명이었습니까?"

"아난다야, 그 광명은 제석이나 범천이나 신장들이 설법을 듣기 위해 비춘 것이 아니었다.

과거 카샤파 부처님 때, 어떤 두 바라문이 국왕을 따라 부처님 처소에 가서 예배 문안했는데, 그 성중에 있던 우바사카 한

사람이 두 바라문에게 권유했습니다.

'그대들이 이제 국왕을 따라 함께 부처님 세존을 뵈었으니 이 기회에 재계를 받는 것이 좋을 것이오.'

바라문이 물었습니다.

'그 재계를 받으면 어떠한 이익이 있습니까?'

우바사카는 다시 말했습니다.

'그 재계의 법을 받기만 한다면 모든 것을 뜻대로 구할 수 있고, 모든 소원을 성취할 수 있소.'

이 말을 들은 바라문이 함께 재계를 받되 한 바라문은 천상에 태어나기를 원했고, 다른 한 바라문은 국왕이 되기를 원했다. 재계를 마친 뒤, 여러 바라문들이 모여 있는 곳으로 같이 갔는데, 바라문들이 이렇게 말했습니다.

'그대들은 지금 목이 마르거나 배가 고프지 않소. 같이 음식을 나눠 먹읍시다.'

재계를 받은 두 바라문은 대답했습니다.

'우리는 부처님의 재계를 받았기 때문에 식사 때가 지나면 먹지 않습니다.'

여러 바라문들이 다시 이렇게 말했습니다.

'우리는 우리들 바라문의 법이 있거늘 저 사문의 재계를 받

을 필요가 무엇인가?'

이같이 서로가 끈덕지게 권유하자, 천상에 태어나기를 소원하던 바라문은 뜻을 굽히고, 결국 음식을 먹어 재계를 깨뜨려 본래의 소원을 이룩하지 못한 채 목숨이 끝나는 대로 용龍 가운데 태어났으며, 다른 한 바라문은 끝내 음식을 먹지 않고 재계를 지킴으로써 과연 그 소원대로 국왕이 되었다. 앞서 용 가운데 태어난 바라문도 전생에 재계를 같이 받은 그 인연으로 국왕의 정원 못 속에 태어났다. 때에 정원지기가 날마다 갖가지 과일을 국왕께 보내더니, 갑자기 어느 날 못물 속에 아주 향내가 짙고 빛깔 좋은 과일 하나를 주워 생각했다.

'내가 이 정원을 드나들면서 항상 문지기에게 신세를 끼치고 있으니 이 과일을 선사하리라.'

문지기에게 넘겨주었으며, 문지기는 이 과일을 얻고 생각했다.

'나는 이곳을 드나들면서 항상 내시에게 신세를 끼치고 있으니, 이 과일을 선사하리라.'

내시에게 넘겨주었으며, 내시는 이 과일을 얻고 생각했다.

'왕의 부인이 항상 대왕을 향해 나의 덕을 칭찬하니 지금 이 과일을 선사하리라.'

부인에게 바쳤으며, 부인은 이 과일을 다시 대왕에게 바쳤다. 왕이 과일을 먹어 보니, 그 과일의 향기가 특수하고 맛이 좋은 것을 감탄하며 곧 부인에게 물었다.

'그대는 이 과일을 어느 곳에서 구해 왔는가?'

부인은 사실 그대로를 왕에게 대답했다.

'내시로부터 이 과일을 받았습니다.'

왕은 다시 내시에게 물었다.

'너는 이 과일을 어느 곳에서 얻어 왔느냐?'

이와 같이 차례차례 그 과일의 출처를 확인한 결과 정원지기에까지 미치자 왕은 곧 정원지기를 불렀다.

'나의 정원에 이같이 맛있는 과일이 있었거늘 너는 왜 나에게 올리지 않고 다른 사람에게 주었느냐?'

이에 정원지기가 그 경위를 자세히 진술했으나 왕은 듣지 않고 명령했다.

'지금부터 철이 되면 매일 이 과일을 나에게 보내라. 그렇게 하지 못할 경우에 너를 사형에 처하겠다.'

정원지기가 왕의 명령을 받고는 자기 정원에 돌아와 어떻게 할 방도가 없자, 울부짖으면서 외쳤다.

'이 과일은 종자가 없으니 구할 길이 없구나.'

그 때 용왕이 우는 소리를 듣고 사람의 형상으로 변화해 정원지기에 물었다.

'그대는 지금 무엇 때문에 그렇게 우는가?'

'제가 엊그저께 이 정원 못에서 아름다운 과일 한 개를 주워 문지기에게 선사했더니, 문지기는 그것을 내시에게, 내시는 그것을 왕부인에게, 왕부인은 그것을 대왕에게 올렸는데, 대왕이 나를 불러 말했소.

'지금부터 이 과일을 철이 되면 매일 올려라. 그렇지 않을 경우엔 너를 사형에 처하겠다.' 고 명령하셨소.

'온 정원 속에 이런 과일은 없으니 이 때문에 우는 것이오.'

이 말을 들은 변화한 사람이 도로 물속에 들어가서 앞서와 같은 향내가 짙고 빛깔이 좋은 과일을 금쟁반에 가득히 담아 와서 정원지기에게 넘겨주면서 이렇게 말했다.

'그대가 이 과일을 가지고 가서 대왕께 올리고 동시에 다음과 같이 내 뜻을 전달해 주시오. 나와 대왕은 옛날 부처님이 세상에 계실 때 친한 벗으로 함께 바라문이 되어 팔관재계八關齋戒를 받아 각자의 소원을 구하던 중, 왕은 계율을 잘 지켜 국왕이 되고, 나는 계율을 지키지 못해 용 가운데 태어났지만, 이제 다시 재법齋法을 닦아서 이 몸을 벗어나려 하니, 원컨대 국왕은 나를 위해 팔관재를 기록한 경전을 구해 보내주시오. 그렇지 않으면 내가 당신의 국토를 뒤엎어 큰 바다로 만들 것이오.'

정원지기는 금쟁반의 과일을 받아 국왕께 받들어 올린 뒤, 곧 용왕이 부탁한 말 그대로를 대왕께 전달하자, 대왕이 이 말을 듣고 매우 근심하게 되었다. 왜냐하면 그 때에는 불법이란 이름조차 없거늘 하물며 팔관재를 기록한 경전을 어디 가서 구할 수 있었겠는가? 만일 구해 보내주지 않을 경우엔 큰 위험을 받을 염려가 있어, 이일은 아무리 궁리해 봐도 어떻게 해결할 방법이 없었다. 왕은 가장 존경하는 어느 대신에게 물었다.

'저 용신龍神이 나에게 팔관재계를 기록한 경전을 요구하니, 그대가 어떠한 방법으로라도 이 경전을 얻어 저 용신에게 전해 주어야 하겠네.'

'지금 세상에 불법이 없으니 어디 가서 팔관재계를 기록한 경전을 구하겠습니까?'

'그러나 그대마저 구해 주지 않는다면 나는 반드시 그대에게 벌을 내리겠네.'

대신은 이 말을 듣고 집에 돌아가 안색이 이상해지고 아주 근심에 싸여 있었다. 그 때 연세가 많고 덕망이 높은 그 아버지가 집에 돌아온 아들의 안색이 보통 때보다 이상한 것을 보고 그 이유를 물었다.

'네가 무슨 일이 있기에 안색이 그러하냐?'

대신이 전후 사실을 그 아버지에게 자세히 사뢰자 아버지는 이렇게 말했다.

'우리 집 기둥 가운데 한 기둥에서 언제나 빛이 난다. 그 기둥 속에 아마 이상한 물건이 있을 듯하니, 네가 이제 시험 삼아 기둥을 베어 그 속에 무엇이 있는가를 살펴보아라.'

대신이 그 아버지 명령에 따라 곧 기둥을 베어 보았다. 과연 십이 인연경과 팔관재계를 기록한 두 권의 경전이 그 속에 들어 있었다. 대신은 이것을 얻어 매우 기뻐하며 금 책상에 받들어 국왕께 올리고, 국왕도 기뻐하면서 그것을 용왕에게 보냈다. 용왕도 역시 기쁨에 넘쳐 그 답례로 값진 보배를 국왕에게 보내고, 오백 용자龍子들과 함께 부지런히 팔관재계 법을 닦고 그 뒤 목숨이 끝나 곧 도리천에 태어났다. 어젯밤의 광명이 바로 그들이 나에게 공양을 바치기 위해 와서 비춘 것이니라.

아난다야, 알아라. 그 당시 팔관재계 법을 받들어 닦은 이가 곧 지금의 오백 천자이니라."

부처님께서 이 인연을 말씀하실 적에 어떤 이는 스로타판나가, 어떤 이는 샤크르다가민이, 어떤 이는 아나가민이, 어떤 이는 아라한이 되었고, 어떤 이는 프라데카 부처가 되려는 마음을 내고, 어떤 이는 더 없는 부처가 되려는 마음을 내었습니다.

그 때, 비구들은 부처님의 말씀을 듣고 다 기뻐하며 마음에 새기고 실천했습니다.

설법과 기러기 떼

부처님께서 바라나시에 계시던 어느 때, 못 부근의 숲 속에서 하늘 사람들과 인간 세상 사람들을 위해 설법하셨습니다. 그 때 마침 공중에서 기러기 오백 마리가 빙빙 돌면서 한꺼번에 날아와 부처님의 설법을 듣고 매우 기뻐하였습니다. 그 때 사냥꾼이 그물을 쳐 놓았으므로 오백 마리 기러기가 그물에 걸려서 사냥꾼에게 죽음을 당했습니다. 기러기들은 거기에서 목숨이 끝나자, 곧 도리천에 태어나 홀연히 여덟 살 정도의 아이가 되었는데, 그 빼어나게 아름다운 몸의 광명이 온 궁전에 비치니 마치 보배 산처럼 찬란했습니다.

'우리들이 무슨 복을 지었기에 이 천상에 태어났을까? 세간에 있을 때, 우리 모두가 기러기 몸으로서 부처님의 설법을 듣고 신심을 내어 기뻐한 그 인연으로써 목숨이 끝나 이 천상에 태어났구나. 그렇다면 지금 우리들이 부처님께 은혜를 갚아야 하겠다.'

이와 같이 생각하고, 모두 하늘 갓을 쓰고 보배 영락으로써 꾸미고, 뭇 향을 몸에 바르고 향과 꽃을 가지고 내려 와서 부처님께 예배드리고 공양을 올린 다음, 물러나 한 쪽에 앉아서 사뢰었습니다.

"세존이시여, 저희들이 저번에 부처님의 설법을 듣고, 마음 깊이 믿고 좋아한 공덕으로써 살기 좋아 행복한 천상에 태어났습니다. 세존께서 저희를 가엾이 여겨 거듭 설법하셔서 불도의 요긴한 부분을 가르쳐 주시옵소서."

세존께서 그들을 위해 곧 갖가지 법의 요점을 말씀해주시니, 마음과 뜻이 열려 오백 천자는 다 함께 스로타판나가 되어 마음속으로 더 할 수 없이 기뻐하더니, 부처님을 세 번 돌고 도로 천상에 올라갔습니다. 그 때 아난다가 부처님께 사뢰었습니다.

"세존이시여, 어젯밤 이 숲 속을 비춘 광명이 무슨 광명이었습니까?"

부처님께서 말씀하셨습니다.

"아난다야, 내가 이제 분별해 말할 테니, 너는 자세히 들어라.

내가 옛날 어느 못 부근의 숲 속에서 하늘 사람들과 인간들을 위해 설법할 때, 기러기 오백 마리가 설법하는 음성을 듣고 매우 기쁜 마음을 내어 함께 내가 있는 곳으로 날아오다가 사냥꾼에게 잡혀 죽었다. 그 좋아했던 마음으로써 천상에 태어나서 나에게 은혜를 갚으려고 왔던 것이니라."

아난다가 부처님의 이 말씀을 듣고는, 전에 없었던 일이라고 찬탄했습니다.

"여래께서 세간에 출현하심은 너무나 존귀하고도 미묘하여 그 은혜를 입지 않는 이가 없습니다. 저 날짐승까지도 부처님 음성을 듣고 오히려 도를 얻게 되거늘 하물며 사람으로서 신심을 내고 법을 받들고 마음속에 간직한다면, 그보다 백 배 천 배 만 배나 뛰어나 비유조차 할 수 없겠나이다."

"그러하니라. 그러므로 너희들은 다 한 마음 한 뜻으로 불법을 공경히 믿고 법의 요점을 마음속에 간직함은 물론, 그 법대로 수행해야 하느니라."

그 때 부처님의 말씀을 들은 비구들 가운데 어떤 이는 스로타판나가, 어떤 이는 샤크르다가민이, 어떤 이는 아나가민이, 어떤 이는 아라한이 되었고, 어떤 이는 프라데카 부처가 되려는 마음을 내었고, 어떤 이는 더 없는 부처님이 되려는 마음을 내었습니다.

그 때 비구들은 부처님의 말씀을 듣고 다 기뻐하며 마음에 새기고 실천했습니다.

현화품
現化品

7권

금빛 몸

부처님께서 카필라-바스투의 냐그로다 나무 아래 계시던 어느 때, 그 성중에 한량없는 재산을 가진 어떤 장자가 좋은 집안의 딸을 아내로 맞이하여 항상 음악을 즐기며 행복하게 살더니, 아내가 임신하여 열 달 만에 온 몸이 금빛으로 찬란한 아들을 낳았습니다. 생김새 또한 단정하고 빼어나 세상에 드물뿐더러, 몸에서 광명이 날 때는 그 성중이 다 금 빛깔이었습니다. 아이의 부모가 이것을 보고 마음속으로 기뻐하며 전에 없었던 일이라 감탄하고, 곧 관상가를 불러 아이의 상을 보게 하니, 상을 보고 나서 그 부모에게 물었습니다.

"이 아이를 낳을 때 어떤 상서로운 일이 없었습니까?"

"이 아이가 출생할 때부터 온 몸이 금 빛깔이었고, 또 광명이 나므로 이름을 금색金色이라 하였소."

아이가 철이 들면서 성품이 매우 어질고 효성스러웠습니다. 부처님이 냐그로다 나무 아래 계신다는 말을 듣고, 곧 여러 친구들과 함께 그곳으로 가서 세존의 서른두 가지 거룩한 모습과 여든 가지 뛰어난 몸매로부터 마치 천 개의 태양이 비추는 빛 같은 광명이 쏟아지는 것을 보고, 기쁜 마음을 내어 엎드려 예배하고 물러나 한 쪽에 앉았습니다. 부처님께서 그를 위해 네 가지 진리를 말씀해 주셨고, 그는 곧 마음과 뜻이 열려 스로타판나가 되어, 집에 돌아가자마자 즉시 그 부모에게 사뢰었습니다.

"제가 오늘 냐그로다 나무 아래에 가서 세존의 거룩하신 모습에서 천 개 해의 빛 같은 광명이 뻗침을 보았고, 또 비구들의 탈속하고 조용하며 훌륭한 위의를 보았으므로, 지금 출가하기를 원하오니 허락해 주시옵소서."

아들의 말을 들은 부모도 아들을 사랑하는 마음에서 허락하지 않을 수 없어 허락하니, 그는 곧 부처님 처소에 가서 출가할 뜻을 말씀드리자 부처님께서 이렇게 말씀하셨습니다.

"잘 왔구나! 비구야."

그러자 그의 머리털과 수염이 저절로 깎이고 법복이 몸에 입혀져 곧 스님이 되었습니다. 그는 부지런히 수행하더니 오래지 않아 아라한이 되고 삼명과 육신통과 팔해탈을 구족함으로써 모든 천상 사람들과 세간 사람들의 존경을 받게 되었습니다.

비구들이 이 사실을 알고 부처님께 사뢰었습니다.

"세존이시여, 금색金色 비구는 전생에 무슨 복을 심어 훌륭한 집안에 태어나 몸이 금색이고, 또 무슨 인연으로써 세존을 만나 출가하여 도를 얻었나이까?"

"비구들아, 내가 이제 분별하여 말할 테니, 너희들은 잘 들어라.

과거 구십일 겁 전에 비바시 부처님이 이 바라나시에 출현하셔서 두루 교화를 마치신 뒤 열반에 드셨다. 그 당시 반두말제槃頭末帝란 국왕이 사리舍利를 거두어 높이 일 유순由旬의 보배탑 네 기를 세우고 공양을 올렸다. 어떤 사람이 길을 가다가 탑 한 구석이 조금 허물어진 것을 발견하고 진흙을 개어 수리하고, 금박을 구해 그 위를 입힌 다음 발원하고 떠나갔다. 그 공덕으로써 구십일 겁 동안 나쁜 갈래에 떨어지지 않고, 항상 몸은 금색이고 천상의 쾌락을 누리다가, 지금 나를 만나 역시 금색의 몸으로 출가하여 도를 얻게 된 것이니라.

비구들아, 알아라. 그 당시 금박을 입힌 사람이 바로 지금의 이 금색 비구니라."

그 때 여러 비구들은 부처님의 말씀을 듣고 다 기뻐하며 마음에 새기고 실천했습니다.

향기 나는 몸

부처님께서 카필라-바스투의 냐그로다 나무 아래 계시던 어느 때, 그 성중에 한량없고 헤아릴 수 없는 재산을 가진 장자가 어떤 문벌 좋은 집의 딸을 아내로 맞이하여 온갖 재주와 풍류를 즐기며 행복하게 살더니, 그 아내가 임신하여 열 달 만에 한 남자아이를 낳으니, 아이의 얼굴이 이 세상에서는 견줄 데 없을 만큼 단정하고 예쁠 뿐만 아니라, 온 몸의 털구멍에서 우두전단 향내가 나고, 그 얼굴에서는 우발라 꽃향내가 났습니다. 부모와 친척들이 모두 기뻐하며, 곧 관상가를 불러 아이의 상을 보이니, 그가 상을 보고 나서 그 부모에게 물었습니다.

"이 아이를 낳을 때에 어떤 상서로운 일이 없었습니까?"

"이 아이가 출생할 때부터 온 몸의 털구멍에 전단향내가 나고, 얼굴에는 우발라 꽃향내가 나므로 이름을 전단향이라 하였소."

아이가 점차 성장하면서 성품이 더욱 어질고 부드러워 보는 이마다 사랑하고 존경했습니다. 약관 무렵, 그가 친구들과 함께 여러 곳을 다니면서 유람하다가 냐그로다 나무 아래 이르러 세존의 서른두 가지 거룩한 모습과 여든 가지 뛰어난 몸매로부터 마치 천 개 해의 빛 같은 광명이 뻗침을 보고는, 곧 기쁜 마음을 내어 엎드려 예배하고 한쪽에 물러나 앉았습니다. 세존께서 그를 위해 네 가지 진리를 말씀해 주시자, 마음과 뜻이 열려 스로타판나 되고, 집에 돌아가자마자 출가하여 스님이 되고 싶으니, 허락해 주십사고 간청했습니다.

부모는 그를 사랑하기 때문에 허락하지 않을 수 없었고, 그는 곧 부처님 처소에 가서 스님이 되기를 원하므로, 부처님께서 이렇게 말씀하셨습니다.

"잘 왔구나! 비구야."

머리털이 저절로 깎이고 법복이 몸에 입혀져 곧 스님이 되어, 부지런히 수행하여 아라한이 되고, 삼명과 육신통과 팔해탈을 구족함으로써 모든 천상 사람들과 세간 사람들이 다 우러러 존경했습니다.

여러 비구들이 이 사실을 알고 부처님께 사뢰었습니다.

"세존이시여, 이 전단향 비구는 전생에 무슨 복을 심어 출생할 때부터 곧 향내를 내게 되었으며, 또 부처님을 만나 출가하여 도를 얻게 되었습니까?"

"비구들아, 내가 지금 분별하여 말할 테니, 너희들은 자세히 들어라.

과거 구십일 겁 전에 비바시 부처님이 바라나시에 출현하셔서, 두루 교화를 마치시고 열반에 드셨다. 그 때 반두말제槃頭末帝란 국왕이 비바시 부처님의 사리를 거두어 보배 탑 네 기를 세우고, 신하와 왕후와 궁녀들을 데리고 탑 속에 들어가 향과 꽃으로써 공양을 올리다가 탑을 잘못 밟아 한 구석이 허물어졌다. 어떤 장자가 탑이 허물어진 곳을 발견하고, 곧 진흙을 개어 수리하고 그 위에 전단향을 뿌린 다음 발원하고 갔다. 그 공덕으로써 구십일 겁 동안 나쁜 갈래에 떨어지지 않고 항상 하늘 사람과 사람으로 태어나 몸과 입으로 향내를 내면서 하늘의 쾌락을 받았고, 지금도 몸과 입에 여전히 향내가 나고, 나를 만나 출가하여 도를 얻게 된 것이다.

비구들아, 알아라. 그 당시 탑이 허물어진 자리에 전단향을 뿌린 장자가 바로 지금의 전단향 비구니라."

그 때 여러 비구들은 부처님의 말씀을 듣고 다 기뻐하며 마음에 새기고 실천했습니다.

꽃다발에 먼지를 턴 공덕

부처님께서 카필라-바스투의 냐그로다 나무 아래 계시던 어느 때, 그 성중에 한량없고 헤아릴 수 없는 재산을 가진 장자가 어떤 문별 좋은 집의 딸을 아내로 맞이해 갖가지 음악을 즐기며 행복스럽게 살더니, 그 아내가 임신하여 열 달 만에 한 남자아이를 낳으니, 아이의 몸매가 매우 부드럽고 얼굴빛이 윤택할뿐더러 그 단정하고 아름다움이 세간에 짝할 이가 없었습니다. 부모와 친척들이 아이를 보고 모두 기뻐하며 이름을 위덕威德이라 했습니다.

아이가 점차 자랄수록 남을 사랑하고 온순하면서도 통솔력이 뛰어났으므로 보는 이마다 사랑하고 존경하며, 이웃이나 멀리 있는 이들이 다 믿고 복종했습니다. 약관 무렵, 친구들과 함께 다니며 유람하던 도중, 냐그로다 나무 아래 이르러 세존의 서른두 가지 거룩한 모습과 여든 가지 뛰어난 몸매로부터 마치 천 개 해의 빛 같은 광명이 비춤을 보고는, 곧 기쁜 마음을 내어 엎드려 예배하고 물러나 한 쪽에 앉았습니다. 세존께서 그를 위해 네 가지 진리를 말씀해 주시자, 마음과 뜻이 열려 스로타판나가 되더니, 집에 돌아가 부처님께 출가하여 제자가 되고 싶으니 허락해 달라고 간청했습니다.

부모는 아들을 사랑하므로 허락하지 않을 수 없었고, 허락을 받은 그는 곧 부처님 처소에 나아가 출가를 소원하므로, 부처님께서 이렇게 말씀하셨습니다.

"잘 왔구나! 비구야."

그의 머리털이 저절로 깎이고 법복이 몸에 입혀져 곧 스님이 되어, 부지런히 수행하여 아라한이 되니 삼명과 육신통과 팔해탈을 구족함으로써 모든 천상 사람과 세간 사람들이 다 우러러 존경했습니다.

여러 비구들이 이 사실을 알고 부처님께 사뢰었습니다.

"세존이시여, 이 위덕 비구는 전생에 무슨 복을 심었기 때문에 몸매가 부드럽고 낯빛이 깨끗해 뭇 사람들의 존경을 받으며, 또 무슨 인연으로써 세존을 만나 출가해 아라한이 되었나이까?"

"비구들아, 내가 이제 분별하여 말할 테니, 너희들은 잘 들어라.

과거 구십일 겁 전, 비바시 부처님이 이 바라나시에 출현하서서 두루 교화를 마치신 뒤, 열반에 드셨다. 그 당시 반두말제란 국왕이 그 사리를 거두어 높이가 일 유순이나 되는 보배탑 네 기를 세우고 공양을 올렸는데, 어떤 사람이 길을 가다가 그 탑 탁자에 먼지가 묻어 시들어 가는 꽃이 있는 것을 발견하고, 먼지를 털고 꽃병에 물을 갈아 깨끗이 해 둔 다음 발원하고 갔다. 그 공덕으로써 구십일 겁 동안 지옥 · 아귀 · 축생 따위의 나쁜 갈래에 떨어지지 않고, 항상 하늘 사람과 사람으로 태어나 얼굴빛이 빛나고 큰 위덕을 갖추어 하늘의 쾌락을 받았고, 지금도 나를 만나 위덕을 지닌 그대로 출가하여 아라한이 되었느니라.

비구들아, 알아라. 그 당시 시들어진 꽃에 먼지를 털어 깨끗이 한 사람이 바로 지금 이 위덕 비구니라."

그 때 여러 비구들은 부처님의 말씀을 듣고 다 기뻐하며 마음에 새기고 실천했습니다.

역사가 된 사연

부처님께서 카필라-바스투의 냐그로다 나무 아래 계시던 어느 때, 그 성중에 한량없고 헤아릴 수 없는 재산을 가진 장자가 어떤 좋은 집안의 딸을 아내로 맞이하여 항상 음악을 즐기며 행복하게 살더니, 아내가 임신하여 열 달 만에 아들을 낳았는데, 아들의 뼈마디와 온 몸이 굵어 굳센 힘이 있으므로, 부모가 그 아이를 보고 이름을 대력大力이라 지었습니다. 차츰 성장할수록 더욱 건강하고 힘이 있어 따를 자가 없던 무렵에 아이가 친구들과 함께 유람 도중에 냐그로다 나무 아래에 이르러 세존의 서른두 가지 거룩한 모습과 여든 가지 뛰어난 몸매로부터 마치 천 개 해의 빛 같은 광명이 비침을 보고, 곧 기쁜 마음을 내어 엎드려 예배하고 물러나 앉았습니다. 부처님께서 그를 위해 네 가지 진리를 가르쳐 주시니, 마음과 뜻이 열려 바로 스로타판나가 되었고, 집에 돌아가 즉시 부모에게 출가 수도할 뜻을 밝히고 허락해 줄 것을 간청했습니다.

부모는 아들을 사랑하므로 허락하지 않을 수 없었고, 그는

곧 부처님 처소에 나아가 출가하기를 소원하자, 부처님께서 이렇게 말씀하셨습니다.

"잘 왔구나! 비구야."

머리털이 저절로 깎이고 법복이 몸에 입혀져 곧 스님이 되어 부지런히 수행하여 아라한이 되고, 삼명과 육신통과 팔해탈을 구족함으로써 하늘 사람과 사람들에게 존경을 받게 되었습니다. 여러 비구들이 이 사실을 알고 부처님께 사뢰었습니다.

"세존이시여, 대력 비구는 전생에 무슨 복을 심었기 때문에 큰 힘을 지닌 몸으로 태어나서 대적할 이 없을 만큼 용맹하고 건장했으며, 또 지금 무슨 인연으로써 부처님을 만나 출가해 아라한이 되었나이까?"

"비구들아, 내가 지금 분별하여 말할 테니 너희들은 자세히 들어라.

과거 구십일 겁 전, 비바시 부처님이 바라나시에 출현하셔서 두루 교화를 마치고 열반에 드셨다. 그 당시 반두말제란 국왕이 사리를 거두어 네 기의 보배 탑을 세우는데, 그 옆에 있던 한 사람이 큰 소리로 뭇 사람들을 불러서 힘을 모아 탑의 문설주를 세운 다음 발원하고 떠나갔다. 이 공덕으로써 구십일 겁 동안 지옥 · 축생 · 아귀 갈래에 떨어지지 않고, 항상 하늘 사람과 인간 세상의 사람으로서 큰 힘이 있는 몸으로 태어나 하늘의 쾌락을 받았고, 지금도 나를 만나 큰 힘을 지닌 그대로 출가 득도하게 되었다.

비구들아, 알아라. 그 당시 뭇 사람들을 불러 탑의 문설주를 세운 그 사람이 바로 지금의 이 대력 비구니라."

그 때 여러 비구들은 부처님의 말씀을 듣고 다 기쁜 마음을 마음에 새기고 실천했습니다.

모두가 공경하다

부처님께서 카필라-바스투의 냐그로다 나무 아래 계시던 어느 때, 그 성중에 한량없고 헤아릴 수 없는 재산을 가진 장자가 어떤 문벌 좋은 집안의 딸을 아내로 맞이하여 갖가지 음악을 즐기며 행복하게 살더니, 아내가 임신하여 열 달 만에 아들을 낳았습니다. 아이의 얼굴이 단정하고 뛰어나게 아름다워 보는 이가 다 존중했습니다. 아이가 차츰 성장하여 여러 친구들과 함께 유람하던 도중 냐그로다 나무 아래 이르러 부처님 세존의 서른두 가지 모습과 여든 가지 뛰어난 몸매로부터 마치 천 개 해의 빛 같은 광명이 비춤을 보고, 곧 기쁜 마음을 내어 엎드려 예배하고 물러나 한 쪽에 앉았습니다.

부처님께서 그를 위해 네 가지 진리를 말씀하시니, 마음과 뜻이 열려 스로타판나가 되고, 집에 돌아가 출가 수도할 뜻을 밝히면서 그 부모에게 허락해 줄 것을 간청했습니다. 부모는 아이를 사랑하므로 그 간청을 들어주지 않을 수 없었고, 아이는 곧 부처님 처소에 나아가 출가하기를 소원했으며, 부처님께서는 그를 이렇게 칭찬하며 제자를 삼으셨습니다.

"잘 왔구나! 비구야."

머리털이 저절로 깎이고 법복이 몸에 입혀져 곧 스님이 되어 부지런히 수행해 아라한이 되고 삼명과 육신통과 팔해탈을 구족함으로써 하늘 사람들과 이 세상 사람들에게 존경을 받았습니다.

여러 비구들이 이 사실을 알고 부처님께 사뢰었습니다.

"세존이시여, 지금 여러 사람들에게 존경을 받는 저 비구는 전생에 무슨 복을 심었기 때문에 단정 미묘한 몸으로 태어나 보는 이가 다 우러러 칭찬하며, 또 무슨 인연으로써 부처님을 만나 출가하여 아라한이 되었나이까?"

"비구들아, 내가 이제 분별하여 말할 테니 자세히 들어라.

과거 구십일 겁 전, 비바시 부처님께서 바라나시에 출현하셔서 두루 교화를 마치시고 열반에 드셨다. 그 때 반두말제란 국왕이 그 사리를 거두어 네 기의 보배 탑을 세워 공양을 올렸다. 그 뒤 어떤 아이가 탑 속에 들어갔다가 그 탑의 한 구석이 조금 허물어진 곳을 보고 매우 기뻐하는 얼굴 표정으로 곧 여러 사람들을 불러 함께 그 허물어진 데를 수리한 다음 발원하고 갔다. 그 공덕으로서 그 사람은 구십일 겁 동안 지옥 · 축생 · 아귀에 떨어지지 않고, 항상 하늘 사람과 인간 세상의 사람으로 태어나 무한한 쾌락을 누리며 뭇 사람과 하늘 사람들의 존경을 받아왔고, 지금도 여러 사람에게 존경을 받다가 나를 만나 출가하여 도를 얻었다.

비구들아, 알아라. 그 당시 여러 사람들을 불러 탑의 허물어진 곳을 수리한 이가 바로 지금 뭇 사람들의 존경을 받는 이 비구니라."

여러 비구들은 부처님의 말씀을 듣고 다 기뻐하며 마음에 새기고 실천했습니다.

사람을 따라다닌 보배 양산

부처님께서 카필라-바스투의 냐그로다 나무 아래 계시던 어느 때, 그 성중에 한량없고 헤아릴 수 없는 재보를 지닌 장자가 문벌 좋은 집안의 딸을 아내로 맞이하여 온갖 음악을 즐기며 행복하게 살더니, 그 아내가 임신하여 열 달 만에 아들을 낳으니, 그 용모가 세간에서 보기 드물 만큼 단정할뿐더러 출생할 때부터 자연히 보배 양산이 이마 위에 있어 온 성중을 두루 덮으니, 부모가 매우 기뻐하며 아이의 이름을 보개寶蓋라 했습니다. 그 아이가 차츰 성장해 친구들과 함께 성문을 나가 유람하던 도중, 냐그로다 나무 아래에 이르러 세존의 서른두 가지 모습과 여든 가지 뛰어난 몸매로부터 마치 천 개 해의 빛 같은 광명이 뻗침을 보고는, 곧 기쁜 마음을 내고, 부처님 앞에 엎드려 예배하고 즉시에 출가하기를 소원하니, 부처님께서 곧 이렇게 말씀하셨습니다.

"잘 왔구나! 비구야."

머리털이 저절로 깎이고 법복이 몸에 입혀져 이내 스님이 되어 부지런히 수행하여 아라한이 되었습니다. 그때 다른 여러 비구들이 이 사실을 알고 전에 없었던 일이라고 이상히 여기며 부처님께 사뢰었습니다.

"저 보개 비구는 전생에 무슨 복을 심었기 때문에 처음 태어날 때 자연히 보배 양산이 이마 위에 있어 온 성중을 두루 덮었으며, 또 지금 무슨 인연으로써 부처님을 뵙고 출가한지 오래지 않아 아라한이 되었나이까?"

"비구들아, 지금 분별하여 말할 테니 너희들은 자세히 들어라.

과거 구십일 겁 전에 비바시 부처님이 이 바라나시에 출현하셔서 두루 교화를 마치시고 열반에 드셨다. 그 때 반두말제란 국왕이 그 사리를 거두어 높이 일 유순이나 되는 보배 탑네 기를 세우고 공양을 올렸다. 그 때 어떤 큰 장사꾼이 바다에 들어가 보물을 채취해 무사히 돌아와서 보배 구슬을 탑 위에 얹어 둔 다음 발원하고 갔다. 그 공덕으로써 그는 구십일 겁 동안 나쁜 갈래에 떨어지지 않고 항상 하늘 사람과 인간의 세상에 사람으로 태어났고, 보배 양산이 따라 다니게 되었으며, 지금도 나를 만나 출가하여 아라한이 되었느니라.

비구들아, 알아라. 그 당시 보배 구슬로써 탑 위에 놓아두고

간 큰 장사꾼이 바로 지금의 이 보개 비구니라."

그 때 여러 비구들은 부처님의 말씀을 듣고 다 기뻐하며 마음에 새기고 실천했습니다.

천부적인 목소리

부처님께서 카필라-바스투의 냐그로다 나무 아래 계시던 어느 때, 그 성중에 한량없고 헤아릴 수 없는 재산을 가진 장자가 어떤 문벌 좋은 집의 딸을 아내로 맞이하여 온갖 음악을 즐기며 행복하게 살더니, 그 아내가 임신하여 열 달 만에 아들을 낳으니, 아이의 용모가 세간에 보기 드물 만큼 단정하고 아름다웠습니다. 차츰 성장하자 음성이 좋아서 듣는 이는 누구를 막론하고 매료되었습니다. 어느 때 여러 친구들과 함께 성문을 나가 유희하다가 냐그로다 나무 아래 이르러 세존의 서른두 가지 거룩한 모습과 여든 가지 뛰어난 몸매로부터 마치 천 개 해의 빛 같은 광명이 뻗침을 보고, 곧 기쁜 마음을 내고, 부처님 앞에 엎드려 예배한 다음 한쪽에 물러나 앉았습니다. 부처님께서 곧 네 가지 진리를 가르쳐 주시자, 마음과 뜻이 열려 스로타판나다 되고, 집에 돌아가 그 부모에게 출가할 뜻을 밝히고 하직 인사를 드렸습니다. 그 부모는 아들을 사랑하는 마음이 깊어 굳이 만류하지 않았으며, 그는 곧 부처님 처소에 나아가 출가하기를 소원하니, 부처님께서 이렇게 말씀하셨습니다.

"잘 왔구나! 비구야."

저절로 머리카락이 깎이고 법복이 몸에 입혀져 곧 스님이 되더니, 부지런히 수행해 아라한이 되고, 삼명과 육신통과 팔해탈을 구족하여 하늘 사람과 세상 사람들에게 존경을 받았습니다.

여러 비구들이 이 사실을 알고 부처님께 사뢰었습니다.

"세존이시여, 저 묘성妙聲 비구는 전생의 무슨 복을 심어 저렇게 아름다운 음성을 내게 되었으며, 또 무슨 인연으로 이제 부처님을 만나 출가하여 아라한이 되었습니까?"

"비구들아, 내가 지금 분별하여 말할 테니 너희들은 자세히 들어라.

과거 구십일 겁 전, 비바시 부처님이 이 바라나시에 출현하셔서 두루 교화를 마치고 열반에 드셨다. 그 때 반두말제라는 국왕이 사리를 거두어 높이가 일 유순이나 되는 네 기의 보배탑을 세우고 공양을 올렸다. 어떤 사람이 이 탑을 보고 곧 기쁜 마음을 내어 축하하는 노래를 불러 공양을 올린 다음, 그 자리에서 발원하고 갔다. 그 공덕으로써 그 사람은 구십일 겁 동안 지옥 · 아귀 · 축생에 떨어지지 않고, 항상 하늘 사람과 이 세상 사람으로 태어나서 미묘한 음성을 내어 듣는 이로 하여금 다 즐겁게 했으며, 역시 매혹적인 음성을 지닌 그대로 지금 나를 만나 출가하여 도를 얻었느니라."

그 때 여러 비구들은 부처님의 말씀을 듣고 다 기뻐하며 마음에 새기고 실천했습니다.

100명의 쌍둥이

부처님께서 카필라-바스투의 냐그로다 나무 아래 계시던 어느 때, 그 성중에 한량없는 재산을 가진 장자가 어떤 문벌 좋은 집안의 딸을 아내로 맞이하여 온갖 음악을 즐기며 행복하게 살더니, 그 아내가 임신하여 열 달 만에 큰 살코기 덩어리 하나를 낳았습니다. 저 장자가 이것을 보고 상서롭지 못한 일로 생각하여 근심한 나머지, 부처님 처소에 나아가 엎드려 예배하고 꿇어앉아 사뢰었습니다.

"세존이시여, 저의 아내가 임신하여 달이 차 몸을 풀었는데, 큰 살코기 덩어리 하나를 낳았습니다. 이것이 좋은 일인지 나쁜 일인지를 알 수 없사오니, 세존께서 한 말씀 일러 주시옵소서."

"장자님. 이상하게 여기지 마시오. 잘 간수만 한다면, 칠 일을 지난 뒤. 그대 스스로가 보게 되리라."

장자가 이 말을 듣고, 매우 기뻐서 집에 돌아와 가족들에게 잘 간수하도록 명령했습니다. 과연 칠 일 만에 그 살코기에서 아들 백 명이 몰려나오는데, 모두가 이 세상에서 보기 드물 만큼 단정하고 아름다웠습니다. 나이가 들어 차츰 성장하더니 한꺼번에 성문을 나가 유람하던 중, 냐그로다 나무 아래 이르러 세존의 서른두 가지 거룩한 모습과 여든 가지 뛰어난 몸매로부터 마치 천 개 해의 빛 같은 광명이 뻗침을 보고, 모두 기쁜 마음을 내어 부처님 앞에 엎드려 예배하고 한쪽에 물러나 앉았습니다. 부처님께서 곧 네 가지 진리를 가르쳐 주시니, 마음과 뜻이 열려 동시에 모두 스로타판나가 되더니, 부처님께 출가 수도할 것을 소원했으나, 그러나 부처님께서는 그들에게 타이르셨습니다.

"부모님의 허락이 없이는 출가할 수 없느니라."

이 말씀을 들은 청년들은 집에 돌아가 부모에게 출가할 뜻을 밝히고 허락을 간청하자, 그 부모 역시 아이들을 사랑하는 마음에서 굳이 만류할 수 없었습니다. 이에 청년들은 다시 부처님 처소에 이르러 제자로 삼아 줄 것을 소원하니, 부처님께서 곧 청년들에게 이렇게 말씀하셨습니다.

"잘 왔구나! 비구들아."

저절로 머리카락이 깎이고 법복이 몸에 입혀져 곧 스님이 되어, 부지런히 수행하여 아라한이 되어 삼명과 육신통과 팔해탈을 구족함으로써 하늘 사람들과 세상 사람들에게 존경을 받았습니다. 그 때 다른 여러 비구들이 이 사실을 알고 나서 부처님께 사뢰었습니다.

"세존이시여, 이 한 번에 출생한 백 비구는 전생에 무슨 복을 심었기 때문에 백 명의 형제가 다 같이 단정 미묘한 몸으로 태어나 뭇 사람들의 존경을 받았으며, 또 지금 무슨 인연으로써 부처님을 만나 출가하여 아라한이 되었습니까?"

"비구들아, 내가 이제 너희들을 위해 분별하여 말할 테니 자세히 들어라.

과거 구십일 겁 전, 이 바라나시에 비바시 부처님이 출현하셔서 두루 교화를 마치시고 열반에 드셨다. 그 때 반두말제란 국왕이 사리를 거두어 높이가 일 유순인 네 기의 보배 탑을 세우고 공양을 올렸는데, 어느 고을에 있던 백 사람이 기악을 베풀고 꽃과 향을 가져와서 탑에 공양을 올리고 각각 서원을 세웠다.

'원컨대 이 공양 올린 선근과 공덕으로써 저희들이 미래 세상에 태어나는 곳마다 함께 형제의 몸이 되게 하여지이다.'

비구들아, 알아라. 그 당시 같은 고을 사람으로서 발원하고 떠나간 이들이 바로 지금 이 백 비구다. 그들이 과연 서원의 힘으로써 구십일 겁 동안 지옥 · 축생 · 아귀에 떨어지지 않고, 항상 천상과 인간에 같이 태어나 하늘 쾌락을 받아왔으며, 지금 또 다시 같은 형제로 태어나 출가하여 도를 얻게 된 것이니라."

그 때 여러 비구들은 부처님의 말씀을 듣고 다 기쁜 마음을 내고 마음에 새기고 실천했습니다.

이마 위의 여의주

부처님께서 카필라-바스투의 냐그로다 나무 아래 계시던 어느 때, 그 성중에 한량없고 헤아릴 수 없는 재산을 가진 장자가 어떤 문벌 좋은 집안의 딸을 아내로 맞이하여 항상 음악을 즐기며 행복한 나날을 보내더니, 그 아내가 임신하여 열 달 만에 아들을 낳으니, 아이의 용모가 단정하고 아름다워 세간에 드물었고, 저절로 그 머리 위에 여의주가 얹혀 있어 부모들이 이것을 보고 아이의 이름을 보주寶珠라 했습니다. 아이가 차츰 성장하여 여러 친구들과 함께 성문을 나가서 유람하다가 냐그로다 나무 아래 이르러 세존의 서른두 가지 거룩한 모습과 여든 가지 뛰어난 몸매에서 마치 천 개 해의 빛 같은 광명이 뻗침을 보고, 곧 기쁜 마음을 내어 부처님 앞에 엎드려 예배한 다음 한쪽에 물러나 앉아, 부처님의 설법을 듣고 마음과 뜻이 열려 스로타판나가 되고, 집에 돌아가 그 부모에게 출가할 뜻을 밝히고 허락을 간청했습니다. 부모 역시 아이들을 사랑하는 마음으로 굳이 만류하지 않았습니다. 그는 곧 부처님 처소에 나아가 출가 제자가 되기를 소원하니, 부처님께서 그에게 이렇게 말씀하셨습니다.

"잘 왔구나! 비구야."

저절로 머리카락이 깎이고 법복이 입혀져 곧 스님이 되니, 부지런히 도를 닦고 익혀 아라한이 되고, 삼명과 육신통과 팔해탈을 구족하여 하늘 사람들과 세상의 사람들에게 존경을 받으면서 옷을 입고 바루를 들고 성중에 들어가 걸식하는데, 그 보배 구슬이 항상 이마 위에 있어 온 성중 사람들이 이상하게 보고 서로 모여들므로, 보주寶珠 비구는 이것을 매우 부끄럽게 여기고 처소에 돌아와 부처님께 사뢰었습니다.

"세존이시여, 제가 성중에 들어가 걸식할 때 이 머리 위에 있는 보배 구슬 때문에 뭇 사람들의 비웃음을 받았으니, 원컨대 세존께서 이 구슬을 제거해 주옵소서."

"비구야, 네가 구슬에게 '나는 이제 다시 세간에 태어나지 않을 터이니 다시는 네가 필요 없다.'라고 이렇게 세 번 말하면, 그 구슬이 저절로 사라질 것이다."

이에 보주 비구가 부처님의 분부를 받은 그대로 구슬에게 세 번 말하자, 과연 보배 구슬이 홀연히 자취를 감추었습니다. 다른 여러 비구들이 이 사실을 알고 나서 부처님께 사뢰었습니다.

"세존이시여, 저 보주 비구는 전생에 무슨 복을 심었기 때문에 그가 태어날 때부터 광명이 해나 달보다도 더 빛나는 보배 구슬이 이마 위에 있었으며, 또 무슨 인연으로써 지금 세존을 만나 출가해 아라한이 되었나이까?"

"비구들아, 내가 이제 분별하여 말할 테니 너희들은 자세히 들어라.

과거 구십일 겁 전에 이 바라나시에 비바시 부처님이 출현하셔서 두루 교화를 마치시고 열반에 드셨다. 그 당시 반두말제란 국왕이 사리를 거두어 높이가 일 유순이나 되는 네 기의 보배 탑을 세우고 공양을 올렸다. 그때 왕자가 그 탑 속에 들어가 지니고 다니던 마니주 하나를 탑의 문설주 위에 걸어 두고 예배드리고 공양을 올린 다음 발원하고 떠났다. 그 공덕으로써 그는 구십일 겁 동안 지옥 · 아귀 · 축생에 떨어지지 않고, 항상 그 보배 구슬이 이마 위에 있는 채, 하늘과 이 세상에 사람으로 태어나 하늘의 쾌락을 받았으며, 지금도 보배 구슬이 있는 그대로 나를 만나 출가 득도하게 된 것이다.

비구들아, 알아라. 그 당시 왕자가 바로 지금의 이 보주 비구니라."

그 때 여러 비구들은 부처님의 말씀을 듣고 다 기뻐하며 마음에 새기고 실천했습니다.

하늘이 준 깃발

부처님께서 카필라-바스투의 냐그로다 나무 아래 계시던 어느 때, 그 성중에 한량없고 헤아릴 수 없는 재산을 가진 장자가 어떤 문벌 좋은 집안의 딸을 아내로 맞이하여 온갖 음악을 즐기며 행복하게 살더니 그 아내가 임신하여 열 달 만에 아들을 낳았습니다. 아이의 용모가 남보다 뛰어나게 단정하고 아름다웠고 처음 출생하던 날 허공으로부터 큰 깃발이 내려와 온 성중을 두루 덮으므로, 사람들이 아이의 이름을 깃발이라 불렀습니다. 아이가 성장했을 무렵, 여러 친구들과 함께 성문을 나가서 유람하다가 냐그로다 나무 아래 이르러 세존의 서른두 가지 거룩한 모습과 여든 가지 뛰어난 몸매에서 마치 천 개 해의 빛 같은 광명이 뻗침을 보고, 곧 기쁜 마음을 내어 부처님 앞에 엎드려 예배한 다음 한쪽에 물러나 앉으니, 부처님께서 네 가지 진리를 가르쳐 주시자, 마음과 뜻이 열려 스로타판나가 되고, 집에 돌아가 그 부모에게 출가할 뜻을 밝히고 허락을 간청하자 부모는 사랑하는 마음에서 만류하지 않았습니다. 그는 곧 부처님 처소에 나아가 출가하기를 소원했고, 부처님께서 이렇게 말씀하셨습니다.

"잘 왔구나! 비구야."

머리털이 저절로 깎이고 법복이 몸에 입혀져 곧 스님이 되어, 부지런히 도를 닦고 익혀 아라한과를 얻고 삼명과 육신통과 팔해탈을 구족하여 모든 하늘 사람과 세간 사람들에게 존경을 받았는데, 다른 여러 비구들이 이 사실을 알고 나서 부처님께 사뢰었습니다.

"세존이시여, 저 깃발 비구는 전생에 무슨 복을 심었기 때문에 남달리 단정하고 아름답게 태어났으며, 허공에서 큰 깃발이 내려와 온 성중을 두루 덮고 또 부처님을 만나서 출가하여 도를 얻게 되었나이까?"

"비구들아, 내가 이제 분별하여 말할 테니 너희들은 자세히 들어라.

과거 구십일 겁 전에 비바시 부처님이 이 바라나시에 출현하셔서 두루 교화를 마치시고 열반에 드셨다. 그 때 반두말제란 국왕이 사리를 거두어 높이가 일 유순이나 되는 네 기의 보배 탑을 세우고 공양을 올렸다. 어떤 사람이 큰 모임을 베풀어 공양을 마치고, 긴 깃발 하나를 그 탑 위에 달아 둔 다음 발원하고 갔다. 그 공덕으로써 그 사람은 구십일 겁 동안 지옥·아귀·축생에 떨어지지 않고, 천상과 인간 세상에 태어날 적마다 항상 깃발이 머리 위를 덮은 채 하늘의 쾌락을 받았고, 지금도 나를 만나 출가하여 도를 얻었느니라.

비구들아, 알아라. 그 당시 탑 위에 깃발을 매달아 둔 사람이 바로 지금의 이 깃발 비구니라."

여러 비구들은 부처님의 말씀을 듣고 다 기쁜 마음을 내며 마음에 새기고 실천했습니다.

비구니품

比丘尼品

8권

보주寶珠 비구니의 출생

부처님께서 슈라바스티에 있는 기타 숲 외로운 이 돕는 절에 계실 때, 그 성중에 한량없고 헤아릴 수 없는 재산을 가진 선현善賢이란 장자가 어떤 문벌 좋은 집의 딸을 아내로 맞이하여 온갖 음악을 즐기며 행복하게 살더니, 그 아내가 임신하여 열 달 만에 딸을 낳았는데, 아이가 이 세간에서는 보기 드물 만큼 단정하며 아름다웠고, 그 정수리에 저절로 보배 구슬 하나가 있어, 광명이 온 성중을 비추었습니다. 그 부모가 기뻐하며 이름을 보주寶珠라 했습니다. 차츰 성장하면서 성품이 유순 한데다가 보시하기를 좋아하여 누구라도 그 보배 구슬을 요구하는 이가 있을 때엔 곧 서슴지 않고 보시했고, 보시한 뒤에 그 보배 구슬이 도로 돋아나니 부모들이 매우 기뻐했습니다. 부모가 데리고 부처님 처소에 가니 딸이 부처님을 뵙고는 기쁜 마음을 내어 출가하기를 원하므로 부처님께서 곧 이렇게 말씀하셨습니다.

"잘 왔구나! 비구니야."

저절로 머리카락이 깎이고 법복이 몸에 입혀져 이내 여자 스님이 되었고, 부지런히 도를 닦고 익혀 아라한과를 얻고 삼명과 육신통과 팔해탈을 구족하여 모든 천상 사람과 세간 사람들로부터 존경을 받았는데, 다른 여러 비구들이 이 사실을 알고 부처님께 사뢰었습니다.

"저 보주 비구니는 전생에 무슨 복을 심었기 때문에 출생할 때 보배 구슬이 그 정수리에 있었으며, 또 무슨 인연으로써 지금 부처님을 만나 도를 얻게 되었습니까?"

"비구들아, 내가 이제 너희들을 위해 분별하여 말할 테니 자세히 들어라.

과거 구십일 겁 이전에 이 바라나시에 비바시 부처님이 출현하셔서 두루 교화를 마치시고 열반에 드셨다. 그 때 범마달다라는 국왕이 사리를 거두어 네 기의 보배 탑을 세우고 공양을 올렸다. 어떤 사람이 이 탑 속에 들어가 보배 구슬을 문설주에 걸어 두고서 발원하고 떠났다. 그 공덕으로써 구십일 겁 동안 나쁜 갈래에 떨어지지 않고 항상 보배 구슬과 함께 천상이나 인간에 태어나 하늘의 쾌락을 받았으며, 지금 나를 만나서 출가하여 도를 얻게 된 것이니라."

그 때 여러 비구들은 부처님의 말씀을 듣고 다 기뻐하며 마음에 새기고 실천했습니다.

음식을 달고 다닌 선애 비구니

부처님께서 라자그리하에 있는 칼란다카 대숲 절에 계시던 어느 때, 그 성중에 한량없고 헤아릴 수 없는 재산을 가진 수가修伽라는 장자가 있었습니다. 그가 어떤 문벌 좋은 집의 딸을 아내로 맞이하여 항상 음악을 즐기며 행복하게 살더니 그 아내가 임신하여 열 달 만에 딸을 낳았다. 아이가 출생한 즉시 곧 말을 하게 되고 그 집에 갖가지 맛난 음식이 자연히 다 갖추어지자, 부모가 그것을 보고 '이 아이는 사람이 아닌 바이샤 귀신일 것이다.' 하고 모두가 가까이하지 않았는데, 이러한 기색을 알아챈 딸아이는 곧 합장하고 그 어머니를 향해 다음의 시를 읊었습니다.

원컨대 어머니께서
저의 말을 들으시오.
이제 사실대로 말하자면
바이샤 귀신이 아니고

그 어떤 귀신도 아닙니다.

제가 사실 사람으로서
착한 업의 인연 때문에
그 선업이 항상 따라다녀
이제 이러한 과보를 받습니다.

그 때 부모가 딸아이의 시를 듣고, 기쁨을 주체하지 못했습니다. 아이를 거둬 안고 젖을 주어 기르며 아이의 이름을 선애善愛라 했고, 아이는 부모가 기뻐함을 보고 다시 합장하고 말했습니다.

"원컨대 저를 위해 부처님과 비구 스님들을 초청해 공양을 올리십시오."

아이의 뜻을 따라 부처님과 스님들을 초청하니, 갖가지 맛난 음식이 저절로 모두 다 넉넉해졌고, 공양을 마치신 부처님 앞에 나아가 간절히 설법 듣기를 소원하자, 부처님께서 그를 위해 곧 네 가지 진리를 가르쳐 주시니, 마음과 뜻이 열려 스로타판나가 되었고, 나이가 들어 차츰 성장하더니, 부모에게 출가할 뜻을 밝히며 허락을 원했습니다. 부모는 아이를 사랑하므로 굳이 만류하지 않았고, 아이가 바로 곧 부처님 처소에 나아가 출가하기를 소원하자 부처님께서 이렇게 말씀하셨습니다.

"잘 왔구나! 비구니야."

저절로 머리카락이 깎이고 법복이 몸에 입혀져 곧 여자 스님이 되어 부지런히 도를 닦고 익혀 아라한으로서 삼명과 육신통과 팔해탈을 구족하여 온 천상 사람과 세상 사람들의 존경을 받았습니다. 그 때 세존께서 천이백오십 비구들을 거느리고 다른 나라로 가시는 도중, 어느 넓은 벌판에 이르러 식사 때가 되자, 부처님께서 자기의 바루를 선애 비구니에게 주시며 분부하셨습니다.

"네가 지금 음식을 베풀어 나와 이 비구들이 공양하게 하여라."

곧 부처님의 바루를 받아서 허공에 던지니 갖가지 맛난 음식이 자연히 가득 찼고, 이와 같이 차례차례 천이백오십 비구의 바루를 다 그렇게 하니, 음식이 모두 가득차서 다 풍족했습니다.

아난다가 이 사실을 보고 전에 없었던 일이라 감탄하며, 곧 부처님 앞에 나아가 사뢰었습니다.

"선애 비구니는 전생에 무슨 복을 심어 그가 생각만 하면 갖가지 맛난 음식이 곧 자연이 이르게 되는, 이 기특하고도 미묘한 일이 있게 되었으며, 또 부처님을 만나서 출가해 도를 얻게 되었습니까?"

"아난다야, 내가 이제 너희들을 위해 분별하여 말할 테니 자세히 들어라.

이 현겁에 카샤파 부처님이 바라나시에 출현하셔서 옷을 입고 바루를 들고 여러 비구들과 함께 성에 들어가 걸식하기 시작하여 어느 장자의 집에 도착하셨다. 마침 그 장자의 집에서 손님을 초청하려고 많은 음식을 준비해 두었으나 손님이 아직 도착하지 않았던 때였는데, 어떤 여자 종이 문밖에 걸식하려고 서 계시는 부처님과 스님들을 보고 그 상전의 허락도 없이 음식을 가져와 부처님과 스님들께 보시했다. 그 뒤 초청했던 손님이 오게 되어 장자가 여자 종에게 준비해 둔 음식을 가져오도록 명령하자 여자 종은 이렇게 대답했다.

'주인 어르신. 이제 막 부처님과 스님들이 걸식하러 문밖에서 계시기에 제가 준비해 둔 음식을 다 보시했습니다.'

주인이 이 말을 듣고는 매우 기뻐하면서 여종에게 말했다.

'우리들이 이제 복 밭을 만났는데, 네가 그 음식을 가지고

보시했다니 상쾌한 마음 금할 수 없구나. 이제부터 너를 해방시켜 하고 싶은 일을 마음대로 하게 하겠다.'

여자 종은 다시 말했다.

'기왕 주인께서 저를 해방시켜 주시려면 출가의 길을 허락해 주시옵소서.'

이에 장자는 곧 그의 요구대로 허락했고, 여자 종은 그 때부터 비구니가 되어 만세 동안 끊임없이 정진함으로써, 목숨이 끝나자 나쁜 갈래에 떨어지지 않고, 항상 천상이나 인간 세상에 태어나 모든 맛난 음식이 생각만 하면 다 저절로 이르렀느니라.

비구들아, 알아라. 그 당시 계집종으로서 비구니가 된 여인이 바로 지금의 선애 비구니다. 오랫동안 그렇게 정진하며 계율을 지켰기 때문에 지금 나를 만나서 출가 득도하게 된 것이니라."

그 때 여러 비구들은 부처님의 말씀을 듣고 다 기뻐하며 마음에 새기고 실천했습니다.

가사를 입고 출생한 비구니

부처님께서 카필라-바스투의 냐그로다 나무 아래 계시던 어느 때, 그 성중에 구사瞿沙라는 장자가 어떤 문벌 좋은 집안의 딸을 아내로 맞이해 온갖 음악을 즐기며 행복하게 살더니 그 아내가 회임하여 열 달 만에 딸을 낳았는데, 아이의 용모가 단정하며 예뻤고, 아주 희고 깨끗한 옷을 입은 채 태어났으므로 그 이름을 정백淨白이라 했습니다. 아이가 차츰 성장함에 따라 옷도 몸에 알맞게 커지고, 빛깔이 희고도 깨끗하여 씻거나 물들일 필요가 없었으며, 뭇 사람들이 이 아이를 보려고 모여들었는데, 그 무렵 그 아이가 부모에게 말했습니다.

"저는 이제 세속의 영화를 떠나서 출가해 부처님의 제자가 되기를 소원하옵니다."

이 말을 들은 부모가 그녀를 사랑하는 마음으로 굳이 만류하지 않았고, 그녀는 곧 부처님 처소에 나아가 출가하기를 소원하니, 부처님께선 그녀를 위해 곧 이렇게 말씀하셨습니다.

"잘 왔구나! 비구니야."

저절로 머리카락이 깎이고 몸에 입은 흰옷이 가사로 변하여 여자 스님이 되어, 부지런히 도를 닦고 익혀 아라한으로서 삼명과 육신통과 팔해탈을 구족하여 온 천상 사람과 세상 사람들의 존경을 받았습니다. 그 때 아난다가 이 사실을 보고 부처님께 사뢰었습니다.

"세존이시여, 저 정백 비구니는 전생에 무슨 복을 심어 자연이 희고 깨끗한 옷을 입은 몸으로 태어났으며, 지금 무슨 인연으로 출가한 즉시 도를 얻었습니까?"

"아난다야, 내가 이제 너희들을 위해 분별해 말할 테니 자세히 들어라.

이 현겁에 카샤파 부처님이 바라나시에 출현하셔서 여러 비구들과 함께 촌락에서 유세하시면서 중생들을 교화하실 적에 어떤 여인이 부처님과 스님들을 보고는, 곧 기쁜 마음을 내어 흰 담요 한 장을 가지고 와서 보시했다. 그 공덕으로써 그 여인은 항상 깨끗한 옷을 입은 채 천상 사람과 인간 세상의 사람으로 태어났으며, 지금 나를 만나 출가 득도하게 된 것이니라.

아난다야, 알아라. 그 당시 흰 담요 한 장을 보시한 여인이 바로 지금의 정백 비구니니라."

그 때 여러 비구들은 부처님의 말씀을 듣고 다 기쁜 마음을 내고 마음에 새기며 실천했습니다.

비구니의 변재

부처님께서 라자그리하에 있는 기타 숲 외로운 이 돕는 절에 계시던 어느 때, 그 성중에 범마라는 바라문이 있었습니다. 그는 학식이 많고 변재가 뛰어나 경론을 밝게 알고 4베다韋陀典를 죄다 통달했습니다. 그는 어느 문벌 좋은 집의 딸을 아내로 맞이해 열 달 만에 딸을 낳으니, 그 아이는 단정하고 예쁠 뿐 만 아니라 역시 지혜와 변재가 뛰어나 누구도 따를 이가 없었습니다. 그 아버지와 여러 바라문이 경전을 논란하는 이야기를 듣고 한 마디도 빠짐없이 다 기억했습니다. 이러한 소문이 점점 널리 퍼지자 나이 많고 덕망 있는 이들까지 모두 와서 질문하되 그녀는 통달하지 못한 것이 없었습니다. 그 무렵 그녀가 이 세간에 처음 정각正覺을 이룩한 부처님이 계셔서 중생을 교화하며 법을 전파하신다는 말을 듣고, 곧 갖가지 영락瓔珞으로써 몸을 꾸미고 부처님 처소에 나아가 부처님 세존의 서른두 가지 모습과 여든 가지 뛰어난 몸매에서 마치 천 개 해의 빛 같은 광명이 뻗치는 것을 보고 엎드려 예배한 뒤 한쪽에 물러나 앉아 있었습니다. 부처님께서 네 가지 진리를 가르쳐 주시자, 마음과 뜻이 트여 스로타판나가 되어 부처님께 출가하기를 소원하니, 부처님께서는 곧 말씀하셨습니다.

"잘 왔구나! 비구니야."

저절로 머리카락이 깎이고 법복이 몸에 입혀져 여자 스님이 되어 부지런히 도를 닦고 익혀 아라한이 되었는데, 그 때 아난다가 위의 사실을 알고 부처님께 사뢰었습니다.

"세존이시여, 저 수만須漫 비구니는 전생에 무슨 복을 심어 여자의 몸으로 누구보다도 다문多聞이 제일이며, 또 무슨 인연으로써 부처님을 만난 출가해 바로 도를 얻었습니까?"

"아난다야, 내가 이제 분별하여 말할 테니 너희들은 잘 들어라.

이 현겁에 카샤파 부처님이 바라나시에 출현하셔서 두루 교화를 마치시고 열반에 드셨다. 그 상법像法 중에 한 비구니가 항상 환희심을 내어서 끊임없이 설법하고 교화하며, 곧 아래와 같은 서원을 세웠다.

'원컨대 저로 하여금 미래세에 석가모니 부처님의 법 가운데서 경론經論을 분명히 풀이할 수 있게 해 주옵소서.'

이같이 발원하고, 곧 목숨이 끝나 천상과 인간에 태어날 때

마다 그 총명한 지혜를 누구도 따를 이가 없었다. 아난다야, 알아라. 그 당시 설법하고 교화한 비구니가 바로 지금 저 수만 비구니다. 그가 지금 나를 만나 출가해 도를 얻었고, 비구니로서 다문이 제일이니라."

그 때 여러 비구들은 부처님의 말씀을 듣고 다 기뻐하며 마음에 새기고 실천했습니다.

비구니가 된 배우의 딸

부처님께서 라자그리하에 있는 칼란다카 대숲 절에 계시던 어느 때, 그 성중에 벼슬이 높고 재산이 한량없이 많은 어떤 장자가 여러 사람들을 불러서 큰 모임을 베풀고 갖가지 음악을 즐겼습니다. 그 때 마침 남방에서 춤을 추는 부부 두 사람이 청련화靑蓮華라는 예쁜 딸아이를 데리고 왔는데, 그 아이는 이 세간에서 보기 드물 만큼 단정하고 아름다울뿐더러, 총명과 지혜가 뛰어나 그 누구도 대항하기 어려우며 예순 네 가지 기예를 구비함과 동시에 춤추는 법을 잘 알아서 돌고 굽히고 쳐다보는 모든 절차를 다 자유롭게 하면서 이렇게 큰 소리로 외쳤습니다.

"이 성중에 누가 나처럼 춤출 이가 있으며, 또 누가 경론經論을 잘 알아서 나와 같이 문답할 이가 있는가?"

어떤 사람이 이렇게 대답했습니다.

"저 카란다카 대숲 절에 세존이 계신데 문답을 잘하시고 모든 의심을 다 해결하신다."

이 말을 들은 춤추던 청련화가 곧 여러 사람들과 함께 노래를 부르고 춤을 추면서, 대숲 속에 이르러 세존을 뵙고서도 여전히 교만하고 방자하여, 우스갯소리를 하며 웃을 뿐 여래께 공경하지 않으므로, 그 때 여래께서 그의 방자함을 보시고 곧 신통력으로써, 이 춤추는 청련화를 마치 백 살 먹은 노파처럼 머리털은 하얗고 얼굴은 쭈그러지고 이는 모두 빠져 성기고 허리를 꼬부리고 다니는 그러한 모습으로 변화시켰습니다. 저 춤추던 청련화가 스스로 그 몸 모습이 아주 늙은이가 된 것을 보고 이렇게 생각했습니다.

'지금 나의 몸이 창졸지간에 무슨 까닭으로 이러한 늙은이가 되었을까? 이는 반드시 부처님의 신통력 때문일 것이다.'

부처님 앞에서 매우 부끄럽게 여기고, 나아가 부처님께 사뢰었습니다.

"제가 오늘 부처님 앞에서 함부로 교만하고 방자한 행동을 했사오니, 세존께서 용서해 주시옵소서."

그 때 세존께서 청련화의 마음이 이미 길들여진 줄을 아시고 다시 신통력으로써 그의 몸을 본래와 다름없이 변화시켜 주셨습니다. 그 때 대중들이 청련화의 몸이 갑자기 늙은이가 되었다가 또 젊은이가 되었다가 하는 그 무상함을 보고는 다 생사를 싫어하고 무상함을 깨닫고, 마음과 뜻이 트이어 그중에 어떤 이는 스로타판나가, 어떤 이는 샤크르다가민이, 어떤 이는 아나가민이, 어떤 이는 아라한이 되었으며, 어떤 이는 프라데카 부처가 되려는 마음을 내고, 어떤 이는 더없이 높은 부처님이 되려는 마음을 내었고, 청련화도 그 부모와 함께 부처님 앞에 나아가 출가하기를 원하므로 부처님께서 말씀하셨습니다.

"잘 왔구나! 비구니야."

저절로 머리카락이 깎이고 법복이 몸에 입혀져, 곧 여자 스님이 되어, 부지런히 도를 닦고 익혀 아라한과를 얻고, 삼명과 육신통과 팔해탈을 구족하여 온 천상 사람과 세간 사람들에게 존경을 받았는데, 그 때 대중들이 위의 사실을 알고 부처님께 사뢰었습니다.

"저 배우의 딸처럼 방자하고 요망하며 신심 없는 여자를 어떻게 교화하여 출가 득도하게 하셨나이까?"

"대중들아, 저 비구니를 교화한 것이 지금 뿐만 아니니라. 과거 세상도 나는 그를 교화하였느니라."

부처님의 말씀을 듣고 대중들은 다시 사뢰었습니다.

"세존이시여, 과거 세상에 어떠한 일이 있었는지를 저희들은 모르오니, 세존께서 부연해 주시옵소서."

"내가 이제 분별하여 말할 테니 너희들은 자세히 들어라.

한량없는 과거 세상에 이 바라나시의 태자 손다리가 산에 들어가서 도를 배워 다섯 가지 신통을 얻었는데, 마침 긴나라 여인을 만났다. 그 여인은 천녀天女와 같은 단정하고 아름다운 용모로써 그의 마음을 흔들고 물들게 하여 신선의 도를 잃어버리게 했다. 그 때 태자는 마음을 더욱 굳게 먹고 저 여인에게 이렇게 말했다.

'감각기관으로 느낄 수 있는 모든 것은 다 덧없고 일정하지 않은 것이다. 내가 지금 너의 몸뚱이를 식별해 보니 온갖 더러움이 그 속에 가득하고 엷은 껍질이 그 위를 덮었으니 오래도록 보전할 수 없다. 곧 머리털이 하얗고 얼굴이 주름지고 꼬부라져 다닐 것이며, 또 지금의 그 노래하는 음성도 곧 변해질 터, 어찌하여 네가 그렇게 교만하고 방자한 행동을 하느냐?'

긴나라 여인은 그 말을 듣고, 곧 신선을 향해 그 죄과를 참회한 끝에 이러한 서원을 세웠다.

'미래 세상에 저로 하여금 생사를 끊고 당신 옆에서 도를 얻게 해 주소서.'

대중들아, 알아라. 그 당시 선도를 배운 태자는 바로 나의 전신이었고, 저 긴나라 여인은 바로 지금의 청련화 비구니다. 그 당시에 발원한 힘으로써 지금 다시 나를 만나 출가하여 도를 얻게 된 것이니라."

여러 비구들은 부처님의 말씀을 듣고 다 기뻐하며 마음에 새기고 실천했습니다.

가사를 입고 태어난 가시 비구니

부처님께서 바라나시에 있는 사슴 동산에 계시던 어느 때, 범마달다 왕의 부인이 임신하여 열 달 만에 공주를 낳으니, 몸에 가사를 입었고, 그 모습이 이 세상에서 보기 드물 만큼 단정하고 아름다웠습니다. 관상가를 불러 아이의 상을 보게 하니, 그가 상을 보고 나서 부왕에게 물었습니다.

"이 공주가 태어날 때 어떤 상서로운 일들이 있었습니까?"

"이 공주가 태어날 때 이상하게도 몸에 가사를 둘렀으므로 이름을 가시손다리伽尸孫陀利라 하였소."

그 뒤 공주가 차츰 성장하니 가사도 몸에 알맞게 커지고 성품이 더욱 착하고 어질고 효성스러웠습니다. 어느 때 여러 시종을 거느리고 성문을 나가서 유람하다가 점차 녹야원에 이르러, 세존의 서른두 가지 모습과 여든 가지 뛰어난 몸매에서 마치 천 개 해의 빛 같은 광명이 뻗침을 보고, 기쁜 마음을 내어 부처님 앞에 엎드려 예배한 다음 한 쪽에 물러나 앉았습니다. 부처님께서 그를 위해 네 가지 진리를 가르쳐 주시니, 마음과 뜻이 트여 이내 스로타판나가 되고는 왕궁에 돌아가 즉시 그 부왕에게 말했습니다.

"제가 어제 성문을 나가서 유람하다가 녹야원에 이르러 세존의 그 백 가지 복덕을 갖춘 장엄한 몸매와 조용한 몸짓과 거룩한 용모를 뵈었습니다. 원컨대 자비하신 부왕께서 저를 출가하도록 허락해 주옵소서."

부왕은 공주를 사랑하는 마음으로 굳이 만류할 수 없어 허락했고, 공주는 곧 부처님 처소에 나아가 출가하기를 소원하므로, 부처님은 곧 말씀하셨습니다.

"잘 왔구나! 비구니야."

저절로 머리카락이 깎이고 법복이 몸에 입혀져 곧 여자 스님이 되어 부지런히 도를 닦고 익혀 아라한과를 얻고, 삼명과 육신통과 팔해탈을 구족해 온 천상 사람과 세간 사람들에게 존경을 받았는데, 그 때 여러 비구들이 위의 사실을 알고 부처님께 나아가 사뢰었습니다.

"세존이시여, 손다리 비구니는 전생에 무슨 복을 심었기에 출생할 때 이미 가사를 몸에 두르고 왕족에 태어났으며, 지금 도를 얻었나이까?"

"비구들아, 내가 이제 분별하여 말할 테니 너희들은 자세히 들어라.

한량없는 과거에 카나카모니 부처님께서 이 바라나시에 출현하셔서 비구들과 함께 여러 곳을 순회하시며 교화하실 무렵, 어떤 왕녀가 부처님을 만나 뵙고 기쁜 마음을 내어 엎드려 예배한 뒤 부처님과 스님들을 초청했다.

'원컨대 세존께서 석 달 동안만이라도 저희의 네 가지 공양을 받으시옵소서.'

부처님께서 곧 그렇게 하기를 허락하셨고, 왕녀는 정성껏 석 달 동안 공양을 올리고 다시 미묘한 옷 한 벌씩을 부처님과 스님들께 각각 보시했다. 그 공덕으로써 저 왕녀가 항상 천상과 인간에 태어나 모든 존경과 귀여움을 받을 뿐만 아니라, 태어날 때에는 으레 가사를 몸에 둘렀느니라. 비구들아, 알아라. 그 당시의 왕녀가 바로 지금의 손다리 비구니니라."

그 때 여러 비구들은 부처님의 말씀을 듣고 다 기뻐하며 마음에 새기고 실천했습니다.

진주를 이고 난 비구니

부처님께서 슈라바스티에 있는 기타 숲 외로운 이 돕는 절에 계시던 어느 때, 그 성중에 한량없고 헤아릴 수 없는 재보를 지닌 비소沸疏라는 장자가 있었습니다. 그는 어떤 문벌 좋은 집의 딸을 아내로 맞이하여 온갖 음악을 즐겼고, 그 아내가 임신하여 열 달 만에 딸을 낳으니, 용모가 이 세상에 드물 만큼 단정하고 예쁠 뿐만 아니라, 그의 이마 위에 자연히 진주가 달려 있었습니다. 부모가 이것을 보고 매우 기뻐하며 관상가를 불러 아이의 상을 보게 하니, 그가 상을 보고 나서 그 부모에게 물었습니다.

"이 아이가 출생할 때 어떤 상서로움이 있었습니까?"

"그녀가 태어날 때 이마에 저절로 진주가 달려 있으므로 이름을 진주만眞珠鬘이라 했소."

그 뒤 그녀가 차츰 성장하면서 성품이 더욱 착하고 어질어서 어떤 빈궁한 이의 요구가 있으면 곧 그 진주를 떼어 주었으나 그 진주는 다시 본래대로 돋아났습니다. 그 때 수닷타 장자가 비소沸疏 장자에게 서신과 함께 사환을 보내 진주만을 자기 아들을 위해 며느리로 맞이하려 했는데 진주만이 이 사실을 듣고 그 부모에게 말했습니다.

"자비하신 마음으로 저를 그 아들에게 주시려면 반드시 그와 함께 출가할 것을 서로 서약한 뒤, 그에게 주십시오. 그렇지 않을 경우 저는 이 세속의 영화를 떠나겠습니다."

그 부모는 딸아이를 사랑하는 마음에서 굳이 만류할 수 없어, 곧 수닷타 장자에게 가서 딸아이의 생각 그대로를 전달하자, 수달 장자도 이 말을 듣고 서로 그렇게 하기로 허락한 뒤, 이내 며느리로 맞이했습니다. 오래지 않아 이 세간이 싫어 떠난 끝에 함께 부처님 처소에 나아가 출가하기를 원하니 부처님께서 그들을 위해 이렇게 말씀하셨습니다.

"잘 왔구나! 비구, 비구니야."

저절로 머리카락이 깎이고 법복이 몸에 입혀져 곧 비구와 여자 스님이 되어, 부지런히 도를 닦고 익혀 각각 도를 얻고, 삼명과 육신통과 팔해탈을 구족하여 온 천상 사람과 인간 사람들에게 존경을 받았습니다. 그 때 여러 비구들이 위의 내용을 알고 부처님께 사뢰었습니다.

"저 진주만 부부夫婦는 전생에 무슨 복을 심었기 때문에 출생할 때 이미 진주가 그 이마 위에 자연히 달려 있었으며, 출가한 즉시 아라한과를 얻었나이까?”

“비구들아, 내가 이제 너희들을 위해 분별하여 말할 테니 자세히 들어라.

이 현겁 중에 카샤파 부처님이 바라나시에 출현하셔서 여러 비구들을 거느리고 사슴 동산에서 바른 법을 말씀하셔서 중생들을 제도하셨다. 그 때 아사라阿沙羅라는 장자가 가섭 부처님께서 중생을 제도하신다는 말씀을 듣고 이렇게 말했다.

‘내가 이제부터 온 성중의 백성들에게 권선해 다 부처님과 스님들을 위해 무차대회無遮大會를 실행하도록 하겠다.’

이 사실을 국왕에게 품신하여 윤허를 얻고, 흰 코끼리를 타고 온 성중의 길목과 네거리를 다니면서 여러 사람들에게 권선해 ‘이 무차대회를 하고자 한다.’ 고 외치니 마침 어떤 부인이 자기 이마 위에 장식하고 있던 진주를 풀어 주었다. 그 때 남편이 집에 돌아와 그 아내의 이마 위에 구슬 다리가 없는 것을 보고, ‘그대의 이마 위 구슬을 누구에게 주었느냐?’ 고 물었다.

‘오늘 아사라 장자가 여기에 와서 여러 사람들께 권선하기에 제가 이마 위의 구슬을 풀어 주었소.’

그 남편 역시 기쁜 마음을 내고 다른 보배까지 더 보시한 뒤, 아래와 같은 서원을 세웠느니라.

'미래 세상에 저로 하여금 나쁜 갈래에 떨어지지 않고 항상 보배 구슬과 함께 천상과 인간에 태어나게 하시옵소서.'

비구들아, 알아라. 그 당시 그 부부가 구슬을 보시했기 때문에 지금 나를 만나서 출가 득도했느니라."

그 때 여러 비구들은 부처님의 말씀을 듣고 다 기뻐하며 마음에 새기고 실천했습니다.

공주의 출가

부처님께서 슈라바스티에 있는 기타 숲 외로운 이 돕는 절에 계시던 어느 때, 프라세나짓왕과 범마달다 왕이 서로 분쟁을 일으켜 상병象兵 · 마병馬兵 · 거병車兵 · 보병步兵 등 뭇 군사를 거느리고 강 양쪽의 언덕에 주둔하여 제 나름대로의 전투 태세를 갖추고 있었습니다. 그 때 양쪽 부인들이 달이 차서 각기 아들과 딸을 낳았는데, 용모가 다 단정하고도 매우 아름다웠습니다. 두 국왕이 매우 기뻐서 북을 치고 뭇 군사들을 집합시켜 상품을 하사하는 한편, 서로가 경축하면서 화해하고 앞으로 혼인하기를 약속하며 두 나라끼리 다시는 침범하지 않을 것을 맹세한 다음, 제각기 본국으로 돌아갔습니다. 그 뒤 범마달다왕의 아들 나이 17세가 되자 비로소 갖가지 값진 보물과 그 밖의 온갖 폐백을 다 갖춰 프라세나짓왕에게 보내며 본래 약속대로 청혼했습니다. 프라세나짓왕의 딸이 이 말을 듣고 그 부왕에게 말했습니다.

"제가 얻기 어려운 사람의 몸을 이미 얻었고, 갖추기 어려운 모든 감각기관을 이미 갖추었고, 내기 어려운 신심을 이미 내었고, 이 세간에 만나기 어려운 부처님을 이미 만났으니, 대왕께서 저를 이 어려운 세속에 가두어, 선지식善知識들을 아주 여의게 하지 마시고, 자비하신 마음으로 출가할 것을 허락해 주옵소서."

왕은 그 딸에게 이렇게 대답했습니다.

"네가 출생하자마자 이미 그와 혼인할 것을 허락했거늘 이제 와서 어찌 그럴 수 있겠느냐? 너 때문에 두 나라끼리 서로 침범하지 않게 된 화해가 무너진다면, 그들이 나를 배신했다 하여 도로 원수가 될 것이고, 모든 천신들도 나를 옹호하지 않을 것이고, 대신과 온 백성들도 모두 믿지 않을 것이며, 나아가 선왕의 옛 법까지 어기는 것이 되느니라. 네가 일찍이 저 아사세왕阿闍世王과 파구리왕波瞿利王등 많은 국왕들이 다 거짓말을 한 것으로서 지옥에 떨어진 이야기를 듣지 않았느냐? 나로 하여금 배신하게 한다면 역시 저 왕들처럼 지옥의 고통을 받게 된다. 그러니 너는 아예 출가할 생각을 버려야 하겠다."

그리고 왕은 곧 범마달다왕에게 사신을 보내 칠 일 안으로 빨리 와서 성혼할 것을 독촉했습니다. 그 때 공주는 사신을 보낸 사실을 들어 알고부터, 마음이 매우 근심되고 괴로워, 곧 때 묻은 옷을 입고 모든 장신구를 버리고, 그 몸을 파리하게 하여 높은 누각 위로 올라가, 멀리 기타 숲 외로운 이 돕는 절을 향해 꿇어앉아 합장하고는 이렇게 말했습니다.

"자비하신 세존께서 일체 중생을 가엾이 여기사 한 찰나에 과거 · 현재 · 미래를 두루 아시니, 원컨대 오늘 저를 이 고난에서 구제해 주소서."

그 때 세존께서 멀리 있는 공주의 이러한 정성 어린 말을 들어 아시고, 곧 잠깐 사이에 공주 앞에 나타나 갖가지 법을 말씀해 주시니, 마음과 뜻이 트여 아나가민이 되었습니다. 한편 칠 일이 되자 수 천 시종들을 거느리고 갖가지 보물과 의복을 갖춰 부인을 맞이하려고 그 궁중에 이르러서 장가들려 하는데, 뜻밖에 왕녀가 허공에 솟아올라 열여덟 가지 변화를 나타내어 혹은 동쪽에서 솟아 서쪽으로 사라지고, 혹은 남쪽에서 솟아 북쪽으로 사라지며, 다니고 멈추고 앉고 눕는 모든 것을 다 자유로이 변화하고, 도로 허공으로부터 내려오자, 때에 프라세나짓왕은 공주의 이러한 것을 보고 매우 황당한 생각이 들어 그 공주에게 말했습니다.

"내가 사실 어리석고 어두워 너에게 이러한 신통 변화가 있는 줄을 전혀 모르고 너를 세속에 묻어둘 뻔했구나. 이제 나의 잘못을 뉘우치고 출가할 것을 허락하노라."

그리고 왕자 역시 이 변화를 보고 곧 신심과 존경심을 내어 이렇게 말했습니다.

"제가 어리석고 식견이 없어서 이러한 뜻을 내었으니 저의 잘못을 참회하고 당신이 출가할 것을 허락합니다."

이에 공주는 이 말을 듣고 나서 기타 숲 외로운 이 돕는 절에 가서 부처님을 뵙는 즉시 출가하기를 원하므로 부처님께서는 허락하시고, 사미니를 만드셨습니다. 부지런히 도를 닦고 익혀 아라한과를 얻자, 여러 비구들이 이 사실을 알고 부처님께 사뢰었습니다.

"세존이시여, 저 차마差摩 사미니는 전생에 무슨 복을 심었기에 왕가王家에 태어나서 이 세간의 욕심을 떠나 출가해 도를 얻게 되었나이까?"

"비구들아, 내가 이제 너희들을 위해 분별하여 말할 테니 자세히 들어라.

이 현겁에 카샤파 부처님께서 바라나시에 출현하셨을 때, 어떤 부인이 그 남편과 마음이 서로 화합하지 못해 항상 분쟁을 일삼아 오던 중 어느 날 부부끼리 서로 이렇게 권했느니라.

'우리 부부가 함께 부처님 처소에 가서 팔관재八關齋를 받음으로써 서원을 세워 미래 세상에 존귀한 가정이나 부호의 집에 태어나 투쟁하지 않고 항상 서로 화목하게 살도록 합시다.'

이와 같이 발원하고, 그 부부가 각자의 길고 짧은 수명이 끝나는 대로 다 왕가에 태어났다. 비구들아, 알아라. 그 당시 남편 되는 이의 아버지가 바로 지금의 범마달다왕이고 부인되는 이의 아버지가 바로 지금의 프라세나짓왕이며, 그 당시 남편이 바로 지금의 왕자이고 부인이 바로 지금의 공주이니라."

그 때 여러 비구들은 부처님의 말씀을 듣고 다 기뻐하며 마음에 새기고 실천했습니다.

허물을 벗은 여자

부처님께서 슈라바스티에 있는 기타 숲 외로운 이 돕는 절에 계시던 어느 때, 프라세나짓왕의 마리摩利 부인이 딸을 낳으니, 그 얼굴이 너무나 못생겼는데 몸의 살결은 뱀 껍질 같고 머리털은 말꼬리 같았습니다. 왕은 이 딸아이 때문에 걱정이 되어 궁내에 명령했습니다.

"아이를 잘 보호해서 밖에 내보내지 말고 다른 사람들이 보지 못하게 하라."

그리고 이렇게 생각했습니다.

'이 아이가 비록 추하고 못생겨 사람 같지는 않으나 마리 부인의 소생인 만큼 잘 양육해야 하겠다.'

아이가 차츰 성장하여 시집을 보내야 할 때가 되니, 왕은 더욱 근심하고 걱정했으나 어떻게 할 방도가 없어 신하 한 사람을 불러 말했습니다.

"그대가 나의 사위 감을 구해보게. 그 근본은 호족豪族으로서 혼기가 된 총각이라면, 지금은 비록 재산이 없어 빈궁하더라도 데리고 오게."

신하가 왕의 지시를 받아 널리 사람을 구해 본 결과, 마침 빈궁한 호족의 청년이 있으므로 불러서 왕에게 데리고 갔고, 왕이 보고 한쪽 외진 곳으로 데리고 가서 가만히 그 사정을 말했습니다.

"듣건대, 그대가 호족의 아들로서 지금 매우 빈궁하다니 앞으로 내가 모든 것을 공급해 주겠네. 그리고 나의 딸아이 하나가 얼굴이 너무나 추하고 못생겼는데, 그대가 나의 청을 거역하지 않고 이 딸아이를 받아주면 다행이겠네."

빈궁한 호족의 아들은 곧 꿇어앉아 왕에게 대답했습니다.

"분부하시는 대로 따르겠습니다. 설사 대왕께서 무엇을 시키더라도 제가 어김없이 할 일이거늘, 하물며 마리 부인의 소생인 공주와 혼인함이겠습니까. 지금 당장이라도 명령만 하신다면, 제가 아내로 받아들이겠습니다."

왕은 그를 사위로 삼고 집을 마련해 주되 특히 그 대문을 일곱 겹으로 굳게 해 두고 사위에게 부탁했습니다.

"그대만 이 문을 열고 닫되 외출할 때에도 그대가 손수 문을 닫아두어 다른 사람이 내 딸아이의 추악한 꼴을 보지 못하게 하고, 항상 문을 굳게 닫아두어 집안에만 있게 하게."

한편 그들의 생활에 필요한 물자를 다 공급해 모자람이 없게 하며, 또 왕이 직접 사위를 불러 대신의 지위에 임명함으로써, 그는 이 때부터 모든 재보가 풍부해 모자람이 없었다.

이렇게 신분이 변하니 다른 호족들과 함께 모임을 같이 하게 되었고 그 모임이 있을 때, 가끔 남녀가 함께 모여 즐기되 다른 호족 대신들은 모두 부부가 동반해 그 모임에서 같이 즐겼으나 저 국왕의 사위인 대신은 언제나 홀로 오자 뭇 사람들이 이상하게 생각했습니다.

'저 대신의 부인이야말로 단정하고 아름다워 데리고 오지 않는 것인가? 혹시 너무나 추악하여 다른 사람들 앞에 나타날 수 없어서 그런 것일까? 이제 우리가 어떤 계획을 꾸며 함께 가서 저 사람의 부인을 보는 것이 좋겠구나.'

이와 같이 모두가 합심하고는, 어느 날 저 대신에게 집중적으로 술을 권하여 술에 취해 못 일어나게 한 다음, 그 몸에 차고 있는 열쇠를 찾아 다섯 사람이 같이 그 집에 가서 문을 열고 부인을 보려는 그 날, 저 부인은 마음이 매우 괴로워 자신의 신세타령을 했습니다.

'나는 전생에 무슨 죄를 지어 남편에게 미움을 받아 항상 어두운 방에 갇혀 해와 달의 광명을 보지 못하고 사람들과 접

족을 할 수 없는가?'

한편 또 이렇게 생각했습니다.

'듣건대 지금 이 세간에 계시는 부처님께서는 항상 자비한 마음으로써 중생들을 식별하시고 고난에 허덕이는 자가 있으면 곧 친히 가셔서 제도하신다 하는데….'

그리고 그 부인은 멀리 계시는 부처님을 향해 지성으로 예배하면서 발원했습니다.

"세존께서 자비하신 마음으로 제 앞에 나타나셔서 한 말씀 교훈을 드리워 주시옵소서."

이와 같이 그 정성이 지극하고 신심과 존경심이 돈독하자, 부처님께서 그 뜻을 아시고, 곧 그 집에 도착하셔서 땅 속으로부터 솟아나와 그 부인 앞에 나타나시되, 검푸른 머리털 모습을 나타내시니, 그 부인이 고개를 들어 부처님의 머리털 모습을 보고서 몇 배의 기쁜 마음을 내고 더욱 존경심을 돈독히 하자, 부인의 머리털도 자연히 부드럽고 검푸르게 되었고, 또 부처님께서 얼굴 모습을 차츰 나타내시니, 그 부인이 역시 얼굴 모습을 보고 기쁜 마음을 내니 부인의 얼굴도 단정해지고, 그 거친 피부가 자연이 다 사라지며, 또 부처님께서 온 몸의 금 빛깔 광명을 차츰 나타내시니, 그 부인이 금 빛깔 몸을 보고 역시 기쁜 마음과 존경심을 내니 부인의 몸도 마치 천녀天女처럼 단정하고 아름답게 되었습니다. 이에 부처님께서 다시 갖가지 법을 말씀해 주시니 마음과 뜻이 트이어 스로타판나가 되었고, 부인은 이 세간에 견줄 데 없을 만큼 기뻐 날뛰었고, 부처님께선 본래의 처소로 돌아가셨습니다.

이 때 바로 저 다섯 사람이 문을 열고 들어가서 부인의 그 둘도 없는 단정하고 아름다운 모습을 본 다음 서로가 이상히 여기며 말했습니다.

"저 대신이 무엇 때문에 이같이 단정한 부인을 두고서 함께 모임에 나오지 않았을까?"

도로 문을 굳게 닫고 돌아와서 열쇠를 그가 본래 차고 있던 자리에 매어 두었습니다. 모임이 끝난 뒤, 부마가 집안에 들어가서 그 누구보다도 단정하고 아름다운 여자를 보고 이상하다는 생각을 하고 이렇게 물었습니다.

"그대는 도대체 누구입니까?"

"제가 바로 당신의 아내입니다."

"아침까지 이렇지 않았던 당신이 별안간 무슨 인연으로 이같이 단정하고 아름답게 되었소?"

부인이 부처님의 신비로운 덕을 힘입어 그러한 몸으로 바뀌게 된 전후 사실을 갖추어 남편에게 대답하고 나서 다시 이렇게 말했습니다.

"이제 저도 부왕을 만나 뵙고 싶으니 당신이 저를 위해 이 뜻을 좀 통지해 주시오."

남편은 이 말을 듣고 곧 왕에게 가서 말했습니다.

"지금 공주가 대왕을 만나 뵙고자 합니다."

왕은 부마에게 대답했습니다.

"그런 말하지 말고 빨리 종전대로 문을 굳게 닫아 부디 바깥으로 나오지 못하게 하게."

부마는 다시 왕에게 말했습니다.

"그럴 일이 아닙니다. 오늘 저의 아내가 부처님의 위신威神을 힘입어 천녀와 다름없는 단정한 몸으로 바뀌었기 때문입니다."

왕은 이 말을 듣고 말했습니다.

"과연 그러하다면, 빨리 가서 데리고 오게."

시종들이 수레를 꾸며 왕녀를 맞이해 궁중으로 들어오자, 왕은 그 딸의 모습이 이 세간에 둘도 없을 만큼 단정함을 보고 어쩔 줄 모르며 한량없이 기뻐했습니다. 이튿날 장엄한 행차를 준비하여 딸과 함께 부처님 처소에 나아가 엎드려 예배한 다음 한쪽에 물러 나와 꿇어앉아 사뢰었습니다.

"세존이시여, 알 수 없는 일이옵니다. 저의 딸이 전생에 무슨 복을 지어 왕가에 태어났으며, 또 무슨 업으로써 축생에도 비교할 수 없는 더러운 몸과 거친 털을 받게 된 것이었습니까? 원컨대 세존께서 그 과보를 가르쳐 주시옵소서."

"대왕님, 지금부터 잘 들으시오.

한량없는 과거에 이 바라나시에 많고도 많은 재산을 지닌 장자가 있었는데, 그가 온 가족들과 합심하여 어떤 프라데카 부처에게 항상 공양을 올렸소. 그 프라데카 부처의 얼굴이 아주 추악하고 몸이 매우 수척하여 차마 볼 수 없을 정도였소. 그 때 장자의 집 딸아이가 이 벽지불이 오는 것을 보고서 오만한 마음으로 깔보고 모욕적인 말을 하였소.

'어쩌면 저렇게도 얼굴이 못생기고 몸의 피부가 추악할까?'

그러나 프라데카 부처는 자주 그 집에 가서 공양을 받았고, 큰 신통 변화를 나타내 보였소. 허공에 솟아올라서 온몸으로 물과 불을 내뿜고, 동쪽에서 솟아올라 서쪽으로 사라지기도 하고, 남쪽에서 솟아올라 북쪽으로 사라지기도 하며, 다시 허공에서 자유로이 다니고 멈추고 앉고 눕는 이러한 신통 변화를 장자의 가족들께 죄다 보인 다음 도로 허공에서 내려와 그 장자의 집에 이르렀소. 장자는 어쩔 줄 모르게 기뻐했고, 그 장자의 딸도 자신의 죄과를 뉘우쳐 이렇게 애걸했소.

'자비하신 마음으로 모든 것을 용서해 주소서. 제가 과거에 저지른 죄과를 지금 깊이 참회하오니, 이 참회를 받아들이시고 용서해 주시옵소서.'

대왕님, 아십시오. 그 당시 저 장자의 딸이 프라데카 부처를 미워하고 헐뜯었기 때문에 뒷날 태어나는 곳마다 추악한 몸을 받았으나, 나중에 신통 변화를 보고서 그를 향해 깊이 참회했기 때문에, 지금은 온 세간에 따를 이가 없을 정도로 단정한 모습을 갖추게 된 것이며, 또 그 당시 장자의 집에서 항상 공주가 그에게 공양을 바쳤기 때문에 장자의 딸이 언제나 호귀한 가정에 태어나서 모자람이 없었으며, 이제 다시 나를 만나 그 근심과 괴로움을 벗어나게 된 것이오."

그 때 프라세나짓왕과 그 여러 대신들은 부처님으로부터 이 업보의 인연을 듣고, 마음과 뜻이 트여 그 중에 어떤 이는 스로타판나가, 어떤 이는 샤크르다가민이, 어떤 이는 아나가민이, 어떤 이는 아라한이 되었으며, 어떤 이는 프라데카 부처가 되려는 마음을 내고, 어떤 이는 더 없는 부처님이 되려는 마음을 내었습니다.

여러 비구들은 부처님의 말씀을 듣고 다 기뻐하며 마음에 새기고 실천했습니다.

스님이 된 도둑

부처님께서 바샤알리에 있는 누각 강당에 계시던 어느 때, 그 성중에 어떤 어리석은 사람이 항상 놀기를 좋아하고 도적질로써 업을 삼아 생활하니, 그 지방 백성들이 다 그러한 사람인 줄 들어 알고 있었습니다. 어느 때 그가 절에 좋은 구리쇠 항아리가 있다는 말을 듣고 기어이 그 항아리를 훔쳐내기 위해 곧 여러 패거리들과 함께 절에 들어가기는 했으나 끝내 항아리를 훔쳐내지 못하고, 비구들끼리 네 구절의 시에 대하여 토론하는 것을 들었습니다.

"천상 사람들이 눈을 깜빡이는 것은 매우 더디고, 이 세상 사람들이 눈을 깜빡이는 것은 매우 빠르다."

그 말을 듣고 마음속에 기억한 채 곧 절에서 나와 버렸습니다.

그 뒤 다른 나라로부터 큰 상인이 아주 값진 마니 구슬 하나를 가져와서 국왕에게 헌납했습니다. 국왕은 그 구슬을 얻은 즉시 사람을 보내어 구슬을 탑 문설주 위에 달아 두었고, 마침 도적질 좋아하는 사람이 그 소문을 듣고 혼자 기회를 노리다가 마침내 그 구슬을 훔쳐내어 숨겨 두었습니다. 얼마 뒤 왕이 탑 위에 구슬이 없어진 것을 듣고 매우 성을 내어 곧 온 나라에 명령했습니다.

"누구라도 그 구슬을 발견하여 비밀히 신고한다면 중한 상을 주겠다."

상당한 시일이 지나도록 보고하는 이가 없으므로, 왕은 아무런 계책 없이 원망만 되풀이하고 있을 때, 슬기로운 신하 한 사람이 왕에게 말했습니다.

"지금은 온 나라가 다 한없이 풍부하고 안락하여 도적이 거의 없건만, 오직 한 사람이 도적질로써 업을 삼아 생활하는 것을 온 나라 사람들이 다 알고 있습니다. 그 보배 구슬도 반드시 그 사람이 훔친 것으로 생각됩니다. 그러나 이제 그를 얽어매어 매질하고 구타하더라도 항복하지는 않을 것이니, 왕께서 어떤 계책을 꾸며 스스로 그 사실을 고백하게 하옵소서."

왕이 그 슬기로운 신하에게 물었습니다.

"그렇다면 어떠한 계책을 꾸며야 하겠는가?"

슬기로운 신하는 대답했습니다.

"지금 대왕께서 비밀리에 어떤 사람을 보내 저 구슬 훔친 자를 초청하여 모두가 한꺼번에 술을 권하되 극도로 취하게 한 다음, 그를 궁전에 실어다 두고 미처 그가 술이 깨기 전에 온 궁전의 기녀伎女들을 예쁘게 꾸미고, 수준 높은 노래와 맛난 음식과 감미로운 술로써 즐기다가 마침내 술이 깨어 놀라 일어날 무렵에 뭇 기녀로 하여금 집중적으로 그에게 말하기를, '당신이 남섬부주에 있을 때, 탑 문설주 위의 구슬을 훔쳤기 때문에 이제 이 도리천에 태어났습니다. 우리들 기녀가 함께 당신을 모시기 위해 이 음악을 베푸는 것이니 당신은 사실 그대로를 말씀하시오.' 라고 이렇게 부추기면 그의 고백을 들을 수 있을 것입니다."

왕이 이 말을 듣고 즉시 그대로 실행해 보았으나, 저 구슬 훔친 자가 무슨 영문인 줄 모르고 술에 취해 있으면서도 얼핏 생각했습니다.

'정작 사실대로 말한다면 죄받을 것이 두렵고, 계속 문초를 받을 터이니 어떻게 할까?'

이같이 망설이다가 그에게 문득 옛날 스님들이 논란하던 시가 떠올랐습니다.

'천상 사람들이 눈을 깜빡이는 것은 매우 더디고, 인간 세상의 사람들이 눈을 깜빡이는 것은 매우 빠르다.'

그 구절이 기억에 떠오르자 다시 생각했습니다.

'지금 기녀들이 눈을 깜빡이는 것이 다 빠른 것을 보니 반드시 천상 사람이 아니구나.'

곧 머리를 숙이고 사실대로 말하지 않았습니다. 이윽고 술이 다 깨자 관官에서는 그 이상 죄를 따져 묻지 않았고, 훔친 자는 그 자리를 벗어나 죽지 않았습니다. 이 계획이 실패되자 슬기로운 신하는 다시 왕에게 사뢰었습니다.

"이번에는 다른 계책을 꾸며 저 문제의 구슬 훔친 자를 잡으소서."

왕이 다시 물었습니다.

"다른 계책이란 또 어떤 것인가?"

슬기로운 신하는 대답했습니다.

"대왕께서 이제 저 구슬 훔친 자를 친히 불러서 대신의 지위를 주시고, 일체 창고의 물자를 비밀리에 다 조사한 다음 그 창고 관리의 책임을 맡겨 주십시오. 얼마 뒤에 왕께서 부드러운 말씀으로 타이르십시오.

'이제 그대처럼 믿을 수 있는 이가 다시없으니 창고를 잘 지켜 잃어버리는 물건이 없게 하여라.'

그렇게 하시면 틀림없이 마음속으로 기뻐할 것입니다. 이때 왕께서 또 조용히 물으십시오.

'내가 앞서 마니 구슬을 탑 문설주 위에 달아 둔 일이 있었는데 그대가 혹시 그 구슬의 행방을 아는가?'

그렇게 한다면, 그가 반드시 사실대로 고백할 것입니다. 왜냐하면 왕께서 그를 믿고 귀중히 여겨, 일체 창고의 재보를 다 맡기셨기 때문입니다."

왕이 역시 그 신하의 계책에 따라 시험해 보았던 바, 과연 구슬 훔친 자가 슬기로운 신하의 말대로 왕에게 사실을 고백했습니다.

"제가 보배 구슬을 훔친 놈이었습니다. 두려워서 감히 구슬을 내놓지 못했습니다."

왕은 다시 물었습니다.

"그렇다면, 그대가 앞서 술에 취해 나의 궁전에 누워 있을 때 뭇 기녀들이 그대를 '천상에 태어났다.' 고 했는데 왜 사실대로 고백하지 않았는가?"

그는 이렇게 대답했습니다.

"제가 옛날 절에 들렀을 때 비구들끼리 네 구절 시에 대하여 강론하는 것을 들었습니다. '천상 사람들이 눈을 깜빡이는 것은 매우 더디고, 인간 세상 사람들이 눈을 깜빡이는 것은 매우 빠르다.' 라는 그 말을 들은 기억이 떠올라서 천상에 태어난 것이 아닌 줄을 알고 사실대로 고백하지 않았던 것입니다."

이에 왕은 보배 구슬을 다시 얻음으로써 기쁨에 넘쳐 다시 그 죄를 묻지 않았고, 구슬을 훔쳤던 신하도 그 때, 완전히 죄에 벗어난 줄 알고 왕 앞에 나가 말했습니다.

"이 놈의 죄를 용서하사 출가할 것을 허락해 주시옵소서."

왕은 대답했습니다.

"그대가 이제 높은 지위에 처해 있어 부귀와 쾌락을 다 갖추었거늘 무엇 때문에 꼭 출가하려 하는가?"

그는 다시 이렇게 말했습니다.

"제가 일찍이 사문들이 논의한 네 구절 시를 들은 그것 만으로써도 죽음의 액난厄難을 벗어나 살게 되었거든, 하물며 많은 경전을 듣고 외우고 닦고 익혀서 그대로 수행한다면 얼마나 더 좋겠습니까? 또 얼마나 큰 이익을 얻겠습니까? 그러므로 제가 꼭 출가하기를 원하는 것입니다."

마침내 그는 출가하여 부지런히 닦고 익힘으로써 아라한과를 얻고, 삼명과 육신통과 팔해탈을 구족하여 온 천상 사람과 세간 사람들에게 존경을 받았습니다.

여러 비구들은 부처님의 말씀을 듣고 다 기뻐하며 마음에 새기고 실천했습니다.

성문품

聲門品

9권

실업인 해생

부처님께서 슈라바스티에 있는 기타 숲 외로운 이 돕는 절에 계시던 어느 때, 그 성중에 있는 오백 명 상인들이 큰 바다에 들어가 값진 보물을 채취하려고 했습니다. 마침 저 상인 우두머리는 문벌 좋은 집의 딸과 금방 결혼한 사람으로 부인을 데리고 함께 바다에 들어가 열 달 만에 아들을 낳았는데, 아이의 이름을 해생海生이라 했습니다. 그 아이의 큰 복덕으로써 그 상인들이 다 값진 보물을 많이 얻고 무사히 돌아오게 되자, 모두를 편안하게 해주었기 때문에 편안해생便安海生이라고 부르기도 했습니다. 그 뒤 아이가 차츰 나이가 들고 성장했을 때, 그 때에 또 그 상인들이 서로가 의논하고 다시 큰 바다에 들어가 먼저와 같이 값진 보물을 얻어서 돌아오는 도중에 캄캄하고 큰 바람을 만나 배가 나찰귀신의 나라에까지 밀려났고, 그 곳에서 또 거센 풍파를 만났습니다.

그 때 상인들이 각각 꿇어앉아 개인이 믿는 신에게 기도를 올렸으나 아무런 감응이 없어, 그 액난을 피할 길이 없었습니다. 그들 가운데 부처님 제자 한 사람이 여러 상인들을 보고 이렇게 말씀했습니다.

"부처님 세존께서 항상 대비하신 마음으로써 이십사 간 중생을 식별하시고 고통을 받는 이가 있으면 '직접 가셔서 제도하신다.' 고 들었습니다. 그대들이 지금 '부처님께 귀의합니다.' 라고 정성껏 외치면, 부처님께서 여기에 오셔서 우리들의 생명을 구제해 주실 것입니다."

이 말을 들은 상인들은 다 같이 한꺼번에 '부처님께 귀의합니다.' 를 반복하여 외쳤습니다. 그 때 세존께서 괴로움에 허덕이는 상인들을 보시고 즉시 광명을 놓아 두려운 바람에 비추니, 바람이 곧 사라져 어려움에서 벗어나게 되자 모두들 이렇게 말했습니다.

"우리들이 죽음에 처하여 몸부림칠 때 부처님께서 광명을 놓으셔서 살아났으니, 지금 무사하게 육지에 도착하면 부처님과 스님들을 위해 절을 짓고 탑을 세워 부처님과 스님들을 모시고 온갖 공양을 올리고, 스님들과 절에서 필요한 물자를 다 공급하되 조금도 모자람이 없게 해드립시다."

이와 같은 의견이 나오자 모두가 찬성하여 굳게 결의하고 배를 저어 무사히 귀환했습니다. 아무 탈 없이 귀환한 그들은 바다에서 결의한 그대로 절을 짓고, 탑을 세워 부처님과 스님들을 모시고, 온갖 맛난 음식으로써 공양을 올린 다음 한쪽에 물러나 앉아 있었습니다. 그들은 부처님의 설법을 듣고 마음이 열려 모두 도를 얻자, 곧 부처님 앞에 나아가 출가하기를 원했고, 부처님께서 그들을 위해 이렇게 말씀하셨습니다.

"잘 왔구나! 비구들아."

저절로 수염과 머리카락이 깎이고 법복이 몸에 입혀져 곧 스님이 되어, 부지런히 닦고 익혀 아라한의 과위를 얻고, 세 가지 밝음과 여섯 가지 신통과 여덟 가지 벗어남을 구족해, 모든 하늘 사람들과 인간들에게 존경을 받았습니다. 그 때에 여러 비구들이 위의 사실을 보고 부처님께 사뢰었습니다.

"세존이시여, 저 상인이었던 오백 명 비구는 전생에 무슨 업을 지었기 때문에 그러한 액난을 당해서 부처님의 보살핌으로써 몸서리치는 재난을 벗어났으며, 또 무슨 인연으로써 세존을 만나 출가하여 득도하게 되었습니까?"

"비구들아, 오늘만 그들을 구제한 것이 아니다. 과거에도 내가 그러한 고난에서 그들을 구제한 일이 있었느니라."

비구들이 거듭 부처님께 사뢰었습니다.

"세존이시여, 과거에 어떤 일이 있었는지 저희들은 모르오니, 원컨대 부연해 주시옵소서."

"비구들아, 그렇다면 내가 이제 너희들을 위해 말할 테니, 자세히 들어라.

한량없는 과거에 이 바라나시에 다섯 가지 신통을 갖춘 선인仙人이 강 언덕에 머물고 있었다. 그 때 상인 오백 명이 큰 바다에 들어가는 도중 강 언덕을 지나면서 저 선인을 보고 모두들 인사를 드리고 모두 약속이나 한 듯 동시에 같이 바다에 들어갈 것을 권유하자 저 신인은 이렇게 타일렀다.

'그대들끼리 잘 다녀오시오. 만약 중간에 어떤 어려움이 있으면 나의 이름만 부르시오. 그렇게 하면 내가 그대들을 구원해 주겠소.'

상인들이 이 말을 듣고 곧 배를 저어 바다에 들어가 값진 보물을 많이 얻어서 돌아오는 도중, 사나운 나찰과 캄캄한 바람을 만났다. 상인들은 지극한 마음으로써 함께 저 선인의 이름을 부르자, 과연 무서운 나찰과 두려운 바람이 없어져 모든 고난을 벗어나게 되었느니라.

비구들아, 알아라. 그 당시의 선인은 바로 나의 전신이었고, 오백 명 상인들은 바로 지금의 저 오백 명 비구들 전신이었다. 그 때 나는 번뇌를 다 끊지 못하고도 그들의 액난을 구제해 주었거든, 하물며 지금 세 세계를 벗어난 내가 그들을 교화하여 제도하지 않겠느냐."

그 때 모든 비구들은 부처님의 말씀을 듣고 기뻐하며 마음에 새기고 실천했습니다.

꽃 옷의 슈마나

부처님께서 슈라바스티에 있는 기타 숲 외로운 이 돕는 절에 계시던 어느 때, 그 성중에 한량없고 헤아릴 수 없는 재보를 가진 장자가 있었습니다. 그는 어떤 문벌 좋은 집의 딸과 결혼하여 온갖 음악을 즐기며 소일했고, 그 부인이 임신하여 열 달 만에 아들을 낳으니, 그 용모가 단정하고 빼어났으며, 복과 덕을 갖춘 동시에 슈마나 꽃 옷을 입은 채 출생했습니다. 관상가를 불러 아이의 상을 보게 하니, 관상가가 상을 보고 나서 부모에게 물었습니다.

"이 아이가 출생할 때, 집안에 어떤 상서로운 일들이 있었습니까?"

"아이의 온 몸이 슈마나 꽃 옷에 쌓여 출생했기 때문에 이름을 슈마나라 하였소."

그 뒤 아이의 성품이 더욱 인자하고 효성스러웠으며, 점점 성장하니 슈마나 꽃 옷도 몸에 알맞게 커졌습니다. 부모가 아이를 사랑한 나머지 존자 아니룻다에게 데리고 가 사미를 만들어 좌선을 가르쳤는데, 오래지 않아 아라한이 되고 세 가지 신통과 여섯 가지 밝음과 여덟 가지 벗어남을 구족하여 모든 하늘 사람들과 세간 사람들에게 존경을 받게 되었습니다. 그 때 아니룻다가 그 사미에게 이렇게 말했습니다.

"너는 지금 저 발제강에 가서 깨끗한 물을 떠가지고 오너라."

사미가 명령을 받은 즉시 그 강에 가서 병에 물을 가득 담아 허공에 던진 다음 곧 뒤따라 날아왔습니다. 그 때에 여러 비구들이 이 사미를 보고 '전에 없었던 일이라.' 고 감탄하며, 세존께 가서 사뢰었습니다.

"세존이시여, 저 슈마나 사미는 전생에 무슨 복을 심었기 때문에 슈마나 꽃 옷을 입은 채 큰 부호의 집에 태어났으며, 또 무슨 인연으로써 비구가 되지 않고 곧 아라한의 과위를 얻었습니까?"

"비구들아, 내가 지금 자세하게 말할 테니 너희들은 잘 들어라.

옛날 옛적 구십일 겁 전에 비바시 부처님께서 바라나시에 출현하셨다가 열반하시니, 그 나라의 왕 범마달다가 그 부처님의 사리를 수습하여 네 가지 보배로써 탑을 세우고, 조석으로 공양을 올렸다. 그 때에 어떤 동자가 그 탑을 보고 기쁜 마음을 내어 출가했으나 그러나 늙음에 이르도록 얻은 것이 아무것도 없는 것을 매우 부끄럽게 생각하고, 슈마나 꽃을 많이 따서 실에 꿰어 탑 위를 두루 덮은 뒤에 발원하고 그곳을 떠났다. 그는 그 공덕으로써 구십일 겁 동안 지옥 · 아귀 · 축생에 떨어지지 않았고, 날 때마다 슈마나 꽃 옷을 입고 인간 세상과 하늘 세상에 번갈아 태어나 여러 가지 쾌락을 받아왔으며, 지금은 나를 만나 출가하여 아라한이 되었느니라."

그 때 모든 비구들은 부처님의 말씀을 듣고 기뻐하며 마음에 새기고 실천했습니다.

보배 손

부처님께서 슈라바스티에 있는 기타 숲 외로운 이 돕는 절에 계시던 어느 때, 그 성에 큰 부자인 장자가 살았습니다. 그는 지체 높은 집안의 딸을 아내로 맞이하여 내외가 음악을 즐기며 소일했습니다. 그 아내가 아들을 낳았는데, 아이가 흔하지 않게 단정하고 빼어났으며, 양손에 금화 한 닢을 지니고 있었고, 그 금화를 그의 손에서 받아내면 다시 그의 손에는 금화가 생겼습니다.

부모가 놀라며 관상가를 불러 아기의 상을 보이니, 그가 부모에게 물었습니다.

"이 아이가 태어날 때 어떤 경사스러운 일이 있지 않았습니까?"

"아이가 날 때 양손에 금화 한 닢씩을 가지고 있었소. 그것을 빼내면 손에 다시 금화가 생겼소."

아이가 성장하면서 성품은 인자하고 효성이 지극했으며, 보시하기를 좋아했습니다. 누구라도 구걸하는 이를 만나면 귀찮아하지 않고, 손에서 금화를 꺼내어 주는 것을 무척 좋아했습니다. 어느 날 여러 친구들과 성 밖에 나가 놀다가, 기타 숲 외로운 이 돕는 절에 도착하여 멀리서 부처님의 서른두 가지 잘 생긴 모습과, 여든 가지 빼어난 몸매에서 소나기가 그친 뒤 터진 구름사이로 비치는 햇살 같은 빛이 쏟아지는 것을 보고, 기쁨에 넘쳐 저도 모르는 사이에 성큼성큼 부처님 앞으로 가서 예배드린 다음 부처님과 대중 스님들에게 공양을 올리겠다고 말씀을 드렸습니다.

"대자대비하신 마음으로써 제가 올리려는 공양을 받아 주시옵소서."

그 때에 아난다가 부처님 곁에 있다가 아이에게 물었습니다.

"네가 공양을 올리려면 재물이 있어야 하지 않겠느냐?"

아난다의 말을 들은 아이가 두 손을 펴 손바닥을 아난다에게 보이자, 금전이 쏟아지기 시작하여 잠깐 동안에 금화 무더기가 생겼습니다.

그 때에 부처님께서 아난다에게 말씀하셨습니다.

"네가 이 금화로써 나와 비구들을 위하여 맛난 음식을 마련하도록 분별하여라."

부처님의 분부를 받은 아난다가 정성을 다해 음식을 마련했고, 부처님과 제자들이 공양을 마치자, 부처님께서 보수를 위해 설법하시니, 그는 마음이 트여 샤크르다가민이 되었습니다. 집에 돌아간 그는 부모에게 그 날에 있었던 일을 말씀드리고, 출가하고 싶다는 뜻을 밝히니, 부모가 반대할 수 없어 허락했습니다. 그가 부처님께서 계시는 절에 와서 출가하기를 소원하니, 부처님께서 말씀하셨습니다.

"잘 왔구나! 비구야."

그의 수염과 머리카락이 저절로 깎이고 몸에 가사가 입혀져 바로 스님이 되었습니다.

그는 부지런히 정진하고 익혀, 세 가지 밝음과 여섯 가지 신통과 여덟 가지 벗어남을 성취하여, 하늘 사람들과 세상 사람들에게 존경을 받는 아라한이 되었습니다.

그 때 이 사실을 안 아난다가 부처님께 여쭸습니다.

"세존이시여, 저 보수 비구는 전생에 무슨 복덕을 심었기 때문에 호귀한 종족의 큰 장자 댁에 태어났으며, 두 손에서 금화가 계속 나오며, 또 부처님 법에 출가하여 아라한이 되었습니까?"

"너희들은 잘 들어라. 내가 지금 알 수 있도록 말하리라.

이 현겁賢劫에 가샤파 부처님께서 바라나시에 출현하셔서

많은 중생을 제도하시고 인연이 다 되어 열반에 드셨다. 그 때 그 나라의 왕 가시가 사리를 수습하여 네 가지 보배로써 탑을 세우고, 공양을 올렸다. 그 때에 그 나라에 살던 어떤 장자가 탑의 문설주가 아름다운 것을 보고 기쁜 마음을 내어 금화 한 닢을 문설주 밑에 놓으며 발원했느니라. 그 공덕으로써 나쁜 갈래에 떨어지지 않고, 언제나 하늘이 아니면 인간 세상에 나되 손만 펴면 금화가 나왔고, 지금도 손에서 돈이 나오며, 나를 만나 출가해 도를 얻었느니라."

그 때 모든 비구들은 부처님의 말씀을 듣고 기뻐하며 마음에 새기고 실천했습니다.

가사를 입고 태어난 왕자

부처님께서 슈라바스티에 있는 기타 숲 외로운 이 돕는 절에 계시던 어느 때, 프라세나짓 왕후가 잉태하여 만 열 달 만에 아들을 출산했는데, 그 용모가 세상에 드물게 단정하고 아름다웠으며, 태어날 때 몸에 가사를 입고 났으며, 나자마자 울지 않고 부왕을 보고 말을 했습니다.

"여래 세존께서 지금 세간에 계십니까? 그리고 대덕 가샤파와 샤리푸트라와 마우드갈야야나 등 큰 제자들도 지금 다 계십니까?"

부왕은 놀라고 기뻐하며 대답했습니다.

"지금 그 분들이 다 계신다."

"그러시다면 아바마마께서 저를 위하여 공양을 준비하시고 부처님과 스님들을 초청해 주십시오."

왕은 그의 뜻에 따라 공양을 준비하게 하고, 부처님과 스님들을 초청했습니다. 부처님께서 궁전에 드시면서 그 태자를 보고 말씀하셨습니다.

"네가 옛날 옛적 카샤파 부처님 때에 삼장 비구였던 것을 기억하느냐?"

"예 그러하옵니다."

"모태에 있던 동안 편안하였느냐?"

"부처님께서 염려하여 주신 은혜로써 성품과 생명을 밤낮으로 잘 보존했습니다."

부처님과 태자의 문답을 듣고 있던 왕과 왕후는 기쁘기도 하고 놀랍기도 해 부처님께 사뢰었습니다.

"세존이시여, 이 아이는 전생에 무슨 복업을 지었기 때문에 출생과 동시에 말을 했으며, 감히 부처님과 문답을 했습니까?"

그 때에 세존께서는 시로써 대답하셨습니다.

전생에 지은 모든 선업은
백 겁을 지내도 그대로 있나니
그가 지은 선업의 인연 때문에
이제 이러한 과보를 받은 것이오.

부처님의 시를 들은 왕과 왕후가 다시 부처님께 여쭸습니다.

"세존이시여, 옛날 옛적에 어떠한 일이 있었는지 저희들은 모르오니, 저희들을 위하여 옛날 이야기를 말씀하여 주십시오."

"황후님, 지금 말씀드릴 테니 잘 들어 보십시오.

이 현겁에 가샤파 부처님께서 바라나시에 출현하셔서 비구들과 함께 여러 곳을 다니시며 교화하시다가 가시왕의 나라에 도착하셨소. 그 나라의 태자 선생善生이 부처님을 뵙고 돈독한 신심과 공경하는 마음을 내더니, 부왕에게 출가를 허락해 달라고 간청했소. 대왕은 태자에게 말했소.

'너는 외아들로서 왕위를 이어받아 백성들을 다스려야 하지 않겠느냐?'

이렇게 말한 왕은 끝내 허락하지 않았소.

태자는 부왕의 말씀을 듣고부터 두 손으로 땅을 치면서 부왕의 허락을 얻으려고 음식을 끊고, 하루 이틀 사흘 나흘 닷새를 지나 엿새까지 땅에 엎드린 채 일어나지 않았소. 보다 못한 대신들이 왕에게 말했소.

'태자님이 음식을 끊은 지 이미 엿새가 되었으니, 만에 하나 생명을 보존하지 못할까 걱정되옵니다. 대왕마마께서는 태자님을 만나셔서 출가를 허락 하시옵소서.'

그 때에 대왕은 농성중인 태자를 찾아가서, 조건을 제시하고 출가를 허락했소.

'너는 지금부터 삼장三藏을 다 외우고, 경전이 중생에게 주는 이익을 통달하겠다면 너의 출가를 허락하고, 그런 뒤에라야 나를 만날 수 있느니라.'

부왕의 명령을 들은 태자는 기뻐하며 농성을 끝내고, 바로 출가하여 삼장을 외우고, 경의 이치를 다 통달하고, 궁전으로 돌아가 대왕을 만나니, 대왕이 비구에게 말했소.

'내가 먼저 너에게 제시한 조건들을 완성하고 찾아 왔느냐?'

'분부하신대로 삼장을 다 외웠으며, 경전의 내용을 모두 통달했습니다.'

이 말을 들은 왕은 대단히 기뻐하며, 비구에게 말했소.

'나의 재물을 쌓아둔 창고를 너에게 줄 테니, 조금도 아끼지 말고 네가 사용하고 싶은 대로 사용하라.'

왕의 말을 들은 태자 비구는 왕의 뜻을 알고 재물을 처분하여 카샤파 부처님과 이만 명 비구를 초청하여 공양을 올렸고, 또 이만 명 비구들에게 세 가지 가사와 여섯 가지 물건을 빠짐없이 보시했소. 그 뒤부터 선생 비구는 나쁜 갈래에 태어나지

않았고, 항상 가사를 입은 채 하늘과 인간 세상에 태어났고, 지금 나를 만나 출가하여 도를 얻은 것이오."

그 때 모든 비구들은 부처님의 말씀을 듣고 기뻐하며 마음에 새기고 실천했습니다.

단비甘雨의 사연

부처님께서 슈라바스티에 있는 기타 숲 외로운 이 돕는 절에 계시던 어느 때, 그 성중에 한량없는 재물을 가진 장자가 있었습니다. 그는 어떤 문벌 좋은 집안의 처녀와 결혼하여 여러 가지 문화생활로 신혼시절을 보내고 있던 어느 때, 부인에게 아기가 생겨 달이 차자 아기를 순산 했습니다. 아기는 용모가 아름답고 기품이 넘치며 매우 특이했고, 나던 날 메말랐던 대지에 비가 흠뻑 내렸으므로 가족은 물론 이웃들도 대단히 기뻐했습니다. 관상가를 불러 아이의 관상을 보이니, 아이를 살펴 본 그가 말했습니다.

"이 아이가 복력이 많아 태어날 때 틀림없이 흡족한 비가 왔을 것이오."

그 비를 몰고 온 아이에 대한 이야기가 온 나라에 퍼져 아이의 이름은 저절로 단비甘雨가 되었고, 아이는 또 어머니의 젖을 먹지 않고 입 안에서 나오는 달콤한 물을 먹고 자랐습니다.

아이가 장성하더니 친구들과 성을 나와 유람하다가 기타 숲 외로운 이 돕는 절에 이르러 부처님을 뵈옵고, 세존의 서른두 가지 모습과 여든 가지 뛰어난 몸매에서 천 개 해가 비추는 빛과 같은 찬란한 빛이 사방으로 뻗치는 것을 보고, 기쁜 마음이 충만하여 저도 모르게 부처님 앞에 엎드려 예배드리고, 제자로 받아 주십사하고 청원했습니다.

부처님께서 말씀하셨습니다.

"잘 왔구나! 비구야."

부처님께서 위와 같이 말씀하시니 그의 수염과 머리카락이 저절로 깎이고 가사가 몸에 입혀져 스님이 되었습니다. 부지런히 닦고 익혀, 세 가지 밝음과, 여섯 가지 신통과, 여덟 가지 해탈을 성취하여 하늘 사람들과 세상 사람들의 공경을 받는 아라한이 되었습니다.

그 때에 여러 비구들이 단비 비구를 보고 부처님께 여쭸습니다.

"세존이시여, 저 단비 비구는 전생에 무슨 복을 지었기 때문에 생일에 단비가 내렸으며, 입 안에서 여덟 가지 공덕의 물이 젖을 대신했고, 또 무슨 인연으로써 지금 부처님을 뵙고 출가하여 아라한이 되었습니까?"

"내가 지금 너희들을 위하여 자세히 말할 테니 잘 들어라.

가샤파 부처님께서 바라나시에 출현하셨을 때, 어떤 늙은 장자가 비록 출가는 했으나 교만하고 게을러 공부하지 않을 뿐만 아니라 항상 질병에 시달렸다. 어떤 의원이 진찰하더니 '소蘇를 며칠 자셔야 병이 낫겠소.' 라고 처방했다. 의원의 처방에 따라 소를 먹고 또 밤에 약을 먹으니, 몸에 열이 나고 갈증이 매우 심했다. 캄캄한 밤중에 여기저기에서 물을 찾았으나 그러나 그릇이란 그릇은 어떤 그릇에도 물이 한 방울도 없었고, 샘에 갔으나 샘에도 물이 없고, 연못에 갔으나 연못에도 물이 없고, 강을 찾아갔으나 강마저 고갈되어 목을 축일 수 없었느니라.

스스로 깊이 뉘우치고, 강 언덕에 올라가 옷을 벗어 나무에 걸어두고, 알몸으로 돌아와 이튿날 아침, 그 사이에 일어난 일들을 스승에게 말했다. 그의 말을 들은 스승이 그에게 말했다.

'네가 갈증에 허덕이는 모습은 아귀와 같구나. 내가 지금 병에 물을 담아 줄 테니, 너는 물병을 가지고 스님들이 계시는 곳에 가서 스님들이 사용하시도록 공양을 올려라.'

그는 스승의 가르침대로 물을 담은 물병을 받았다. 그러나 그가 물병을 잡은 즉시 물병의 물이 고갈되어 버렸다. 그는 스스로 '다음 생에 틀림없이 아귀에 떨어지지 않을까.' 하고 근심과 두려움에 떨면서 부처님 앞에 나아가 지금까지의 전후 사정을 아뢰고, 애원하였다.

'세존이시여, 제가 지금 고난을 만나 혹시 아귀에 떨어지지 않을까 두렵사오니, 세존께서 저를 불쌍히 여기시고 구제하여 주시옵소서.'

그 부처님께서 이렇게 말씀하셨느니라.

'비구야, 네가 지금 비구 대중들이 사는 곳에 가서 깨끗한 물을 돌리면 반드시 아귀의 업보를 벗어나게 되리라.'

그는 부처님의 가르침을 듣고 기쁨에 젖어, 곧 비구 스님들의 처소에 가서 이만 년 동안 항상 물병에 깨끗한 물을 담아 대중 스님들에게 공양을 올리고 죽었다. 그 다음부터 태어날 때마다 입안에서 여덟 가지 단물이 나와 젖을 먹지 않았고, 그 위에 지금 나를 만나 출가하여 도를 얻었다. 비구들아, 옛날의 나이 많았던 비구가 바로 지금의 단비 비구니라."

그 때 모든 비구들은 부처님의 말씀을 듣고 기뻐하며 마음에 새기고 실천했습니다.

어떤 실업인의 서원

어느 때 세존께서 도리천에 있는 파리질다라 나무 밑 보석전寶石殿에 석 달 동안 계시면서, 어머님 마야 부인을 위하여 설법을 하시고, 인간 세계로 내려오셨습니다.

그 때에 제석천왕이 부처님께서 내려오시려는 것을 알고 여러 하늘 사람들과 용 · 야차 · 건달바 · 아수라 · 가루라 · 긴나라 · 마후라가 · 구반다 등에게 명령하여 부처님을 위하여 칠보로써 사다리 세 개를 만들게 했습니다. 부처님께서 그 보배 사다리를 밟고 내려오시니, 헤아릴 수 없는 하늘 사람 · 용 · 야차와 사람 같기도 하고 사람 같지 않기도 한 무리들이 하늘에서 내려오시는 부처님을 뵙고 모두가 기쁜 마음을 내어 설법을 듣고 싶어 했습니다.

그 때에 세존께서 대중들이 설법을 들을 마음의 준비가 된 것을 아시고 설법하시니 그들은 설법을 듣고 동시에 그릇에 따라 도를 얻되 어떤 부류는 스로타판나를 얻고, 어떤 부류는 사크르다가민을 얻고, 어떤 부류는 아나가민을 얻고, 어떤 부류는 아라한 도를 얻고, 어떤 부류는 프라데카 부처가 되려는 마음을 내고, 어떤 부류는 부처님이 되려는 마음을 내었는데, 그 대중 가운데서 어떤 비구 스님이 대중들에게 말했습니다.

"여러분들은 모두 저의 간청을 받아 주십시오. 저는 여러분들께 갖가지 맛난 음식과 여러분이 필요로 한 것은 무엇이나 공급하겠습니다."

그 말을 들은 대중들은 제각기 천상의 보배 그릇과 여러 가지 맛난 음식을 얻겠다고 생각했는데, 과연 만족한 대접을 받았습니다. 그 모임에 있던 아난다가 눈앞에서 일어난 일을 보고 부처님께 사뢰었습니다.

"세존이시여, 저 비구는 전생에 무슨 복을 심었기 때문에 이 대중들이 만족할 만큼 그만큼 베풀 수 있었습니까?"

"아난다야, 내가 분명하게 말해 줄 테니 잘 들어라.

지나온 구십일 겁 전에 비파시인 부처님께서 이 바라나시에 출현하셨다. 그 부처님께 법을 배우던 비구들이 여름 안거 동안 산림에서 좌선을 하는데, 걸식하는 곳이 너무 멀어 수행에 애로가 많았다. 그 때에 어떤 비구가 여러 대중 앞에서 말했다.

'오늘부터 제가 대중스님들을 위하여 시주들에게 권유하여 공양과 생필품을 빠짐없이 공급하도록 하겠사오니 모든 스님

들께서는 수행에 전념하십시오.'

화주 한 비구의 도움으로써 대중들은 열심히 수행해 석 달 만에 모두 도를 얻었느니라. 그 공덕 때문에 저 비구는 태어나는 곳마다 필요하다고 생각만하면 무엇이든지 얻을 수 있었고, 지금은 나를 만나 도를 얻었고, 도를 얻은 지금도 대중들을 만나면 지금처럼 대중에게 공양을 베푸느니라."

아난다가 다시 부처님께 여쭸습니다.

"세존이시여, 저 비구는 또 무슨 인연으로써 화생하였습니까?"

"아난다야, 이 현겁의 가사파 부처님 때에 어떤 지역의 경제 단체 회장이 여러 실업인들을 인솔하고 다른 나라에 가서 다른 나라 실업인들을 만나 훌륭한 상담을 하여 헤아릴 수 없는 정도의 이익을 얻었다. 불행히도 그 때에 그 회장의 부인이 아기를 낳다가 아기와 함께 생명을 잃었다. 그러한 일을 당한 경제 단체 회장은 나고 죽음을 두려워하고, 싫어하여 출가하면서 아래와 같은 서원을 세웠느니라.

'제가 출가한 이 선근 공덕을 온 법계에 회향하오니 미래에는 태어 날 때마다 어머님의 태에 들지 말고, 언제나 화생하여지이다.'

아난다야, 지금의 저 비구가 바로 옛날의 경제 단체 회장이었느니라."

그 때 모든 비구들은 부처님의 말씀을 듣고 기뻐하며 마음에 새기고 실천했습니다.

보시와 발원

부처님께서 카필라-바스투 냐그로다 나무 아래에 계시던 어느 때였습니다. 그 성중에 한량없는 재산을 소유한 장자가 있었는데 불행히도 슬하에 일점혈육이 없었습니다. 자식을 두기 위해 천지신명에게 지성껏 기도하더니 드디어 아들을 낳았습니다. 그 아들의 생김새가 단정하고 빼어나 비교할 이가 없고, 그가 날 때에 집안에 저절로 샘물이 솟아났으며 그물을 그릇에 담아 두면 그 물그릇에 여러 가지 값진 보물이 그릇에 가득했고, 집안의 꽃나무에는 가지마다 하늘 옷이 주렁주렁 달려 있었습니다. 이러한 길조를 본 장자가 관상가를 불러 아이의 관상을 보게 했고, 아이를 이리저리 관찰하던 관상가가 말했습니다.

"아이가 태어 날 때 어떤 상서로운 일이 있지 않았습니까?"

"이 아이가 태어 날 때 집 안마당에 저절로 좋은 샘물이 솟았고, 그 샘물을 그릇에 담아 두면 물의 양 만큼 그만큼 값나가는 보배가 물그릇에 가득했고, 또 집 울타리 안에 있던 꽃나무에 하늘 옷이 주렁주렁 매달려 있었으므로 아이의 이름을 중보장엄衆寶莊嚴이라 했소."

그는 성장할수록 용감하고 인자했으니, 성격은 외유내강해 부모에게 효성스러웠고, 친구에게 신망이 두터웠으며, 친인척과 이웃과 화목했고, 그 나라 전 백성들의 선망의 대상이 되었습니다. 어느 때 친구들과 야유회를 하다가 그들이 부처님께서 앉아 계시는 냐그로다 나무 아래에 이르러 부처님을 뵙게 되었습니다. 선정에 드신 부처님의 서른두 가지 잘 생긴 모습과 여든 가지 빼어난 몸매에서 여러 개의 태양이 한꺼번에 솟은 듯한 빛이 사방으로 뻗치는 것을 보고, 마음에 기쁨이 솟구쳐 본인도 모르게 부처님 앞에 엎드려 절하고 한 쪽에 물러나 앉아서 부처님의 설법을 듣고, 마음이 열려 법을 알고, 즉시 스로타판나를 증득했습니다. 곧장 집으로 돌아가 부모에게 '부처님께 출가하겠다.' 고 했습니다. 부모들은 아들을 사랑했으므로 허락하지 않을 수 없었습니다.

부처님께 가서 '출가하겠습니다.' 고 하니 부처님께서 말씀하셨습니다.

"잘 왔구나! 비구야."

부처님의 이 한 마디 말씀에 머리털과 수염이 저절로 깎이고, 가사가 입혀져 스님이 되어, 부지런히 공부하여 오래지 않은 어느 때 세 가지를 명확히 통달하고, 여섯 가지 신통을 갖추고, 여덟 가지 해탈을 얻어 하늘 사람들과 세상 사람들에게 존경을 받았습니다.

중보장엄의 이러한 시실을 안 비구들이 부처님께 여쭸습니다.

"세존이시여, 저 장엄 비구는 전생에 무슨 복을 심었기 때문에 출생함과 동시에 그러한 일들이 있었사오며, 또 출가하자마자 도를 얻었습니까?"

"내가 지금 그대들을 위하여 말할 테니 잘 들어라.

한량없는 옛날 옛적에 구류손 부처님께서 바라나시에 출현하셔서 빠짐없이 교화하시고 열반에 드셨다. 그 때에 범마달다라는 그 나라의 국왕이 부처님의 사리를 거두어 사방이 사 유순이며 높이도 사 유순인 보배 탑을 세우고 공양을 올렸다.

그 때 그 나라의 어떤 장자가 꽃나무를 가지고 와서 탑 앞에 심고 여러 가지 값나가는 옷과 깃대와 장식품들을 나무에 매달고, 또 나무 곁에 보배 병을 가져다 놓고 물을 길어 놓고 발원하고 갔느니라. 그는 그 이후부터 그 공덕으로써 헤아릴 수 없는 겁 동안 지옥 · 아귀 · 축생에 태어나지 않았고, 하늘 세상과 인간 세상에 태어 날 때마다 샘물과 꽃나무가 함께 따랐으며, 더 나아가 지금 나를 만나 출가하여 도를 얻게 된 것이다.

비구들아, 그 때에 꽃나무를 탑에 공양을 올린 사람이 바로 지금의 중보장엄 비구니라.

그 때 모든 비구들은 부처님의 말씀을 듣고 기뻐하며 마음에 새기고 실천했습니다.

교만이 부른 복

부처님께서 슈라바스티에 있는 기타 숲 외로운 이 돕는 절에 계시던 어느 때, 그 남쪽 지방에 있는 금지국金地國의 카피나왕이 결혼한 열 달 만에 아들을 낳았는데, 아이의 뼈마디가 굵고 힘이 세었습니다. 또 그가 나던 날 만팔천 명의 고급 공무원들의 아내들도 아들을 낳았고, 그 아이들도 힘이 세었습니다. 왕자가 장성한 뒤 어느 때 카피나왕이 승하하자 왕자가 곧 뒤를 이었고, 왕자와 생일이 같은 아이들 만팔천 명을 불러 그들을 능력에 따라 공무원으로 특채했습니다. 그들과 함께 나라를 다스리다가 왕이 그 신하들만 데리고 사냥을 나갔다가 휴식할 때 신하들에게 물었습니다.

"지금 이 세상에 나처럼 큰 힘을 가진 임금이 어디 있느냐?"

외국으로만 떠돌아다니며 근무하던 신하가 앞으로 나가 말했습니다.

"저도 들은 이야기입니다만, 우리나라 아래 쪽에 어떤 국왕이 있는데 이름은 프라세나짓이라 합니다. 저 국왕이 지닌 힘은 지금 대왕보다 몇 배나 더 뛰어나다고 합니다."

위의 말을 들은 왕은, 곧 프라세나짓왕에게 칙서를 보냈습니다.

'앞으로 칠 일 안에 시종들을 거느리고 짐의 궁전에 와서 조공을 바치고 문안을 하시오. 그렇게 하지 않을 경우, 짐이 직접 가서 그대의 삼족을 몰살 시키겠소."

아닌 밤중에 홍두깨 격으로, 이웃 왕의 칙서를 받은 프라세나짓왕은 어이없어 하다가, 곧 부처님께 나아가 사뢰었습니다.

"세존이시여, 북쪽에 있는 금지국 왕이 사신을 보내어 저를 협박했습니다. '앞으로 칠 일 이내에 시종들을 거느리고 와서 조공을 바치고 문안을 하시오. 그러지 않을 경우 삼족을 몰살 시키겠소.' 라고 하니, 세존이시여, 이 일을 어떻게 푸는 것이 좋사옵니까?"

부처님께서 말씀하셨습니다.

"대왕님, 대왕님은 조금도 염려하지 마시고 그 사신에게 아래와 같이 말하고 보내시오.

'그대의 주인은 사람을 잘못 보았다. 나는 조그마한 나라의 왕이고, 진짜 대왕은 기타 궁전에 계시니, 그대는 그대 임금의 칙서를 가지고 거기에 가서 진짜 왕에게 전달하시오.'"

프라세나짓왕은 부처님의 가르침대로 사신에게 전달하니, 그 사신은 칙서를 가지고 절로 갔고, 한편 부처님께서는 전륜성왕으로 변화하셨고, 마우드갈야야나를 전군 사령관으로 삼아 수많은 군사들을 거느리고 기타 궁전을 호위하게 하시되, 일곱 겹의 해자에 물을 채우고, 해자에는 칠보로 된 연꽃이 만발해 향기가 주위에 쫙 퍼지고, 해자의 언덕에는 칠보 나무가 무성하고, 연꽃과 나무에서 광명이 나서 온 궁전 안이 휘황찬란했습니다. 궁전 안 어전에는 수많은 대신들이 전륜성왕이 된 부처님 앞에서 회의를 하는데, 그 엄숙한 분위기가 사람들의 호흡을 멎게 할 정도였습니다.

그 때에 사신이 도착하여 그 장면을 보고, 놀라고 기가 죽어 속으로 생각했습니다.

'우리 임금이 긁어서 부스럼을 만들었구나! 그러나 이미 엎지른 물, 여기서 멈출 수는 없다.'

그는 저희 왕의 칙서를 바들바들 떨면서 올리니, 그것을 받아 일별한 왕이 딱한 듯이 사자를 바라보고 사랑이 실린 부드러운 음성으로써 말씀하셨습니다.

"나는 온 세계를 다 다스리는 왕이다. 그대는 즉시 돌아가서 나의 명령을 그대의 주인에게 전달하여라. 나의 친서를 받아 읽는 즉시 재빨리 와서 조공을 바치고 문안을 드려야 한다. 누워서 음성을 들으면 곧 일어나 앉아야 되고, 앉아서 칙서의 소식을 들으면 곧 일어서야 하고, 서서 나의 칙서를 들으면 곧 길을 달려와야 한다. 길이 멀면 불철주야로 달려 칠 일 이내에 시종들을 데리고 와서 조공을 바치고 배알하여라. 만일 기한을 어기면 그 죄를 용서하지 않겠다."

돌아간 사신이 그 때까지 있었던 일을 빠뜨리지 않고 낱낱이 복명하니, 왕은 스스로의 교만을 후회했지만 피할 길이 없는 것을 알고, 곧 삼만육천 공무원에게 출장명령을 내리고, 왕이 직접 통솔하고 길을 떠났습니다. 오는 도중에 의심이 생겨 바로 알현하지 않고, 먼저 보냈던 사신을 부처님께 보내어 아뢰었습니다.

"제가 데리고 가는 인원이 삼만육천이온데 이들을 다 데리고 입궁하기가 어렵사오니 반 수만을 데리고 가서 배알하면 어떻겠습니까?"

"그렇다면 반 수만 거느리고 재빨리 오너라."

부처님의 허락을 받은 금지국 임금은 반 수만 데리고, 빨리 도착하여 부처님을 배알하고, 그리고 그는 생각했습니다.

'저 대왕의 용모는 비록 나보다 뛰어나지만, 그러나 힘은

나보다 못할 것이다.'

전륜성왕이 그의 생각을 아시고, 곁에 있던 젊은 네 장수에게 선조 때부터 전해오는 큰 활을 가져오게 하여, 금지국 임금에게 주면서 말씀하셨습니다.

"활줄을 한 번 당겨 보아라."

활을 받은 그가 활줄을 당기기는커녕 활의 무게 자체를 감당하는 것도 버거워했습니다.

"그 활을 나에게 가져오너라."

전륜성왕이 활을 받아 왼손으로 활을 잡고 오른손 손가락 하나로써 당겼다 놓으니 시위의 떨림 소리가 천지를 진동했고, 또 시위에 화살 다섯 개를 한꺼번에 먹여 쏘니 화살촉이 연꽃으로 변하고, 그 변한 연꽃이 바로 서고 그 꽃 속에 부처님이 계셔서 광명을 놓으시니 그 빛이 온 세계에 가득하였고, 빛을 받은 중생으로서 하늘 사람들과 세상 사람들 중에 도를 얻는 이가 있었고, 지옥에서 이글거리던 불은 꺼지고, 꽁꽁 언 얼음은 녹았고, 아귀들은 배부르도록 음식을 먹었고, 축생들은 무거운 짐을 벗었으며, 삼독에 물들어 허덕이던 중생은 광명을 만나 부처님을 믿고, 삼보에 귀의했습니다. 이러한 여러 가지 변화를 눈으로 직접 본 금지국 임금은 마음속으로 완전히 승복하고 전륜성왕 앞에 온 몸을 던져 예배했습니다.

부처님께서 그의 마음을 아시고 본래의 모습으로 돌아가 천이백 대중에 에워싸여 계시면서, 금지국 임금과 만팔천 공무원들을 위하여 설법하시니, 그들은 마음이 열리고 뜻을 알아차려 스로타판나 도를 얻고, 출가하기를 원했습니다.

"잘 왔구나, 비구들아!"

부처님의 한 말씀에 그들의 머리카락과 수염이 저절로 깎이고 가사가 입혀져 모두 스님들이 되어, 열심히 공부하더니 미구에 세 가지 신통을 얻더니, 곧바로 육신통과 여덟 가지 해탈을 성취하여, 하늘 사람들과 세상 사람들의 존경을 받았습니다.

위와 같은 사실을 보고 있던 아난다가 부처님께 여쭸습니다.

"세존이시여, 저 금지국의 왕과 저 비구들은 전생에 무슨 복을 지었기에 왕자와 호족으로 태어나 큰 힘을 가지게 되었고, 또 무슨 인연으로써 부처님을 만나 도를 성취하였습니까?"

"내가 지금 자세히 말할 테니 잘 들어라.

옛날 옛적에 비바시 부처님께서 바라나시에 출현하셔서 언제나 함께 사는 대중을 거느리시고 보전국에 이르셨다. 그 나라 임금 반두말제는 부처님께서 자기 나라에 오신다는 소문을 듣고, 기쁜 마음으로 신하 만팔천 명을 거느리고 성문 밖에 나가 영접하되, 땅에 엎드려 예배드리고 두 무릎을 꿇고 엉덩이를 들고 합장한 채로 부처님과 비구스님들에게 청원했다.

'대자대비하신 마음으로 석 달 동안 저희들이 올릴 네 가지 공양을 받아 주십시오.'

그 부처님께서 공양을 받겠다고 허락하신 뒤, 곧 온갖 법을 말씀하시니 왕과 신하들은 각각 기쁜 마음을 내어 다음과 같은 서원을 세웠다.

'저희들이 올릴 공양의 선근 공덕으로써 미래 세상에 태어나는 곳마다 한 날 한 시에 같은 성에 태어나게 되어지이다.'

이렇게 발원하고 헤어졌느니라. 그 이후 그들은 아직까지 나쁜 갈래에 떨어지지 않았고, 언제나 천상이나 인간 세상에 한 날 한 시 한 곳에 태어났고, 지금 나를 만나 출가하여 도를 얻었느니라."

그 때 모든 비구들은 부처님의 말씀을 듣고 기뻐하며 마음에 새기고 실천했습니다.

떡 한 조각

부처님께서 슈라바스티에 있는 기타 숲 외로운 이 돕는 절에 계시던 어느 때, 여래께서 6년 고행을 마치시고, 처음 정각을 이루신지 만 십이 년째였습니다.

천이백오십 비구들을 거느리시고 카필라-바스투로 가시면서 생각하셨습니다.

'내가 지금 본국으로 가는데, 여러 비구들과 함께 신통을 부려서 가야 하겠구나. 샤카족들은 교만하여 그들이 출가하면 공동생활을 할 수 없기 때문이다.'

곧 항상 따라 다니는 대중에게 말씀하셨습니다.

"내가 지금 본국으로 돌아가려 하니, 너희들은 각자가 신통변화를 부려 나와 함께 그 곳에 가서, 모든 샤카족들이 정성을 다해 믿고 복종하게 해야 하느니라."

위와 같이 말씀하신 세존께서 큰 광명을 놓으시며, 여러 비구들과 허공으로 카필라-바스투에 도착하셨습니다.

그 때에 정반왕은 부처님께서 오신다는 소식을 듣고, 여러 석씨들에게 길을 쓸고 깃대를 세우고 보배 방울을 달고 향수를 뿌리며, 길에 꽃을 흩고, 연주자들을 동원하여 환영 축하 음악을 연주하며 세존을 맞이하되, 부처님께서 앞에 이르시니 그들은 무의식중에 부처님 발에 예배했고, 왕궁에 드셔서 공양을 받으시게 했습니다.

그 때에 왕이 부처님을 시종하는 제자들이 신통이 뛰어나 감탄은 했으나, 용모가 너무 못나 다른 사람들 보기에 민망함을 느끼고, '내가 지금 당장 아지라바티 지역에 사는 샤카족 가운데서 용모가 단정한 오백 명을 선발하여 세존의 주위에 배치하겠다.'는 생각을 했습니다. 곧 오백 사람을 선발하여 부처님 처소에 보내고, 이발사 우바리에게 그들의 머리와 수염을 깎게 했습니다. 우바리가 왕족의 머리를 깎다가 어떤 사람의 머리에 눈물이 흐르자 그가 물었습니다.

"네가 왜 눈물을 흘리느냐?"

"왕족은 모든 샤카족 중에 존귀하신 분들인데, 갑자기 하루 아침에 이렇게 모습을 바꾸고, 성긴 옷과 형편없는 음식을 자시게 된 것을 생각하니 자연히 눈물이 납니다."

우바리의 말을 들은 아지라바티 지역의 샤카족이 마음속으로 슬퍼하며 머리와 수염을 깎고, 가사와 바루를 받고, 비구계를 받기 위해 선배 스님들 앞에 가서 차례로 절하다가 우바리 비구 앞에 이르러서 예배하지 않으므로 부처님께서 그 이유를 물으셨다.

"네가 지금 우바리에게 절하지 않는 것은 무슨 까닭인가?"

"그는 천한 몸이고 저는 고귀한 몸이기 때문에 예배하지 않습니다."

"나의 법에는 귀족과 천민이란 구분을 두지 않는다. 모든 것은 눈홀림 같아서 안정과 위험함을 보장하기 어렵느니라."

"그러하오나 그는 저희 왕족들의 노복이었으니 어찌 예배할 수 있겠습니까?"

"주인 · 노복 · 빈 · 부 · 귀 · 천 등은 은혜와 애정으로 분별하는 것일 뿐 무슨 차별이 있느냐?"

왕족이 부처님의 가르침을 받고, 우바리에게 예배하자 천지가 진동했고, 공중에 있던 천신들이 '전에 없던 일이다. 샤카족의 왕자들이 도를 구하기 위해 저 미천했던 우바리 비구에게 진심으로 몸을 굽혀 꿇어 앉아 예배했으니 그들의 아만이 뿌리까지 뽑혔도다.'라고 큰 소리로써 찬탄했습니다. 그들은 구족계를 받은 다음, 한쪽에 물러나 앉아 잠깐 동안 부처님의 설법에 귀를 기울이더니 오래지 않아 아라한과를 얻었습니다. 그들은 다른 비구들과 마찬가지로 바루를 들고 걸식하여 먹고, 무덤 사이에서 앉아 밤새워 선정을 즐기고, 나무 아래에 살면서 불편함이나 두려움이 없는 것은 물론 마음의 상태가 지극히 안정되어, 아래와 같은 말을 했다.

"내가 그제까지 궁중에 있을 때는 건장하고 무술을 잘 익힌 젊은이들을 요소요소에 배치하고도 항상 걱정을 했고, 불안함을 느꼈는데, 지금 출가하여 도를 익히고 무덤 사이에 있어도 무서움이 없고, 나무 아래에 있어도 불편한 줄 모르니, 이 상쾌함, 이 즐거움을 말로써 표현할 수 없구나!"

이러한 말을 들은 어떤 비구가 부처님께 여쭈었습니다.

"세존이시여, 저 비구는 전생에 무슨 복을 심었기에 고귀한 집안에 태어났으며, 출가하여 설법을 듣자마자 바로 아라한이 되었습니까?"

"비구들아! 내가 지금 너희를 위하여 말할 테니 잘 들어라.

한량없는 과거 어느 때 이 바라나시에 어떤 프라데카 부처가 있었느니라. 그는 언제나 아침이면 바루를 들고, 걸식을 했다. 어느 때 진짜 거지가 굶주린 채 비럭질을 하는데, 떡 한 개를 얻어 막 먹으려 하다가, 걸식하는 프라데카 부처의 거룩한 모습에 매료되어 기쁨을 이기지 못하고, 그 떡을 프라데카의 바루에 넣었다. 그 떡을 받은 벽지불은 그 떡을 받은 즉시 몸을 솟구쳐 허공에 올라가 열여덟 가지 신통 변화를 나타내었다. 동쪽에서 솟아 서쪽으로 사라지기도 하고, 남쪽에서 솟아 북쪽으로 사라지기도 하고, 그 몸에서 물과 불을 내뿜는 등의 변화를 일으켰다. 이러한 신통을 보던 거지는 주린 것도 잊고, 존경심을 내며 발원했다. 그는 그 때의 그 복으로써 그 때 이후 지금까지 지옥 · 아귀 · 축생에 태어나지 않았고, 천상이나 인간 세상에 태어나되 존경과 부귀와 쾌락을 받았으며, 지금 나를 만나 출가하여 아라한이 된, 저 비구가 바로 떡을 보시한 굶주린 거지였느니라."

부처님께서 위의 말씀을 하셨을 때 대중 가운데서 어떤 이는 스로타판나가 되고, 어떤 이는 샤크르다가민이 되고, 어떤 이는 아나가민이 되고, 어떤 이는 아라한이 되었으며, 어떤 이는 프라데카 부처가 되려는 마음을 내었고, 어떤 이는 더 없이 높은 부처님이 되려는 마음을 내기도 했습니다.

그 때 모든 비구들은 부처님의 말씀을 듣고 기뻐하며 마음에 새기고 실천했습니다.

프라데카 부처에게 올린 공양

부처님께서 구비라의 어느 나무 아래 계시면서 아래와 같은 생각을 하셨습니다.

'나는 지금 이 나라의 태자가 있는 동궁에 가서 설법하여 출가하도록 해야 하겠다.'

곧 여러 비구들을 거느리고 성문에 이르러 문 안에 한 발을 디디시니, 천지가 진동하고, 하늘에서는 향기로운 온갖 꽃이 비 오듯이 내렸으며, 부처님께서 큰 광명을 놓아 온 성 안을 비추시니, 앞을 못 보는 사람은 사물을 보고, 소리를 못 듣는 사람은 소리를 듣고, 말을 못하던 이는 말을 했고, 걷지 못하던 이가 걷는 등 모든 장애자의 장애가 없어졌습니다.

위와 같은 여러 가지 기적을 직접 본 왕자는 '지금까지 없었던 일이다.' 라고 독백하며, 지체하지 않고 부처님께서 계시는 곳으로 갔습니다. 가까이 도착하여 서른두 가지 특별히 잘 생긴 몸매에서 헤아릴 수 없는 태양이 비추는 빛과 같은 빛이 사방으로 뻗치는 것을 보았고 호국 태자는 더욱 기쁜 마음으로써 부처님께 예배하고 한쪽에 물러나 앉아 있었습니다.

부처님께서 그를 위하여 네 가지 진리를 말씀하시니, 그는 마음이 열리고 뜻을 알더니 스로타판나가 되었습니다. 궁에 돌아가 부왕에게 부처님의 공덕을 찬탄하고, '만약 세속에 있다면 당연히 전륜성왕이 되어, 온 천하를 다스리며, 자연히 칠보가 따르고, 출입이 자유로웠을 분이다. 그러나 전륜성왕의 지위도 버리고 출가하여 정각을 이루셨는데, 나는 지금 칠보도 따르지 않거늘 부처님을 찾아뵙고 출가할 수 있도다.'

위와 같이 생각한 태자는 부왕에게 가서 간청했습니다.

"아바마마, 소자를 가엾이 여기시고 소자가 출가하여 부처님의 제자가 되는 것을 허락하여 주십시오."

그 말을 들은 수제왕은 허락하지 않았습니다.

태자는 그 자리를 떠나지 않고, 번민하며 단식을 시작하여 하루 · 이틀…, 더 나아가 엿새가 되니, 여러 신하들이 태자가 엿새 동안 먹지 않는 것을 보고, 함께 왕 앞에 엎드려 말했습니다.

"마마, 태자가 곡기를 끊은 지 오늘로 엿샙니다. 더 이상 방치하시면 생명을 보존할 수 없습니다. 태자에게 출가를 허락하시면 다시 만날 기약이 있사오나 출가를 허락하지 않으시면 다시는 만나실 수 없습니다."

부왕의 허락을 받은 태자는 먹는 것도 잊고 부처님을 찾아가 출가를 받아 주십사하고 아뢰니, 부처님께서 말씀하셨습니다.

"때 맞게 왔구나! 비구야."

부처님의 한 말씀에 그의 머리칼은 어디론가 가버리고, 수염은 흔적조차 없어졌고, 가사가 입혀지고, 바루를 손에 든 의젓한 새 비구가 되었고, 부처님의 가르침대로 부지런히 공부하더니 오래지 않아 아라한이 되어, 세 가지 밝음과 여섯 가지 신통과 여덟 가지 선정으로써 번뇌의 세계를 완전히 벗어나 하늘 사람들과 세상 사람들의 존경을 한 몸에 받았습니다.

그 때에 여러 비구들이 그 사실을 알고 부처님께 여쭸습니다.

"세존이시여, 저 태자 호국 비구는 전생에 무슨 선업을 지었기 때문에 왕자가 되었으며, 또 출가하여 며칠도 지나지 않고 아라한이 되었습니까?"

"비구들아, 내가 그 사연을 말할 테니 잘 들어라.

옛날 옛적 어느 때 이 바라나시에 비제라는 국왕이 군대를 출동하여 이웃 나라와 교전하다가 패배하여 도주했다. 광야에 이르러 기갈과 혹독한 더위를 견디지 못하고, 물과 풀을 만나지 못하면 죽을 수밖에 없는 딱한 상황이었다. 그 때에 어떤 프라데카 부처가 그의 딱한 사정을 알고 물과 풀이 있는 곳을 가리켜 주어 죽음의 고비를 넘기고, 무사히 궁으로 돌아가 신하들에게 말했다.

'우리들이 죽음의 순간에서 살아남을 수 있었던 것은 다 그 프라데카 부처의 은혜 때문이었다. 반드시 그 분을 초청하여 공양을 올려 은혜의 만분의 하나라도 갚고자 하노라.'

왕은 바로 명령하여 프라데카 부처를 모시고 오게 하고, 음식을 마련하여 도착하는 즉시에 공양을 올리게 했다. 이러한 공양을 받은 프라데카는 신통변화를 보이고 열반에 들었다. 왕과 신하들과 왕후와 궁중의 모든 여인들 등이 그의 열반을 슬퍼했고, 그들은 그의 주검을 화장하여 나온 사리를 거두어, 네 가지 보배로써 탑을 세우고 공양을 올렸다. 그들은 그 공덕으로써 그 때부터 지금까지 나쁜 곳에 태어나지 않았고, 천상이나 인간 세상에 태어나되 부호의 집이나 왕가 또는 권력가의 집에 태어나 온갖 쾌락을 받았고, 지금 나를 만나 출가하여 아라한이 되었다. 비구들아, 그 옛날 옛적에 프라데카 부처에게 공양을 올린 국왕이 바로 지금의 저 호국 비구니라."

그 때 모든 비구들은 부처님의 말씀을 듣고 기뻐하며 마음에 새기고 실천했습니다.

모든 인연품

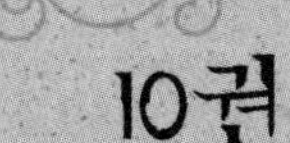

10권

독룡처럼 사납구나

세존께서 처음 성불하셨던 때 여러 용왕들을 교화하시기 위해 수미산에 가셔서 비구의 모습으로써 단정하게 앉아 생각하고 계셨습니다.

그 때에 용을 잡아먹는 큰 새가 바다에 들어가 작은 용 한 마리를 물고 수미산에 올라와 날카로운 부리로 쪼아 먹으려 했습니다. 용의 목숨이 붙어 있을 때, 용이 꽤 떨어진 거리에 단정한 모습으로 앉아있는 비구를 보고, '저렇게 아무 근심과 걱정이 없는 분이라면 지금의 나를 구원해주실 수도 있지 않을까?' 순간, 용은 목숨을 마치고 슈라바스티의 부리 바라문의 아들로 잉태되었고, 달이 차서 세상에 태어나니, 원근에 견줄 만한 사람이 없을 만큼 그만큼 단정하고 빼어났기 때문에 수부티善生라고 이름을 지었습니다.

아이가 성장하니 아무도 따를 이가 없을 정도로 지혜롭고 총명했으나 그러나 그 성품이 포악해 뜻을 거스르면 사람이나 짐승이나 어떤 상대든지 성내고 욕하고 꾸짖었습니다. 따라서 이웃이나 친척은 말할 것도 없고, 부모 형제까지 싫어했습니다. 본인이 사람들의 냉대를 견디다 못해 집을 떠나 산림 속에 들어가 혼자 살면서도, 바람이 불어 나무나 숲이 움직이면 그것을 보고도 성을 내었습니다. 그러한 그를 보다 못한 산신이 수부티에게 말했습니다.

"그대는 왜 집을 버리고 이 산림 속에 왔는가? 지금도 좋은 업을 닦지 않고 어떠한 이익도 얻지 못하고 고생만 더하는구려. 부처님이라는 분께서 지금 기타 숲 외로운 이 돕는 절에 계시면서 많은 중생들에게 좋은 업을 닦고 악업을 짓지 않게 하도록 교화하십니다. 그대가 지금 그곳에 간다면 그대의 성내는 마음과 포악한 성품을 제거할 수 있을 것이요."

산신의 말을 들은 수부티는 기쁜 마음이 일어나 산신에게 물었습니다.

"그러하신 세존께서 지금 어디에 계십니까?"

"좋소. 그대가 눈을 감고 나를 꼭 잡고 있으면, 내가 그대를 세존께서 계신 곳에까지 데려다 주겠소."

수부티가 그의 말과 같이 눈을 감고 그를 붙들었는가 싶은 사이에 벌써 부처님께서 계신 곳에 도착했습니다. 동작이 멎자 눈을 뜬 수부티의 눈에 들어온 것은 부처님 세존의 서른두

가지 잘 생긴 모습과 여든 가지 뛰어난 몸매에서 햇빛보다 더 밝은 광명이 뻗치는 것을 보고, 곧 기쁜 마음을 내어, 부처님 앞에 나아가 엎드려 절한 다음 한쪽에 물러나 앉아 있었습니다. 부처님께서 그를 위해 설법하시되 특히 성내어 저지르는 나쁜 허물과 어리석은 번뇌가 선근을 소멸하고, 뭇 악을 키워 뒷날 지옥에 떨어져 말할 수 없는 고통을 받게 되는 과보와, 설사 그 고통을 벗어나더라도 다시 용 · 뱀 · 나찰 · 귀신 등에 태어나 항상 악하고 독한 마음을 품고, 서로 살해하게 되는 것 등, 여러 가지를 깨우쳐 주셨습니다.

부처님의 말씀을 들은 수부티는 놀라고 두려움에 떨며, 부처님 앞에 나아가 지극한 마음으로써 참회했습니다. 회한에 젖은 그가 바로 스로타판나가 되더니, 기쁨에 휩싸여 부처님께 사뢰었습니다.

"세존이시여, 저의 출가를 받아주시옵소서."

"잘 왔구나! 비구야!"

수염과 머리칼이 저절로 깎이고, 가사가 몸에 입혀져 바로 스님이 되었습니다. 부지런히 공부하더니, 세 가지 밝음과 여섯 가지 신통과 여덟 가지 벗어남을 빠뜨림 없이 얻어 모든 하늘 사람들과 세상 사람들의 존경을 한 몸에 받으니, 여러 비구들이 그 사실을 보고 부처님께 사뢰었습니다.

"세존이시여, 저 수부티 비구는 전생에 무슨 업을 지었기에 사람으로 태어나 쉴 새 없이 성을 내었으며, 또 무슨 인연으로써 지금 부처님을 뵙고 출가하여 곧 바로 아라한이 되었습니까?"

"비구들아, 내가 지금 그대들을 위하여 설명할 테니 잘 들어라. 이 현겁賢劫에 카샤파 부처님께서 바라나시에 출현하셨을 때, 어떤 비구가 권선하여 만 년 동안 여러 동료 비구들을 거느리고 곳곳에서 공양을 받게 했다. 어느 날 사소한 일로 동료 가운데 한 비구가 따라오지 않으니, 그는 악담을 퍼부었다.

'그 대는 독룡처럼 사납구나.'

이렇게 말한 그는 곧 바깥으로 나가버렸다. 위와 같이 악담을 했기 때문에 오백 생 동안 항상 독룡의 몸이 되어 악한 마음으로써 중생들을 괴롭혔고, 금생에 비록 사람 몸이 되었으나 그러나 전생의 습기를 제거하지 못해 사사건건 성을 내었느니라. 비구들아, 그 때에 권선하며 욕설을 퍼부었던 비구가 지금 저 수부티의 전신이었느니라. 그 당시에 스님들에게 편리하게 공양을 하도록 했기 때문에 지금 나를 만나 출가 득도했느니라."

그 때 모든 비구들은 부처님의 말씀을 듣고 기뻐하며 마음에 새기고 실천했습니다.

모태에서 60년

부처님께서 라자그리하에 있는 칼란다카 대숲 절에 계시던 어느 때, 그 성중에 한량이 없고 헤아릴 수 없는 재산을 가진 장자가 있었습니다. 그는 어떤 문벌 좋은 집안의 딸과 결혼하여 온갖 음악을 즐기며 소일했습니다. 그 부인이 임신하여 열 달이 되었으나, 아이가 어머니의 뱃속에서 나오지 않았고, 또 임신하여 열 달이 되자, 먼저 임신된 아이는 오른쪽 옆구리에 있고, 뒤에 임신된 아이가 태어났습니다. 이렇게 차례로 아홉 아이가 태어 날 때까지, 처음 임신된 아이는 출산되지 않습니다. 그 어머니는 지나치게 고심한 끝에 병이 생겨 이름 난 의원과 온갖 약으로써 치료했습니다. 그러나 아무런 효험이 없자 가족들에게 이렇게 말하고 죽었습니다.

'뱃속의 아이가 아직 죽지 않았다. 나는 오래지 않아 죽을 터이니, 내가 죽거든 나의 배를 가르고 아기를 꺼내어 잘 돌봐 다오.'

부인이 죽자 집안 식구들이 재빨리 시신을 무덤사이에 가져

다두고 그 때, 제일 훌륭한 의원 기바를 초청하여 해부하니 조그마한 아이가 있었는데 얼굴은 이미 늙었고, 머리털과 수염은 하얗고, 꾸부러진 몸으로써 모인 친척들을 향하여 말했습니다.

"여러분은 아십시오. 제가 전생에 여러 스님들께 나쁜 말을 퍼부은 잘못 때문에 어머님의 태 안에서 60년을 있으면서 말로 표현할 수 없는 고통을 받았습니다.

아이의 이런 말을 들은 친척들은 그가 불쌍하여 울뿐 무엇이라고 위로 하지 못했습니다.

그 때에 세존께서 이 아이가 도를 깨달을 것을 아시고 대중들과 함께 그 곳에 가셔서 아이에게 말씀하셨습니다.

"네가 바로 장로 비구가 아니냐?"

"사실 그러하옵니다."

위와 같이 두세 번 거듭 묻고 물음에 따라 똑같은 대답을 하니, 그 때 대중들이 아이와 부처님과의 대화를 엿듣고, 부처님 앞에 나아가 사뢰었습니다.

"세존이시여, 저 늙은 아이는 전생에 무슨 업을 지었기 때문에 모태에서 머리칼은 호호 백발이고 허리는 꼬부라진 몸으로 태어났으며, 또 무슨 인연으로써 부처님을 뵙고 문답을 했습니까?"

"내가 지금 너희들을 위하여 설명할 테니 잘 들어라.

이 현겁에 카샤파 부처님께서 바라나시에 출현하셔서 여러 비구들과 함께 안거에 들어가셨다. 그 화합 대중 가운데 가장 나이 많은 스님이 있었는데 유나였고, 대중들과 규칙을 정했다. 올 여름 안거 동안 도를 얻은 이는 자자의 모임에 참여하고, 도를 얻지 못한 사람은 자자에 참여할 수 없도록 규정을 만들었다. 그런데 하필 유나스님만 도를 얻지 못하여, 대중들이 그 규칙에 따라 포살과 자자의 모임에 참여하지 못하게 하자, 유나 비구는 괴로운 마음으로 아래와 같은 말을 했다.

'내가 절 일을 도맡아 대중들이 수행에 전념하여 도를 얻도록 했는데, 지금 도리어 나를 자자의 모임과 포살과 갈마에 참석하지 못하게 하는구나.'

그렇게 말한 그는 곧 성을 내며 대중들에게 마구 욕설을 퍼붓고, 다시 방에 들어가 문을 단단히 잠그고 큰 소리로 외쳤다.

'지금 내가 이 어두운 방에 있는 것과 같이 너희들도 언제나 캄캄한 곳에 갇혀서 광명을 보지 못하리라.'

이렇게 말한 그는 곧 목숨이 끊어져 바로 지옥에 떨어져 오랫동안 고통을 받았고, 그 뒤에 지옥을 벗어나기는 했어도 또

한 모태 속에서 그런 고통을 겪게 되었느니라."

그 때에 그 모임에 있던 대중들은 부처님 말씀을 듣고 각기 몸과 입과 뜻을 잘 단속하며 생사를 싫어하더니, 어떤 이는 스로타판나가 되고, 어떤 이는 샤크르다가민이 되고, 어떤 이는 아나가민이 되고, 어떤 이는 아라한이 되었으며, 어떤 이는 프라데카 부처가 되려는 마음을 내었고, 어떤 이는 더 없이 높은 부처님이 되려는 마음을 내기도 했습니다.

한편 형제들이 늙은 아이를 데리고 집으로 데리고 가서 잘 돌보았으며, 아이가 몸을 추스리자 출가하여 부지런히 공부하더니 얼마 뒤에 아라한이 되었고, 그 때에 위의 사실을 안 여러 비구들이 부처님께 사뢰었습니다.

"세존이시여, 이 늙은 아이 비구는 전생에 무슨 복될 일을 했기 때문에 출가하자마자 곧 아라한이 되었습니까?"

"비구들아, 이 늙은 아이 비구가 과거에 수많은 스님들이 공양하도록 화주했고, 또 유나가 되어 모든 승방 일을 힘써 보살폈기 때문에 지금 나를 만나 출가하여 도를 얻었느니라."

그 때 모든 비구들은 부처님의 말씀을 듣고 기뻐하며 마음에 새기고 실천했습니다.

몽당손

부처님께서 슈라바스티에 있는 기타 숲 외로운 이 돕는 절에 계시던 어느 때, 그 성에 한량없고 헤아릴 수 없는 재산을 소유한 한 장자가 있었습니다. 그는 어떤 좋은 집안의 처녀와 결혼을 하고, 음악을 연주하며 신혼 시절을 보내더니 아내가 임신을 하여 아들을 낳았는데, 그 아이는 태어나자마자 손가락 끝이 몽땅했고, 아래와 같은 말을 했습니다.

'저의 손과 같은 손을 가지고 태어나기는 쉽지 않습니다.'

그는 그 손을 매우 사랑하고 아끼므로, 부모가 이상하게 생각하고 관상가를 불러 아이의 관상을 보이니, 아이를 살펴 본 그가 부모에게 물었습니다.

"이 아이가 태어날 때 무슨 상서가 있었습니까?"

"이 아이가 태어날 때 손가락 끝이 몽땅했고, 또 태어나자마자 '저의 손과 같은 손을 가지고 태어나기란 쉽지 않습니다.' 라고 외쳤으므로 아이의 이름을 몽당손이라고 불렀소."

아이는 크면서 총명하고 영리하며, 성품이 매우 유순했습니다. 어느 날 친구들과 야유회를 즐기다가 기타 숲 외로운 이 돕는 절에 이르러서 세존의 서른두 가지 잘난 모습과 여든 가지 몸매에서 터진 구름사이로 비추는 햇빛 같은 빛이 사방으로 뻗치는 것을 보고, 기쁜 마음을 내어 부처님 앞에 나아가 예배한 뒤에 한쪽에 물러나 앉았습니다. 부처님께서 그를 위하여 오묘한 법을 말씀하시니 아이는 마음의 문을 열고 뜻을 알고 사유하더니, 곧 스로타판나가 되었습니다. 그는 야유회를 그만두고 집에 돌아가 부모에게 출가하여 부처님의 제자가 되겠다고 하자 부모가 허락했고, 그는 머뭇거리지 않고 바로 부처님 처소에 나아가 '출가를 허락해 주십사.' 고 말씀드리니, 부처님께서 말씀하셨습니다.

"잘 왔구나! 비구야."

수염과 머리털이 저절로 깎이고 가사가 입혀져 스님이 되었습니다. 부지런히 공부하더니 며칠이 지나기 전에 세 가지 밝음과 여섯 가지 신통과 여덟 가지 벗어남을 성취하여, 모든 하늘 사람과 세상의 사람들에게 존경을 받았습니다. 이 사실을 안 여러 비구들이 부처님께 여쭸습니다.

"저 몽당손 비구는 전생에 어떤 업을 지었기에 몽당손을 가지고 태어났으며, 또 나자마자 말을 했으며, 또 세존을 뵙고

빠른 시일 안에 아라한이 되었습니까?"

"잘 들어라. 내가 너희들을 위하여 설명하겠다.

이 현겁에 카샤파 부처님께서 바라나시에 출현하셨을 때, 두 비구가 있었다. 한 비구는 아라한이었고 다른 한 비구는 범부였는데, 아라한 비구는 설법하는 스님이었다. 그 때에 백성들이 다투어 법사를 초청하니 법사는 언제나 범부 비구를 데리고 백성들의 초청을 받았는데, 어느 날 아침 범부 비구가 자리에 없었기 때문에 법사가 다른 비구를 데리고 단월의 초청에 다녀왔다. 그것을 안 범부 비구가 법사 비구에게 다음과 같은 욕설을 퍼부었다.

'나는 항상 스님을 위하여 바루를 씻고 물을 긷고 여러 가지 수발을 해왔는데, 다른 이를 데리고 시주들의 초청에 다녀왔으니, 지금부터 앞으로 스님을 위하여 심부름을 한다면 나의 손이 없어질 것입니다.'

그 이후 그들은 동행하지 않았고, 위의 구업 때문에 그 뒤 오백 생 동안 언제나 몽당손을 가지고 태어났으며, 이번에 태어나면서 '지금 이런 손은 매우 얻기 어렵다.' 고 했느니라.

비구들아, 알아라. 그 때 법사에게 욕하고 스스로를 저주한 비구가 지금 몽당손 비구다. 지나간 옛날 옛적에 아라한을 시봉했고 잘 섬겼기 때문에 지금 나를 만나 출가하여 도를 얻었느니라."

부처님께서 그 몽당손 비구의 과거를 말씀하셨을 때 여러 비구들이 몸과 입과 뜻을 스스로 단속하며 생사를 싫어하더니, 어떤 이는 스로타판나가 되고, 어떤 이는 샤크르다가민이 되고, 어떤 이는 아나가민이 되고, 어떤 이는 아라한이 되었으며, 어떤 이는 프라데카 부처가 되려는 마음을 내었고, 어떤 이는 더 없이 높은 부처님이 되려는 마음을 내기도 했습니다.

그 때 모든 비구들은 부처님의 말씀을 듣고 기뻐하며 마음에 새기고 실천했습니다.

보시한 어머니를 굶겨 죽인 업

부처님께서 슈라바스티에 있는 기타 숲 외로운 이 돕는 절에 계시던 어느 때, 그 성에 어떤 바라문이 살았는데 그의 부인이 아들을 낳았습니다. 아이의 생김새가 혐오스러웠고, 몸에서 역겨운 냄새가 났으며, 어머니의 젖이 말라 아이가 젖꼭지가 헐도록 빨았으나 젖이 나오지 않았고, 돼지나 염소나 소의 젖을 물려도 아이가 젖꼭지를 물기만하면 곧 젖이 말랐습니다. 오직 손가락에 소락이나 제호나 꿀을 발라서 입에 넣어주면 그것을 핥아먹고 근근히 명을 유지했는데, 이러한 이유 때문에 아이의 이름을 '리군지' 라고 불렀습니다.

아이가 차츰 성장했으나 언제나 음식을 배불리 먹지 못해 굶주림에 시달렸습니다. 어느 때 성중에서 의젓한 모습으로 바루에 가득히 음식을 얻어 절로 돌아가는 비구들을 보고 기쁜 마음을 내고 혼자 중얼거렸습니다.

'내가 지금 부처님께 가서 스님이 된다면 음식을 얻어 배부르게 먹을 수도 있지 않을까?'

그가 곧 기타 숲 외로운 이 돕는 절에 가서 부처님께 말씀드리자, 부처님께서 말씀하셨습니다.

"잘 왔구나! 비구야!"

그의 머리칼과 수염이 절로 없어지고 가사가 몸에 입혀져 스님이 되었습니다. 그는 부처님의 가르침을 따라 부지런히 수행하더니 오래지 않아 아라한이 되었습니다. 그러나 걸식을 다녀도 여느 스님들처럼 음식이 얻어지지 않으니, 스스로를 꾸짖고 뉘우치며 어떤 탑 안에 들어가 선정에 들려하다가 탑 안이 지저분한 것을 보고 깨끗이 청소를 했습니다. 다음날 걸식을 가서는 원하는 만큼의 음식을 얻어 난생 처음으로 포식을 했습니다. 그 때부터 그는 매일 탑을 깨끗이 청소했고 매일 음식을 필요한 만큼 얻어먹었습니다. 그는 대중들에게 요청했습니다.

"지금부터 대중 스님들께서는 저 탑의 청소를 저에게 맡겨 주십시오. 제가 청소를 하면 음식을 필요한 만큼 얻을 수 있기 때문입니다."

대중 스님들의 허락을 받은 그는 열심히 청소를 했고, 언제나 공양을 넉넉하게 얻어 배불리 먹을 수 있었습니다. 그러던 어느 날 늦잠이 들어 날이 밝도록 청소를 하지 못했습니다.

하필 그 날 샤리푸트라가 먼 곳에 있다가, 제자들을 데리고 기타 숲 외로운 이 돕는 절에 돌아와, 세존께 문안드리고 그 탑에 들어가 쉬면서 청소를 했습니다.

평소보다 늦게 일어난 리군지가 청소를 하려다가 이미 샤리푸트라의 제자들이 청소를 한 사실을 알고, 대단히 원망스러운 마음으로 말했습니다.

"여러분들이 탑을 청소했기 때문에 저는 오늘 하루를 굶게 되었습니다."

잠시 선정에 들어 리군지의 처지를 안 샤리푸트라가 말씀했습니다.

"그렇다면 내가 오늘 그대를 데리고 함께 성에 들어가 초청한 시주에게 말하여 포식하도록 하겠으니 근심하지 마시오."

그는 샤리푸트라의 말을 듣고 안심하며 때를 기다렸습니다.

시간이 되어 그를 따라 초청한 시주의 집에 도착하고 보니, 하필 그날 부부 싸움이 벌어져, 그 집에서 음식을 준비하지 못했기 때문에 공양을 하지 못하고 절로 돌아왔습니다. 이튿날 샤리푸트라가 다시 리군지에게 말했습니다.

"어제는 미안했네. 오늘 어떤 장자의 초청을 받았으니, 나와 함께 가세. 반드시 그대로 하여금 포식하게 하겠네."

공양할 때에 맞추어 장자의 집에 도착하여, 상 · 중 · 하의 순서에 따라 자리에 앉으니, 시주가 스님들의 앞앞에 공양을 드리면서도 리군지에게 만은 음식을 주지 아니하자, 그는 소리쳤습니다.

"저는 아직 음식을 받지 못했습니다."

그러나 장자는 그 소리를 듣지 못하여 공양을 올리지 못했고, 리군지는 굶주린 채로 돌아왔습니다.

사흘째 되는 날 아난다가 이 사실을 듣고 매우 안타깝게 여기면서 말했습니다.

"오늘은 부처님께서 시주의 초청을 받으시고 공양을 하시려 가시는 데, 제가 모시고 갑니다. 스님을 위해 공양을 얻어와 드릴 테니 걱정하지 마시오."

이처럼 굳은 약속을 하고 시주의 집에 부처님을 모시고 가서 공양을 했습니다.

부처님의 팔만사천 가지 설법을 한 마디도 빠뜨리지 않고 기억하는 그가 리군지와의 약속을 깜박 잊고 빈 바루로 돌아왔습니다.

나흘째인 아침 아난다는 다시 그를 위해 음식을 얻어 절로 돌아오다가 길에서 사나운 개를 만나 피하다가 음식을 쏟아

버려 또 굶었습니다.

닷새째 되는 날 마우드갈야야나가 음식을 얻어 절로 돌아오고 있을 때, 용을 잡아먹는 새가 그가 얻은 음식은 물론 바루까지 몽땅 빼앗아 물고 바닷속으로 들어가 버렸습니다.

엿새째는 샤리푸트라가 다시 한 번 그를 위하여 음식을 얻어 리군지의 방 문 앞에 이르렀으나, 문이 저절로 닫히므로 그것을 피하여 땅 속으로 들어가 그의 방에서 솟아났습니다. 그러나 이번에는 이유 없이 바루가 갑자기 땅속으로 끝까지 들어가는 것 같아 급히 신통으로써 바루를 잡아 밥을 리군지에게 주었으나, 이번에는 그의 위아래 입술이 붙어버려 음식을 먹지 못했습니다.

그 날도 공양할 시간이 다 지난 뒤에야 비로소 붙었던 입이 떨어졌습니다.

이레째 되는 날에 걸식을 했으나 음식을 얻지 못하자, 같은 아라한으로서 모멸감과 부끄러움을 견디지 못하고, 대중 앞에서 모래 한줌을 입에 넣고 물을 한 모금 마신 다음 허공에 올라가 열여덟 가지 신통을 나타내 보인 뒤에 삼매의 불을 일으켜 열반에 들었습니다.

위와 같은 사실을 듣고 보고 알게 된 대중들이 부처님의 처소에 모여 부처님께 여쭸습니다.

"세존이시여, 저 비구는 전생에 무슨 업을 지었기 때문에 출생할 때부터 열반에 들 때까지 항시 먹는 것 때문에 고통을 당했으며, 또 어떤 공덕으로써 출가하여 아라한이 되었습니까?"

"비구들아, 내가 지금 자세히 말할 테니 잘 들어라.

헤아릴 수 없는 옛날 옛적에 제당帝幢여래께서 이 바라나시에 오셔서 비구들을 거느리고 여러 곳으로 다니시며 교화하실 때 구미라는 장자가 부처님과 스님들을 뵙고 존경하는 마음과 기뻐하는 맘을 내고 독실하게 믿더니, 날마다 부처님과 스님들을 초청하여 부지런히 공양을 올리되 쉬지 않았다. 그렇게 한지 오래지 않아 장자가 죽고, 장자가 하던 일을 부인이 계승하여 지극 정성으로써 부처님과 스님들께 공양을 올렸다. 부모들은 재산을 아끼지 않고 보시했는데 아들은 매우 인색하여 어머니가 하는 보시를 막기 위해 어머니 몫의 음식을 제한했으나 그 어머니는 자기 몫의 음식을 나누어, 옛날보다는 적어도 보시를 계속했다. 이 사실을 안 아들이 크게 성내며 어머니를 빈 방에 가두고 문에 자물쇠를 채우고 음식을 제공하지 말도록 하인들에게 명령했다. 그렇게 이레를 지나자 더 이상 참지 못한 어머니가 사람을 불러 아들에게 보내어 음식을 간청하자 아들은 와서 말했다.

'어머니는 부처님을 믿으니, 모래를 먹고 물만 마셔도 충분히 살아 갈 텐데 왜 저에게 음식을 청하십니까?'

이처럼 말한 아들은 조 휑하게 나가 버렸다. 그의 어머니는 끝내 음식을 먹지 못하여 세상을 떠났다. 그 아들은 목숨이 끝나자 즉시 아비지옥에 떨어져 헤아릴 수 없는 굶주림의 고통을 받은 것이다.

비구들아, 리군지 비구는 바로 보시하던 어머니를 굶겨 죽인 아들이니라. 그가 나를 만나 출가하여 아라한이 된 것은 그의 부모가 제당 부처님과 그 제자들에게 공양을 올린 공덕 때문이니라."

그 때 모든 비구들은 부처님의 말씀을 듣고 기뻐하며 마음에 새기고 실천했습니다.

진심과 악담의 결과

부처님께서 슈라바스티에 있는 기타 숲 외로운 이 돕는 절에 계시던 어느 때, 그 성중에 헤아릴 수 없는 재산을 가진 어떤 장자가 어질고 착한 부인을 맞이하여 음악을 즐기며 행복하게 신혼 생활을 보내고 살던 중 아내가 회임하여 만 열 달 만에 아들을 낳았는데, 아이가 나자마자 전생의 일을 알고, 즉시에 '나고 죽는 일은 매우 괴롭다.' 라고 말을 했기 때문에 아이의 이름을 '나고 죽음은 괴로움' 이라고 지었습니다.

그는 성장하면서 사람을 만날 때마다 언제나 '나고 죽음은 괴로움' 이라고 했습니다. 그러나 그는 부모에게 효성스럽고, 친구에게 신의를 지켰고, 어른에게 공손했고, 스승은 물론 스님들을 존경하며 언제나 웃음으로써 사람을 대하고, 말씨가 부드럽고, 행동이 올발랐습니다.

어느 때 여러 친구들과 야유회를 하다가 마침 기타 숲 외로운 이 돕는 절에 이르러 세존의 서른두 가지 빼어난 모습과 여든 가지 잘생긴 몸에서 몇 천 개 태양의 빛과 같은 광명이 사방으로 뻗치는 것을 보고 기쁜 마음이 생겨 부처님 앞에 나아가 절하고 한 쪽에 앉아 부처님을 우러렀습니다. 부처님께서 그의 마음을 아시고 네 가지 성스러운 진리를 말씀하시니 그는 곧 마음이 열려 뜻을 알고 스로타판나가 되었습니다.

그는 집에 돌아가 부모에게 출가하겠으니 허락해 달라고 졸랐습니다. 부모가 그의 뜻을 존중하여 출가를 허락하자, 그는 바로 부처님의 처소에 와서 제자로 받아 주시기를 간청했습니다.

"잘 왔구나! 비구야!"

그의 머리카락과 수염이 저절로 없어지고 몸에 가사가 입혀져 스님이 되었습니다. 부지런히 공부하더니 오래지 않아 세 가지 밝음과 여섯 가지 신통을 얻고 여덟 가지 벗어남을 빠짐없이 갖춰 하늘 사람과 세상 사람들의 존경을 한 몸에 받았습니다.

그 때에 그 사실을 직접 본 여러 비구들이 부처님께 아뢰었습니다.

"세존이시여, '나고 죽음은 괴로움' 비구는 전생에 무슨 인연을 지었기 때문에 나자마자 전생의 일을 기억해 말하게 되었으며, 또 부처님을 뵈옵고 저렇게 빨리 아라한이 되었습니까?"

"잘 들어라. 지금 내가 너희들을 위하여 말하리라.

이 현겁에 사람의 수명이 이만 살일 때 카샤파 부처님께서 바라나시에 오셔서 중생을 제도하실 때, 그 부처님의 말석에서 공부하던 사미가 어떤 비구를 섬기며 공부하고 있었다. 그 나라 어느 명절 날 사미가 비구에게 말했다.

'오늘이 명절이오니 일찍 가서 걸식한다면 음식을 쉽게 얻을 수 있을 듯하옵니다.'

비구가 말했다.

'아직 이르지 않느냐? 좀 더 좌선한 뒤에 가도록하여라.'

이렇게 두세 번 말했으나 그 때마다 비구는 허락하지 않았다. 사미는 참다못해 성을 내면서 나쁜 말을 퍼부었다.

'저 화상은 왜 집 안에서 죽어버리지 않을까?'

이렇게 말한 사미는 곧 성에 들어가 걸식하여 공양을 마치고 저의 경거망동을 참회했다. 그러나 그 구업으로써 오백 생 동안을 지옥에 있으면서 하루에 헤아릴 수 없이 나고 죽음을 당하다가 지금 막 벗어났기 때문에 태어나며 '나고 죽음은 괴로움' 이라고 했고, 화상을 섬겼고, 또 참회했기 때문에 지금 나를 만나 도를 이뤘느니라."

그 때 모든 비구들은 부처님의 말씀을 듣고 기뻐하며 마음에 새기고 실천했습니다.

몸을 아프게 하지 말라

부처님께서 슈라바스티에 있는 기타 숲 외로운 이 돕는 절에 계시던 어느 때였습니다. 그 성 안에 헤아릴 수 없는 재산을 소유한 어떤 장자가 지체 높은 집안의 어질고 착한 딸을 부인으로 맞이해 음악을 들으며 행복한 신혼생활을 즐기던 중, 그 부인이 회임하여 만 열 달 만에 아들을 낳았는데 아이의 몸이 온통 악성 부스럼이며 냄새가 지독했고, 아이는 가려움과 아픔에 쉴 새 없이 우니, 아이의 이름을 신호呻號라고 지었습니다.

부모가 애태우며 여러 가지 방법으로써 치료를 했으나, 병세는 조금도 차도가 없이 괴로움 속에서 차츰 성장했습니다. 부모들은 단념하지 않고 끊임없이 명의를 찾아 여기저기 수소문 하다가 '기타 숲 외로운 이 돕는 절에 대단히 훌륭한 의

원이 있다.' 는 소문을 듣고, 아이를 데리고 절로 왔습니다. 부모와 아이가 부처님의 서른두 가지 모습과 여든 가지 빼어난 몸에서 뻗치는 광명을 보고, 기쁜 마음을 내며 부처님 앞에 이르러 절을 드리고 한 쪽에 앉아 가르침을 기다렸습니다.

부처님께서 그들의 마음을 아시고, 아이를 위하여, 다섯 가지가 유기적으로 조직되어 이루어진 몸은 매우 많은 고통을 수반하고, 특히 이 몸은 독한화살이 심장에 박혀 사람을 죽이는 것과 같아서 모든 병의 근본이 된다는 것을 가르쳐 주셨습니다. 부처님의 깨우침을 받은 신호는 스스로 과거의 악업에 대하여 자책하며, 부처님을 향하여 정성을 다해 참회하니 본인도 모르는 사이에 악성 부스럼이 사라져 가려움증이 없어지자, 기쁨에 북받쳐 출가하려 하니, 부처님께서 말씀하셨습니다.

"잘 왔구나! 사미야!"

머리칼이 깎여지고 가사가 입혀져 금방 스님이 되었습니다. 그는 쉬지 않고 부지런히 공부하여 며칠 만에 아라한이 되었습니다. 이러한 사실을 직접 본 비구들이 부처님께 사뢰었습니다.

"세존이시여, 신호는 전생에 무슨 악업을 지어 금생에 악성 부스럼으로써 그렇게 고생했으며, 또 무슨 선업을 지었기에 지금 부처님을 뵈옵고 아라한이 되었습니까?"

"내가 지금 자세히 말할 테니 잘 들어라.

헤아릴 수 없는 과거 어느 때 이 바라나시에 많은 재산을 소유한 두 명의 장자가 있었는데, 그들 두 사람은 서로가 서로를 욕하고 헐뜯으며 싸우되 조금도 멈추지 않더니, 그중에 한 장자가 국왕에게 값진 보물 몇 수레를 헌납하고 자기의 소원을 아래와 같이 말했다.

'저 OO 장자가 나쁜 마음을 품고 항상 간사한 꾀를 내어 저를 해치려 하니, 대왕께서는 저에게 딱 한 번만 저 장자를 저의 마음대로 혼을 내주게 허락해 주십시오.'

왕이 허락을 하니, 그는 곧 저 장자의 집에 가서 그를 묶어 놓고 몽둥이로써 온몸을 때려 성한 데가 아무 데도 없을 정도로 멍들고 터지게 해 고통은 말로 할 수 없었다.

그렇게 구타를 당한 장자는 겨우 죽을 고비를 넘긴 뒤 곰곰이 생각했다.

'이 몸을 가지고 있는 것은 다 고통이다. 뭇 악이 모이고 많은 재앙이 일어나니 대단히 싫다. 내가 저 사람에게 큰 원수도 아니었는데 왜 나에게 이처럼 심한 상처를 입혔을까?'

그는 곧 세상을 버리고 산 속에 들어가 일체 존재하는 것은 모두 덧없는 사실을 관찰한 결과 공한 이치를 깨달은 프라데카 부처가 되어, 원수와 친한 이를 평등한 마음으로 보게 되었다. 그는 자기에게 위해를 가한 장자를 가엾게 여기며 다음과 같이 생각했다.

'저 장자가 나에게 나쁜 짓을 하였으므로 미래에 반드시 지옥에 떨어져 큰 고통을 받을 것이다. 내가 지금 그에게 가서 신통 변화를 보여주면 그는 뉘우치고 참회할 것이다.'

그는 저 장자의 집에 가서 허공에 몸을 솟구쳐 열여덟 가지 기적을 보여주었고, 그 것을 본 장자는 지난 일을 뉘우치고, 곧 자리에서 일어나 공손히 맞이하고 좋은 자리에 앉게 한 뒤, 갖가지 맛난 음식을 마련하여 공양을 올림은 물론, 프라데카에게 진심으로 참회했는데, 지금의 신호 비구가 바로 심하게 매질한 장자였다."

그 때 모든 비구들은 부처님의 말씀을 듣고 기뻐하며 마음에 새기고 실천했습니다.

수행자를 위협한 과보

부처님께서 슈라바스티에 있는 기타 숲 외로운 이 돕는 절에 계시던 어느 때, 그 성 중에 어떤 장자가 좋은 집안의 착하고 예쁘고 어진 처녀를 맞이해 행복한 결혼생활을 하더니, 그 부인이 회임하여 만 열 달 뒤에 아들을 낳았는데, 그의 얼굴이 너무 못생겨 마치 악귀와 같았고, 보는 이들은 너 나 없이 고개를 돌렸으며, 차츰 성장하자 부모도 그의 얼굴을 보는 것이 혐오스러워 인적이 없는 먼 숲 속에 가서 살도록 했습니다. 그는 그 곳에서 열매를 따먹고 사는 데 사람만 그를 싫어한 것이 아니라, 나는 새와 기는 짐승까지도 그를 회피하여 달아나버려, 온 숲이 텅 비었습니다.

그 때 세존께서 항상 자비하신 마음으로써 선정에 드셔서 밤낮없이 중생을 식별하시고, 제도할 수 있는 이가 있으면 곧 직접 가셔서 제도하셨습니다.

어느 날 부처님께서 아이가 비록 추악하지만, 지금은 악업이 다하고 선근이 성숙되었음을 아시고 그를 제도하시기 위해 여러 비구들에게 말씀하셨습니다.

"우리 모두가 숲에 혼자 사는 고독한 아이를 찾아가 그를 제도하자."

이와 같이 말씀하시고 비구들과 함께 그 숲에 도착하시니, 추악한 아이는 세존과 그 제자들이 오는 것을 보고, 버릇대로 숨을 곳을 찾아 도망을 쳤습니다. 그러나 세존께서 신통력으로써 그가 도망을 못 가게 하시고, 동행한 비구들을 나무 밑에 앉아 좌선하게 해놓으신 상태에서, 세존께서 그 아이와 같이 추악한 모습의 비구로 변하여 바루에 음식을 가득 담고 아이에게 다가가시니, 아이는 저와 비슷하게 추악한 비구를 보고 기뻐하면서 생각했습니다.

'이 사람은 나의 참된 벗이 되겠구나!'

그는 머뭇거리지 않고 다가와서 이야기를 걸었고, 바루의 밥을 나누어 먹으며 좌선하는 비구들을 먼 눈길로 바라보았습니다. 달게 음식을 먹어 치운 뒤, 추악한 사람 중에 비구의 얼굴이 서서히 단정하게 변하니, 그 아이가 놀라며 비구에게 물었습니다.

"지금 무슨 이유로써 그대의 얼굴이 이처럼 단정하게 되었는가?"

"방금 음식을 먹으면서 저 나무 아래에서 좌선하는 분들을 부럽다는 마음으로 바라보며 존경하는 마음을 내었더니 나의 얼굴이 이처럼 변했소."

이 말을 들은 그도 절실한 소원을 빌며 좌선하는 비구들을 보고 기쁨에 충만한 채 부러워하고 공경하는 눈빛이더니, 이내 얼굴이 단정해졌습니다. 그는 자기를 변화하게 해준 사람을 굳게 믿고 따르려 했습니다.

그 때에 부처님께서 원래의 상호로 돌아가시자, 단정해진 그가 세존의 서른두 가지 거룩한 모습과 여든 가지 빼어난 맵시에서 광명이 내비춰, 마치 몇 천 개의 태양이 한꺼번에 비추듯 휘황찬란함을 보고, 곧 부처님 앞에 다가가 공손히 세 번 절하고, 뒷걸음질로 적당한 곳에 물러나 꿇어앉았습니다.

부처님께서 그에게 알맞은 법을 쉽게 말씀해주시니, 경청하던 그는 마음의 문을 열고, 흰 천이 염색되듯 법에 젖어 스로타판나과를 증득하고, 자리에서 일어나 부처님께 절하고, 스님을 만들어 주시기를 희망했습니다.

"잘 왔구나! 비구야."

부처님의 말씀이 끝나자마자 그의 수염과 머리카락이 없어지고, 가사가 몸에 입혀져 비구의 모습이 되었습니다. 그는 무척 부지런히 공부하더니 며칠 만에 아라한과를 증득하자, 여러 비구들이 이 사실을 알고, 부처님께 여쭸습니다.

"세존이시여, 저 추했던 비구는 전생에 무슨 악업을 지어 사람으로 태어나 얼굴이 그렇게 못생겼으며, 또 무슨 선업을 지어 부처님의 가르침을 받아 아라한이 되었습니까?"

"내가 지금 자세하게 말할 테니 잘 들어라.

한량없던 과거 세상 어느 때 비사부란 부처님께서 이곳 바라나시에 오셔서 어떤 나무 아래에 앉아 계셨다. 나와 미륵은 함께 수행하는 보살로서 그 부처님 앞에 가서 갖가지 공양을 올린 뒤, 한 쪽 발을 들고 이레 동안 먹지도 않고 말하지도 않으며 눈도 한 번 깜박이지 않고, 다음의 시를 외우며 부처님의 공덕을 찬탄하였느니라.

하늘나라와 이 세상에 부처님 같은 분 없으시고
시방세계 그 어디도 견줄 이 없사옵니다.
세상에 있는 것 모두 모두 보아도
부처님과 같은 분은 아무 데도 없습니다.

그 때에 그 산에 있던 아주 추하게 생긴 귀신이 나에게 와서 나를 해치려고 으르며 위협했으나, 내가 신통력으로써 그가 다니는 곳에 아주 좁고 험한 길을 만들어 그가 쉽게 다니지 못하도록 하였다.

그 길을 본 귀신은 곧 생각했다.

'내가 나쁜 마음으로써 그를 위협했더니 이 험한 길을 만들어 나를 지나가지 못하게 하는구나! 이러한 힘을 지닌 거룩한 분에게 죄를 지었으니 앞에 가서 내가 저지른 잘못을 참회하는 것이 마땅하겠다.'

그는 생각한 대로 나에게 와서 일심으로 참회하고, 다음과 같이 발원하고 갔느니라.

'성자님이 정각을 이루시면 꼭 제자가 되어 성자의 제자 반열에 들기를 서원합니다.'

비구들아, 그 옛날 나를 위협했던 귀신이 바로 지금 너희가 말하는 저 비구니라. 수행 중인 나에게 겁을 주며 위협했기 때문에 오백 생 동안 언제나 보는 이들이 모두 놀라 달아나게 추악한 얼굴로 태어났으나, 그 즉시 잘못을 알고 참회하며 서원을 세웠기 때문에 지금 나를 만나 도를 얻었느니라."

그 때 모든 비구들은 부처님의 말씀을 듣고 기뻐하며 마음에 새기고 실천했습니다.

한 생명을 구하여 성자가 되게 한 공덕

부처님께서 바라나시에 있는 사슴동산에 계시던 어느 때, 그 나라의 재상이 재산이 많았으나, 아들이 없었습니다.

그 당시 갠지스강 가에 천신 마니발타를 모신 사당이 있었고, 온 백성들이 다 받들어 섬겼으며, 재상도 예외 없이 그 사당에 가서 마니발타 천신에게 아래와 같이 소원을 빌었습니다.

"저에게 아들이 없습니다. 듣자오니, 천신께서는 큰 힘이 있어, 사람들이 지극한 정성으로써 빌면 그 소원을 모두 성취시켜 주신다 하오니, 저도 지금부터 정성을 다해 섬기겠습니다. 저의 소원대로 아들 한 놈만 점지해 주십시오. 그렇게 해 주시면 제가 금과 은으로써 천신의 상에 훌륭한 새 옷을 입혀 드리고, 이 세상에서 제일 좋은 나무로써 사당을 재건축하겠습니다. 그러나 그렇게 해주시지 아니할 경우에는 사당을 파괴할 것이며, 천신의 상에 분뇨를 퍼붓겠습니다."

천신이 위의 말을 듣고 생각했습니다.

"이 사람은 부호며, 세력이 강하니 보통 아이를 원하지 않을 것이다. 나는 그의 소원을 성취시켜 줄 능력이 없으니, 사당이 헐림은 물론 나는 크게 모욕을 당하게 될 텐데 어떻게 하면 좋을까?"

다음 날 재상이 어제와 같은 시간에 와서 공양물을 올리고, 어제와 같은 소원을 빌고 갔습니다.

천신은 생각다 못해 직속상관인 비사문천왕을 찾아가서 위의 사실을 진술하니 그 왕이 말했습니다.

'그의 소원을 들어주는 일은 나로서도 능력이 미치지 못한다.'

딱하게 여긴 비사문천왕이 직접 제석천왕을 찾아가 말했습니다.

'저의 신하인 마니발타가 와서 말했습니다. '바라나시에 사는 어떤 재상이 아들을 점지해달라고 기도를 하고 있습니다. 그의 소원을 들어주면 집을 향나무로써 짓고 상을 금과 은으로써 화려하게 꾸미겠지만, 그의 소원이 이루어지지 아니하면 집을 부숴버림은 물론, 상에 분뇨를 퍼붓겠다.' 고 하였답니다. 저 재상은 단단히 결심했으니 반드시 그러한 짓을 할 인물입니다. 바라옵건대 대왕께서 저 재상에게 아들을 하나 점지해 주옵소서.'

제석천왕이 대답했습니다.

'이 일은 매우 어렵다. 혹시 하늘 사람으로서 인연이 있는 이가 있는가를 찾아보는 일이 급선무다.'

그들이 상의하고 있을 때, 어떤 하늘 사람에게 다섯 가지 나쁜 징조가 나타나 곧 하늘에서 수명이 다하려 하는 것을 발견하고 제석천왕이 그를 불러 말했습니다.

'그대는 지금 하늘 수명이 끝나고 있으니 하계에 있는 바라나시의 아무개재상집에 가서 태어나는 것이 어떠한가?'

'저는 하계에 가면 출가하여 바른 수행을 하려합니다. 만약 부유하고 존귀한 집안에 태어나면 욕심을 여의기 어려울 것입니다. 그렇기 때문에 중류 가정에 태어나 제가 바라는 소원을 이루려고 합니다.'

'그대가 재상의 집에 태어나, 출가해 불도를 이루기가 어렵게 되면 내가 직접 도와주기로 약속하노라.'

그 하늘 사람은 하늘 수명이 다하고, 인간 세상에 내려와 재상의 아들로 태어났는데 그 용모가 아주 빼어나게 단정했습니다. 부모가 관상가를 불러 상을 보게 하고 이름을 짓게 하니 그가 아이를 잘 살펴본 뒤에 말했습니다.

'본래 어디에 정성을 들여 이 아이를 얻었습니까?'

'지난해에 갠지스강 가의 마니발타 사당에 가서 기도를 하고 이 아이를 얻었소.'

관상가는 아이의 이름을 항가달다(갠지스강의 한자식 발음)라 지었고, 아이는 무럭무럭 자라 철이 들자 부모에게 출가가여 스님이 되려고 했습니다.

'우리 집안은 부처님을 돈독히 믿고, 벌린 사업이 많으며, 아비는 재상으로서 할 일은 태산과 같고, 아들은 달랑 너 하나 뿐인데 네가 출가를 하다니, 절대로 허락할 수 없다.'

아버지의 말을 들은 청년은 저의 뜻대로 되지 않는 것을 매우 슬퍼하며 곰곰이 생각했습니다.

'내가 이 몸을 버리고 범상한 집안에 태어나면 반드시 쉽게 출가할 수 있을 것이다.'

청년은 남이 모르게 높은 바위산에 올라가 몸을 던져 아래로 떨어졌으나 그러나 털끝하나 상하지 않았고, 다음으로 수심이 깊은 강에 몸을 던졌으나 그러나 강물이 받아 주지 않았으며, 다음에는 극약을 구해 마셨으나 그러나 독약도 구실을 하지 않았으므로, 청년은 마지막 방법을 생각했습니다.

'어떤 수단도 통하지 않으니, 나라의 법을 어겨 국법에 따라 죽음을 당할 수밖에 없다.'

이렇게 생각하고 기회를 엿보던 어느 때, 마침 왕이 왕후와 궁녀들을 데리고 궁궐을 나가 왕실 전용 야외 풀장에서 옷을 벗고 수영하는 것을 보고 인기척 없이 접근하여 여자들의 옷과 장신구들을 훔쳐 일부러 소리를 내면서 도망을 가 주위에서 호위하던 군사들에게 붙잡혀 왕 앞에 끌려갔고, 군사들에게 끌고 온 이유를 들은 아자타사트루 왕은 성을 내면서 직접 죽이려고 활을 쏘았으나 그러나 화살은 청년의 몸 가까이 가더니 도로 왕을 향해 돌아갔습니다. 이러한 장면이 세 번이나 반복되었으나 결과는 처음과 꼭 같았습니다. 이렇게 되자 국왕은 겁이 나서 활을 던져 버리고 멋쩍은 자세로 말했습니다.

"그대는 하늘 사람인가, 용왕인가, 혹 귀신인가?"

"대왕께서 저의 소원을 성취하도록 도와주시겠다고 허락하시면 사실을 말씀드리겠습니다."

"좋다. 무슨 소원이든지 들어줄 테니 자세히 말하여라."

"저는 천인도 용도 귀신도 아니고, 대왕님의 재상 아무개의 아들입니다. 저는 부처님께 출가하여 스님이 되고 싶어 부모님에게 말씀드렸으나 부모님은 저의 청을 완강하게 거절했습니다. 저는 이 몸을 버리고 평범한 가정에 다시 태어나 스님이 되려고, 바위산에서 떨어졌으나 털끝 하나 다치지 않았고,

깊은 강물에 뛰어 들었으나 물에 가라앉지 않았으며, 독약을 마셨으나 그 독약마저 저의 뜻을 거절했기 때문에, 마지막으로 국법을 범하여 죽임을 당하려 했으나, 대왕님께서 보신 것과 같은 결과가 생겼습니다. 대왕님께서 저의 이 딱한 심정을 헤아리시고, 저를 불쌍히 여기셔서 제가 출가할 길을 열어주시옵소서."

"그러한 사정이라면 내가 너에게 출가할 길로 인도해 주겠다."

왕은 즉시 청년을 데리고 부처님께서 계신 곳에 가서 문안드리고, 그날 있었던 일과 청년에게 들은 내용을 소상하게 사뢰었습니다.

여래께서 그의 그릇을 아시고 곧 바로 출가를 허락하시니, 그 자리에서 수염과 머리카락이 깎이고 가사가 입혀져 비구의 모습이 되었습니다. 여래께서 그에게 알맞은 설법을 하시니, 그는 그 자리에서 세 가지 밝음과 여섯 가지 신통과 여덟 가지 벗어남을 구족한 아라한이 되었습니다. 그러한 사실을 목격한 임금이 부처님께 여쭈었습니다.

"세존이시여, 이 아라한 비구는 전생에 어떠한 선근을 심어 바위산에서 떨어져도 상처를 입지 않았으며, 깊은 강물에 뛰어 들어도 빠지지 않았으며, 독약을 먹었어도 약발을 받지 않았으며, 더 나아가 제가 활을 쏘았으나 화살에 맞지 않았습니까? 더구나 세존의 설법을 듣자마자 여름 아침 풀잎 끝의 이슬같이 번뇌가 다하여 성자가 되었습니까?"

"대왕님, 옛날 옛적 한량없는 과거에 이 바라나시에 범마달다라는 국왕이 별궁에서 궁중의 여인들과 연회를 베풀고, 노래와 춤이 한껏 고조되어 있을 때, 별궁의 담 밖을 지나가던 어떤 청년이 별궁에서 들리는 노래 소리에 매료되어 본인도 모르게 휘파람으로 노래를 따라하였소. 왕이 그 휘파람 소리를 듣고 군사를 시켜 '청년을 잡아와 죽이라.' 고 명령하였소. 그 때에 마침 연회에 초대 받은 재상이 들어오다가 묶여 끌려가는 청년을 보고 그 사연을 물어 군사들로부터 자세한 경위를 듣고, 연회가 끝날 때까지 사형 집행을 보류시킨 뒤, 국왕의 심기를 살피며, 아래와 같이 간청했소.

'대왕님, 저 청년의 죄가 사형을 당할 만한 큰 죄가 아니온데, 그를 죽이면 백성들이 대왕님을 폭군이라 할 것입니다. 저 청년이 노래에 맞추어 휘파람을 불렀다 하나, 궁인의 얼굴을 본 것도 아니며, 더구나 정을 통한 사실은 전혀 없사오니, 가엾이 여겨 용서해 주시옵소서.'

왕도 대신의 말을 듣고 보니, 죽일 죄가 아니기에 방면했소.

죽음에서 벗어난 청년은 저를 변호하여 살려준 대신에게 감사를 드리고 곰곰이 생각했소.

'남녀간의 애정이란 날카로운 칼보다 사람을 해침이 심하구나. 내가 죽음의 문턱까지 갔던 것도 따지고 보면 남녀간의 애정 때문이었다.'

그는 대신을 찾아가 구명해 준 은혜를 가슴에 품고, 출가하여 '수행을 하고 싶다.' 고 했소.

'잘 생각했네. 도를 성취하거든 부디 나를 찾아와 제도해주시게.'

그는 그 길로 출가하여 산림에 들어가 선정에 들어 자연의 변화를 식별하며 공부에 전념한 지 오래지 않아 프라데카 부처가 되었고, 즉시 바라나시에 돌아가 대신을 만났으며, 대신은 매우 기뻐하며 음식을 비롯한 네 가지 공양물을 빠짐없이 베풀었소. 그 프라데카 부처는 허공에 올라가 여러 가지 변화를 나타내며 마지막으로 큰 광명을 내어 온 주위를 훤하게 비추었소. 그 것을 본 대신은 더욱 존경하고 기뻐하며 서원을 세웠소.

'저 성자 분이 성자가 된 것은 내가 살려드렸기 때문이니 이 공덕으로써 날 때마다 부귀영화를 누리며 수명은 길고, 또

저 분보다 몇 천만 배의 공덕을 갖춘 분을 만나 불도를 이루어지이다.'

대왕님, 과거에 한 사람의 생명을 구해줘 생사의 고해를 건너도록 해 준 이가 바로 지금의 저 비구 항가달다이며, 그는 그때의 선업과 서원으로써 그 이후 날 때마다 복덕 · 지혜 · 수명 등 서원한 것을 모두 이루고, 또 나를 만나 아라한이 되었소."

그 때 모든 비구들은 부처님의 말씀을 듣고 기뻐하며 마음에 새기고 실천했습니다.

사리푸트라와 마우드갈야야나의 출가

부처님께서 라자그리하에 있는 칼란다카 대숲 절에 계시던 어느 때, 그 성중에 질사라는 범지가 있었고, 그가 남매를 두었는데 아들의 이름은 장조요 딸의 이름은 사리였습니다. 아들 장조는 총명하고 박식하며 의론에 밝아 사리와 담론을 하면 언제나 사리보다 뛰어났는데, 사리가 회임을 한 뒤, 토론을 하자 총명한 장조가 사리를 당할 수가 없었습니다. 그 때에 장조가 생각했습니다.

'누님이 아기를 갖기 전에는 무슨 토론을 해도 내가 이겼는데, 아이를 갖은 뒤부터 토론을 하면 언제나 내가 누님을 감당할 수 없으니, 이것은 틀림없이 태중의 아이가 나보다 똑똑하기 때문이다. 내가 저 아이를 이기기 위해서 좀 더 많은 공부를 해야 하겠구나. 이제부터 여러 지방에 다니면서 네 가지 위타경전韋陀經典은 물론 열여덟 종류를 배워 외운 뒤에 돌아와서 생질과 토론을 하겠다. 그는 곧 남쪽으로 가서 모든 이론을 배우되 '만약 통달하여 으뜸이 되는 스승이 되지 못한다면 절대로 손톱을 깎지 않겠다.' 하고 열심히 공부했습니다. 한편 사리는 아들을 낳았는데 용모가 단정하고 총명이 뛰어나 비교할 인물이 없었습니다. 이름을 사리푸트라라 했고, 네 살 때 모든 경론과 술법에 통달하여 함께 말할 수 있는 상대가 없었습니다.

그 때에 라자그리하의 모든 종교인 · 학자 · 술법가 등이 종을 쳐 십팔만 명을 불러 모으고 토론탁상을 만들되, 중앙에 네 개의 큰 의자를 배치해 놓고, 토론의 시간을 기다렸습니다. 그때 여덟 살인 사리푸트라가 토론장에 들어가 관리자를 찾아서 물었습니다.

"단상의 네 개 큰 의자는 누구를 위해 마련한 것입니까?"

"국왕 · 태자 · 대신 · 논사를 위해 특별히 마련한 자리다."

이 말을 들은 사리푸트라가 머뭇거리지도 않고 단상에 올라가 곧 논사의 자리에 앉자, 모였던 나이 많고 뛰어난 학자들과 내노라 뽐내는 모든 사람들이 놀라고 괴이쩍게 여기며 생각했습니다.

'우리 논사들이 저 코흘리개와 토론해 이긴다한들 무슨 자랑이 되며 만약 진다면 얼마나 수치스러울까!'

그들은 가장 말석에 있는 젊은 바라문을 차례로 내세워 토론하게 했으나, 그러나 젊은 바라문들은 애시 당초 토론의 상대가 되지 못했고, 이렇게 차츰차츰 토론하여 상석에 있는 이까지 모조리 몇 마디 말로써 머리를 숙였으므로 어떤 논객도 대적하지 못했습니다. 이 토론에서 이긴 뒤, 사리푸트라의 명성은 하늘 높은 줄 모를 만큼 치솟았고, 멀리 십육 개국에 퍼져, 나라의 크고 작음과 관계없이 감히 토론을 신청하는 이가 없었으며, 그의 학식과 명성이 천하에 회자되어 상대할 사람이 없었습니다.

그 뒤, 어느 날 사리푸트라가 라자그리하의 높은 누각 위에 올라가서 사방을 살피고 있는데, 성중의 백성들이 명절도 아닌데 명절보다 더 웅성거리는 것을 보고 혼자 생각했습니다.

'저기에서 우물거리는 사람들이 백 년 뒤에는 다 없어질 것이다.' 이렇게 생각한 그는 누각에서 내려가, 곧 어떤 이교도의 문하에 출가하여 수행을 하려고 했습니다.

그 때 세존께서 처음 성도하셨기 때문에 십육 개 나라에서 아는 이가 드물었습니다.

세존께서 교화를 펴시기 위해 아비라는 비구를 라자그리하성에 보내 날마다 걸식하게 하셨는데, 마침 사리푸트라가 걸식하는 아비 비구의 위의를 보고 마음속으로 생각했습니다.

'이 사람의 몸가짐은 특별나게 훌륭하구나! 나는 지금까지 이렇게 훌륭한 수행자를 본 적이 없다.'

그는 곧 비구 앞에 가서 물었습니다.

"그대가 섬기는 스승이 누구시기에 몸가짐이 그렇게 조용하고 위엄이 있습니까?"

그 때, 아비 비구는 시로써 대답했습니다.

나의 스승님은 하늘 가운데 하늘이고
세 세계에서 더 없이 높으신 분

열여섯 자 금색 몸 갖추시고
신통으로써 허공에 노니시네.

이 시만 읊고 말없이 서있는 아비에게 사리푸트라가 다시 물었습니다.

"그대의 스승에 대한 용모와 신통변화는 풍문에 들었소만, 도대체 무슨 도를 깨달았기에 그렇게 거룩하십니까?"

다섯 가지 쌓임에서 풀려나시고
열두 가지 감각기관 끊으시고
하늘과 땅의 향락을 탐하시지 않고
깨끗한 마음으로써 감로법을 여시네.

시를 들은 사리푸트라가 다시 물었습니다.

"그대의 스승께선 무슨 법을 수행하셨고, 또 얼마나 오랫동안 그 법을 가르쳤습니까?"

아비 비구는 다시 시로써 대답했습니다.

나의 나이 아직 어리고

법을 배운지 오래지 않아
어찌 그 바르고 참되고 광활한
여래의 법과 이치 다 말할 수 있겠습니까?

사리푸트라가 거듭 말했습니다.

"그렇다 해도 그대의 스승께서 가르치신 내용을 조금만이라도 말해주시오."

아비 비구는 역시 시로써 대답했습니다.

모든 법은 인연으로써 생겨 날뿐
텅 비어 아무런 실체가 없거니
마음을 쉬면 근본을 통달하기에
그 수행자를 스님이라 말합니다.

위의 시를 읊은 아비 비구는 가버리고, 사리푸트라는 곧 마음의 문이 열려 스로타판나가 되었는데, 그 때에 마침 마우드갈야야나가 사리푸트라의 환희에 젖은 얼굴을 보고 물었습니다.

"그대와 나는 맹서했지. '누구라도 먼저 감로법을 얻었을 때에는 서로가 알려 주기로 하자고….' 지금 그대의 얼굴빛을 보니 감로법을 얻은 것이 틀림없구나!"

사리푸트라가 조금 전에 아비 비구와 있었던 일을 설명하고, 마지막 시를 세 번 외어 주니 마우드갈야야나도 스로타판나가 되었습니다. 두 사람은 환희가 넘치는 상태에서 제자들이 있는 도장으로 돌아가 자기들이 스로타판나가 된 사연을 말하고, 그 제자들에게 말했습니다.

"나는 지금 즉시 부처님께 가서 출가하기로 결심했으니 너희들은 어떻게 하겠느냐?"

제자들이 자기들의 스승에게 말했습니다.

"지금 스승님께서 고타마의 법을 배우기 위해 고타마의 문하로 출가하신다면 제자인 저희들도 함께 따르겠습니다."

그 때에 두 사람은 제자들 이백오십 명을 거느리고, 아비 비구가 간 방향으로 칼란다카 대숲 절을 찾아 갔습니다.

두 사람은 세존의 서른두 가지 빼어난 모습과 여든 가지 고혹할 수밖에 없는 몸맵시에서 뿜어져 나는 밝은 빛이 흡사 천 개의 해가 한꺼번에 비춤과 같은 빛을 보고, 황홀한 기쁨에 휩싸여 무심결에 부처님 앞에 나아가 예배하고 이구동성으로써 말씀드렸습니다.

"저희들이 부처님께 출가해 법을 배우고 싶사오니 허락하여 주시옵소서."

"알맞은 때에 왔도다! 비구들아."

부처님의 한 말씀에 이백오십 사림의 수염과 머리카락이 한꺼번에 없어지고 가사가 몸에 입혀져 비구가 되었습니다.

그들은 부지런히 공부하여 일주야를 넘기지 않고 모두 세 가지 밝음과 여섯 가지 신통과 여덟 가지 벗어남을 얻은 아라한이 되어 세상 사람들한테서는 물론 하늘 사람들에게서도 극진한 존경을 받았습니다.

한편 이십여 년 모든 세속학문을 열심히 공부한 장조 범지는 사리푸트라가 부처님의 제자가 되었다는 소식을 접하고, 성을 내며 괴로워 하다가 생각했습니다.

'나의 생질은 본래 성품이 총명하고 학식이 넓어 열여섯 나라의 모든 뛰어난 논사論士들도 다 복종시켰는데, 지금 무슨 이유로 그 명예를 버리고 고타마를 받들어 섬길까?'

그는 곧 바로 라자그리하에 있는 칼란다카 대숲 절을 찾아와 부처님께 토론하기를 요청하니 부처님께서 그에게 말씀하셨습니다.

"지금 그대의 소견은 아직도 참된 도와는 그 길이 다르다."

그 때에 장조는 대꾸하지 않았고, 부처님께서 세 번을 위와 같이 말씀하셨으나 그러나 그는 역시 대답하지 않았습니다. 그 때에 금강밀적이 허공에 있다가 금강저를 들고 장조의 이마를 견주며 말했습니다.

"네가 끝까지 대답하지 않는다면 내가 이 금강저로써 너의 몸을 부수어 가루를 만들겠다."

그제야 겁나고 두려워 때와 범벅이 된 땀을 흘리면서 스스로 도망갈 곳을 모르고 낯을 들지 못하더니, 곧 부처님 앞에 예배한 뒤, 제자가 되기를 원하자, 부처님께서 출가할 것을 허락하셨습니다.

"잘 왔다. 비구야."

범지의 수염과 머리칼이 떨어지고 가사가 입혀져 비구의 모습이 되었습니다. 그도 부지런히 공부하여 오래지 않아 아라한이 되니, 여러 제자들이 부처님께 여쭈었습니다.

"지금 저 장조 비구는 전생에 무슨 복을 지었기에 삿된 길을 버리고 바른 법에 돌아왔으며, 또 무슨 인연으로써 부처님을 만나 출가하여 도를 얻게 되었습니까?"

"비구들아, 잘 들어라. 내가 지금 너희들을 위하여 자세히 분별하여 말하겠다.

한량없는 과거 어느 때, 이 바라나시에 어떤 프라데카 부처가 산림에서 좌선하고 있었는데, 오백 명의 도적들이 남의 물건을 훔쳐 숨길 곳을 찾다가 그 숲 속에 숨기기로 하고, 먼저 염탐꾼을 보내어 숲 속에 사람이 있는가 없는가를 살펴보게 했다. 그 염탐꾼이 나무 밑에 단정히 앉아 있는 프라데카를 보고 다가가서 온 몸을 묶어 괴수에게 데리고 갔다. 도적들이 그를 죽이려 하자 그가 생각했다.

'내가 만일 말없이 저들에게 죽임을 당하면, 이 행위는 그들의 죄업을 더하여 지옥에 떨어져 고통을 벗어 날 수 없는 결과를 초래할 것이다. 그러니 내가 지금 신통변화를 보여 저들이 불법을 믿고 다시는 나쁜 일을 하지 않도록 항복을 받자.'

그는 곧 허공 높이 올라가서 동쪽에서 몸을 날려 서쪽으로 사라지고, 남쪽에서 몸을 날려 북쪽으로 사라지기도 하고, 몸에서 물과 불을 내뿜기도 하고, 온 허공에 가득한 몸을 나타내기도 하고, 엄지 손가락만한 몸을 나타내기도 하는 등, 이러한 열여덟 가지 변화를 차례로 나타내니, 도적들은 보고 놀라고 겁나서 모두 땅에 엎드려 참회했고, 그는 그들의 그 참회를 받아주었다. 그들은 여러 가지 맛있는 음식을 장만하여 그에게 공양을 올리고, 착한 사람이 될 것을 맹세하고 떠났다. 그 공덕으로써 도적의 괴수는 지금까지 지옥 · 아귀 · 축생에 떨어지지 않고, 항상 인간 세상이나 하늘에 태어나 쾌락을 받았고, 지금 나를 만나 출가하여 도를 얻었으니, 장조 비구는 바로 도적의 괴수였느니라."

그 때 모든 비구들은 부처님의 말씀을 듣고 기뻐하며 마음에 새기고 실천했습니다.

손다리가 단정한 이유

부처님께서 라자그리하에 있는 칼란다카 대숲 절에 계시던 어느 때, 프라세나짓왕의 왕후가 회임하여 만 열 달 만에 왕자를 낳았는데, 그 단정한 용모가 이 세상에서 견줄 사람이 없고, 두 눈이 마치 구나라 새의 눈처럼 아름다웠으므로 왕자의 이름을 구나라라고 불렀습니다.

왕자가 차츰 자라자 왕은 왕자를 좋은 옷과 영락 등 여러 가지 노리개로 치장하여 왕자를 뚜껑이 없고 난간이 낮은 수레에 태워 온 나라의 도시와 촌락을 순회하며, 백성들에게 물었습니다.

"이 세상에서 혹시 왕자보다 잘 생긴 아이가 있는가?"

어느 중소도시에 들렀을 때 외국에 다니며 무역을 하는 상인이 대왕에게 사뢰었습니다.

"제가 어떤 말을 해도 대왕께서 성을 내시지 않고 저에게 벌을 주지 않겠다는 약속을 해주시면, 감히 진실을 말씀드리겠습니다."

"그래 너의 말대로 약속할 테니, 겁내지 말고 진실을 말하여라."

"제가 살고 있는 마을에 손다리라는 어린이가 있는데 그 아이의 단정하고 사랑스러운 모습은 하늘 사람과 같으니 왕자님과 비교할 수 없으며, 그 아이가 태어난 시간에 그 집 안에 자연스럽게 물이 솟는 샘이 생겨 물은 차고 향기가 나며, 온갖 값진 보석이 거기에 가득했습니다."

이 말을 들은 왕은 그 부락에 사람을 보내어 명령을 전했습니다.

"내가 직접 그 곳에 가서 손다리란 아이를 만나 보겠노라."

이 왕명을 받은 마을 사람들은 모여 의논했습니다.

"만일 임금님께서 오신다면 우리가 무엇으로써 대접하겠는가? 우리가 아이를 국왕에게 데리고 가는 것이 좋겠다."

이렇게 결론을 지은 마을 사람들은 아이에게 예쁜 옷을 입히고 여러 가지 꾸미개로 치장하고 데리고 가서 국왕을 알현하니, 왕이 손다리를 보고 이 땅위에서는 이 아이와 견줄 인물이 없는지라, 감탄에 감탄을 연발하며, 곧 아이를 데리고 부처님께 가서 이 아이가 이렇게 태어난 인연을 여쭈려고, 대숲 절에 도착했습니다.

아이가 부처님의 서른두 가지 잘 생긴 모습과 여든 가지 고혹적인 몸맵시에서 쏟아지는 햇빛 같은 광명이 사방으로 뻗치는 것을 보고, 곧 기쁜 마음을 내어 살금살금 부처님 앞으로 다가가 예배하고 물러나 한쪽에 앉으니, 부처님께서 네 가지 진리를 말씀해 주셨습니다. 아이는 곧 마음이 열려 스로타판나가 되고, 부처님께 출가하기를 소원했으며, 부처님께서 말씀하셨습니다.

"때를 잘 알고 왔구나! 사미야."

이렇게 말씀하시니, 곧 바로 머리카락이 떨어지고, 가사가 몸에 입혀져 사미가 되었습니다.

잠시 동안 선정에 들어 부처님의 가르침을 사유하더니 금방 아라한과를 증득하자, 왕이 멈출 것 같은 숨을 내쉬며, 부처님께 여쭈었습니다.

"세존이시여, 저 손다리 스님은 전생에 무슨 인연을 심어, 출생할 때 샘물이 저절로 솟았고, 온갖 보석들이 그 속에 가득했으며, 또 지금 부처님을 뵙자마자 출가했으며, 금방 아라한이 되었습니까?"

"대왕님, 지금 내가 자세히 말할 테니 잘 들으시오. 이 현겁에 가섭 부처님이 바라나시에 오셔서 일만팔천 비구를 데리고 산림에 들어가 좌선하고 계실 적에 어떤 장자가 길을 가다가 부처님과 비구들을 뵙고, 곧 기쁜 마음을 내어 그 길로 집에 돌아가 향수탕을 준비하고, 여러 비구들을 초청하여 목욕을 하게하고, 한편 맛난 음식을 장만하여 공양을 올리고, 값나가는 보석들을 향수 항아리에 넣어 보시한 뒤 발원하였소. 그 공덕으로써 그는 지금까지 나쁜 갈래에 떨어지지 않고, 하늘에나 인간에 태어날 때마다 항상 향수의 샘이 저절로 솟아났고, 동시에 값나가는 보석들이 거기에 가득하게 된 것이오.

대왕님. 그 때의 장자가 바로 저 손다리 비구요. 그가 전생에 향수로써 비구들을 목욕하게 하고, 맛난 음식과 보석으로써 공양을 베풀었기 때문에 항상 단정한 몸을 받은 것이요."

위의 말씀을 들은 프라세나짓 왕은 기뻐하며, 왕궁의 전용 목욕 못을 비구 스님들에게 개방했습니다.

어려운 말 풀이

ㄱ

가루라【迦樓羅】: 범어 garuḍa. 용을 잡아 먹는다는 새. 금시조의 인도 옛말.

가사【袈裟】: 범어 kaṣāya. 스님이 된 분들이 입는 격식에 맞는 옷.

갈마【羯磨】: karma의 음사. 한자로는 업(業)이란 뜻. 그러나 갈마라고 표기한 경우 업이란 뜻이 아니고, 절에서 스님들이 하는 일 모두를 규칙에 의지해 제대로 처리하는 방법의 의미가 대부분임.

감로법【甘露法】: 불법을 서정적으로 나타낸 말. 부처님의 가르침이 몸과 마음을 안락하게 하는 것이 감로라는 하늘이 내리는 단물과 같다는 뜻.

강가【恒伽】: 갠지스강의 옛이름. 항하의 다른표기 → 항하수.

거사【居士】: 범어 gṛhapati의 한자 역어. 세속에 살면서 부처님께 귀의하여 부처님의 가르침대로 사는 남자를 말함.

건달바【乾闥婆】: 범어 gandharva. 하늘의 음악을 관장하는 하늘 음악신.

겁【劫】: 범어 kalpa의 음사. 긴 시간이라 번역함. 사방 40리의 창고에 개자를 가득 채워 두고, 백년 마다 한 알갱이를 집어내어 개자를 다 집어내는 시간을 한 작은 겁이라 하고, 작은 겁 20겁을 한 중간겁이라 하고, 중간 겁 4겁을 한 큰 겁이라 한다. 영겁(永劫), 광겁(曠劫) 이라고도 한다.

게송【偈頌】: 운문으로 표현한 부처님의 가르침.

결가부좌【結跏趺坐】: 부처님과 제자들의 앉음새. 두 다리를 교차하여 앉는다. 먼저 오른쪽 발등이 왼쪽 허벅지를 누르게 하고, 다음 왼쪽 발등이 오른쪽 허벅지를 누르게 한다. 오른손을 가부좌한 단전에 대고, 왼손 등을 오른손 손바닥에 대고, 왼손엄지가 오른손 엄지를 누르게 하면서 배꼽아래 단전에 대는 듯하며, 눈길은 코끝을 응시하며 앉는 법이다. 전가부좌, 본가부좌 라고도 한다.

경장【經藏】: 부처님의 가르침을 경 • 율 • 론으로 분류하고, 뒤에 모도 '장자' 를 붙여 경장 • 율장 • 논장이라 함.

경전【經典】: 부처님의 가르침을 기록한 책.

경행【經行】: 수행하다가 심신의 밸런스를 유지하기 위하여 일정한 장소를 조용히 걷는 운동.

계【戒】: 범어 śīla의 한자. 행위 • 습관 • 성격 등 좋은 것을 체득하게 하는 불교의 규칙. 재가 신도가 지키는 5계 • 8계가 있고, 출가인이 지키는 5계 • 10계 • 구족계가 있으며, 자가 신도와 출가인이 공동으로 지키는 48계가 있음.

계법【戒法】: 부처님께서 제자들이 지키도록하신 규칙의 모두를 말함.

계빈국【罽賓國】: 범어 Kapiśa. 가습미라에 있던 나라이름. 지금의 카슈미르 지방. 아쇼카왕이 스님들과 불경을 이곳에 보내어 포교를 처음으로 하게 하였다.

계율【戒律】: 범어 śīla와 vinaya의 합성어. '계'는 윤리성을 나타내고, '율'은 규칙성을 나타낸다. '계'는 자율성이 강하고, '율'은 강제성을 지녔다.

계행【戒行】: 금지 시킨 내용을 행동으로 실천하여 나타내는 행위.

고다냐【拘睒尼】: 지명인데 확실히 어느 곳인지 모름.

고타마: 범어 Gotama의 음사. 한자로 구담(瞿曇), 교답마(喬答摩) 등으로 표기 했다. 부처님의 종족의 성(姓)이다.

공【空】: 범어 śūnya. 이 세상 물체는 인연을 따라 생겨났기 때문에 인연이 다하면 인연을 따라 생긴 물체도 다 없어진다. 즉 인연이 없어지면 물체가 없어지니 모든 것은 결국에 공이란 뜻이다.

공양【供養】: 범어 pūjanā의 한자어 번역. 먹는 음식에서부터 필요한 물건 또는 장엄구 등으로 삼보에게 바치는 모든 물건을 말한다. 흔히 '부처님을 공양하다' 번역을 하는데 잘못인 듯. '부처님께 공양을 올린다' 라고 번역하는 것이 옳다.

과위【果位】: 깨달은 자리. 공부가 성취되어 얻는 지위. 여기서는 소승 네 과의 자리를 말함.

관법【觀法】: 마음으로 법이나 진리를 관찰하는 방법.

교단【敎團】: 한 교주를 신봉하는 단체. 여기서는 부처님의 가르침을 따라 삶을 영위하는 제자들을 일컬음.

관정【灌頂】: 스님이 될 때 머리에 깨끗한 물이나 향수를 뿌려 세상의 번뇌를 씻는 의식. 부처가 되는 최후의 순간 지혜의 물로서 정수리에 뿌려 여래가 됨을 증명함.

구마라집【鳩摩羅什】: 343~413년 人名. 범어 Kumārajīva의 음사. 인도 스님으로 중국에 와서 경전 74부 380권을 번역한 최고의 번역가.

구반다【鳩槃茶】: 범어 kumbhāṇḍa의 역어. 사천왕 중에 남방증장천왕에 속한 귀신으로서 불법을 옹호하는 신의 한 종류.

구족계【具足戒】: 범어 upasaṃpanna의 한자 역어. 출가한 스님들로서 20세가 넘은 이들이 받는 계율. 비구계라고도 함.

권화【勸化】: 좋은 일을 하도록 다른 사람에게 권함. ① 삼보를 믿고 공양을 올리게 함. ② 권하여 사교를 버리고 불법을 믿게 함. ③ 불법에 귀의하게 함.

귀의【歸依】: 돌아가 몸을 의지함. 부처님과 법과 스님들께 의지함. 비슷한 말 - 귀명(歸命), 남무(南無) - 인도의 옛말. 한자어로 귀의, 귀명임.

그리드라쿠타산: 범어 Gṛdhrakūṭa. 한자로 기사굴산(耆闍崛山) 지금의 차타(chata)산. 경전에는 영축산(靈鷲山)으로 나온다. 중인도 마갈타국에 있는 산.

금강력사【金剛力士】: 범어 Vajrapāṇi의 역어. 금강수(金剛手) 라고도 번역함. 부처님과 법과 스님들을 옹호하는 금강신 • 인왕(仁王)임. 절 문 양쪽에서 수호신으로써 신장 노릇을 하는 신.

금강밀적【金剛密迹】: 부처님을 호위하는 천신. 손에는 늘 금강저를 들고 있음.

금강석【金剛石】: 가장 단단하여 어떤 것으로도 깨뜨릴 수 없다는 뜻이 원 관념임.

금강저【金剛杵】: 밀교 수행자가 사용하는 도구.

금시조【金翅鳥】: 범어 Garuḍa의 역어. 인도인이 신격화 한 상상의 새로서 용을 잡아먹는다고 함.

기바【耆域】: 부처님 당시의 의사로서 당시에 뇌수술을 했던 유명한 인도의 허준.

기수급고독원【祇樹給孤獨園】: Jetavānānāthapiṇḍadasyārāma의 역어. 사위성 남쪽에 있었던 부처님. 당시 2대 가람의 하나.

기역【嗜域】: '기바' 의 다른 표기.

기타 숲 외로운이 돕는 절: 범어 Jetavānānāthapiṇḍadasyārāma의 우리말. 한자어로 기수급고독원(祇樹給孤獨園) • 기다수급고독원(祇多樹給孤獨園)이라 하고, 줄여 기원 • 급고독원이라고도 한다. 부처님 당시에 수닷타라는 재가 불자가, 부처님과 제자들이 한 곳에서 생활하는 데 불편함이 없도록 지은 가장 큰 절. 이 절에 얽힌 설화가 현우경에 자세히 전함.

기타태자【祈陀太子】: 부처님 당시 인도 사위성 프라세나짓왕의 태자 이름. 태자 자기 소유의 기타림(祇陀林)을 부처님께 바침.

긴나라【緊那羅】: 범어 kiṁnara. 모습이 일정하지 않은 하늘의 음악신 가운데 하나.

ㄴ

나그로다【尼拘類樹】: 범어 nyagrodha의 한자 음사. 나무이름. 키가 큰 교목(喬木)으로 가지와 잎이 무성함.

나무불【南無佛】: "부처님께 귀의합니다"

나무불타【南無佛】: 나무는 귀의하다. 불타는 부처님의 뜻. 즉 부처님께 귀의한다는 뜻임.

나찰【羅刹】: 범어 rākṣasa의 한자 음사. 두려운 존재. 보호하는 이. 재빠른 귀신. 사람을 먹는 귀신 등의 우리말로 번역한다. 부처님 이전에는 나쁜 귀신이 있었으나 부처님께 귀의한 뒤부터 불법을 옹호하는 귀신이 되었다.

난다【難陀】: 범어 Nanda의 음사. 부처님 배다른 동생인 듯. 불 오백제자 자설본기경 난타품을 보십시오.

남섬부주【南贍浮洲】: 남염부제, 염부제라고도 함. 옛날 인도어 Jambudvipa의 음사. 불교의 세계관에 의한 현재 인류가 살고 있는 지구를 가리키는 말인 듯 함.

네 가지 공양【四種供養】: 의복 • 음식 • 탕약 • 침구 등의 물건.

네 가지 공정【四空定】: 범어 catasra-ārūpya-samapattaya의 한자어 번역.
1 물질의 속박을 벗어나기 위해 물질이란 생각을 버리고, 끝없이 허공을 관찰하는 공무변처정(空無邊處定)
2 본질을 관찰하는 앎이 넓고 커 끝이 없다라고 관찰하는 식무변처정(識無邊處定)
3 앎의 인식을 버리고 마음은 소유가 없다라고 관찰하는 무소유처정(無所有處定)
4 마음은 소유가 없다고 관찰하여 도달하는 비상비비상처전(非想非非想處定)

네 가지 마구니【四魔】:
1 오온(색 • 수 • 상 • 행 • 식)이 모든 고통을 유발하므로 음마(陰魔) • 중마(衆魔)라고 함.
2 번뇌마(煩惱魔) 탐욕을 위시하여 여러 가지 번뇌는 중생의 몸과 마음을 시끄럽게 하므로 '번뇌마'라 함.
3 사마(死魔) 죽음은 중생의 생명을 빼앗으므로 사마라 함.
4 천자마(天子魔) 욕제 제 6천의 왕은

선(善)을 방해하므로 천자마라 함.

네 가지 무량심 : 네 가지 헤아릴 수 없는 마음.

네 가지 선정【四禪】 : 범어 catvāri-dhyānāni의 역어. 사정려(四靜慮)라고도 한다. 색계 18층 하늘에서 닦는 선정 네 가지.
❶ 초선천 : 세 하늘에서 닦는 깨달음과 관함이 있는 선정.
❷ 2선천 : 세 하늘에서 닦는 깨달음은 없고 관함만 있는 선정.
❸ 3선천 : 세 하늘에서 닦는 깨달음과 관함이 모두 없는 선정.
❹ 4선천 : 아홉 하늘에서 닦는 움직이지 않는 선정.

네 가지 요소【四大】 : 범어 mahā-bhūta. 물체의 기본요소인 흙 • 물 • 불 • 바람(地水火風). 불교에서 사람 몸을 구성하는 네 가지 요소가 위의 네 가지라 함.

네 가지 은혜【四恩】 : 부모에게 입은 은혜, 중생에게 입은 은혜, 국가에게 입은 은혜, 삼보에게 입은 은혜.

네 가지 진리 : 범어 catvārisatyāni의 우리말 번역. 한자어는 사제(四諦) 또는 사성제(四聖諦)라고 한다.
❶ 현실의 삶은 고통이다. 고제(苦諦)
❷ 고통의 이유. 또는 근거니 갈애(渴愛)가 그 바탕이다. 집제(集諦)
❸ 깨달을 목표니 곧 이상(理想)이다. 멸제(滅諦)
❹ 실천 수행의 수단으로서 열반에 이르는 방법이다. 도제(道諦)
위의 내용을 부연하면 인간(중생)의 생존은 괴로움이라는 것이 불변의 진리며, 그 것의 원인은 갈애에서 시작되었다는 것이 불변의 진리며, 위의 두 사실을 알고 벗어나야 열반 즉 이상에 도달하는데 그 길은 여덟 가지 바른 길을 걸어야 된다는 내용이다.

네 가지 평등한 마음 : 범어 apramāṇa. 사무량심(四無量心)을 말함. → 네 가지 헤아릴 수 없는 마음.

네 가지 헤아릴 수 없는 마음【四無量心】 : 자(慈) • 비(悲) • 희(喜) • 사(捨)의 네 가지 마음이 헤아릴 수 없음을 말함.

네 부류의 대중 : 불교 교단을 구성하고 있는 四部大衆의 우리말. 비구 • 비구니 • 우바새 • 우바이를 말함.

녹야원【鹿野苑】 : 인도의 옛말. Mṛgadáva의 음사. 부처님께서 도를 깨치신 뒤, 제일 처음으로 설법하신 곳.

능인【能仁】 : 범어 Śakyamuni에서 Śākya를 석가(釋迦)라 음사하고 muni

를 모니(牟尼)라 음사하며, 석가를 능인이라 한자로 번역하고, 모니를 적묵(寂默)이라고 번역함. 한글로는 인할 수 있다. 인에는 능숙하다는 뜻으로 표현할 수 있다.

니르그란타 : 음사하여 니건(尼犍). 부처님 당시 옷을 벗고 수행하던 외도의 한 종류.

니사단나【尼師但那】 : 범어 niṣidana의 음사. 비구 스님들이 늘 지니고 다니는 걸망(乞網)과 비슷한 물건.

ㄷ

다문【多聞】 : 문자의 사용이 일반화 되지 않았던 과거에는 지식의 학습을 듣는 것을 통하여 전수했다. 따라서 많이 듣는다는 것은 요새 말로는 학력이 높다는 뜻, 아는 것이 많다는 뜻으로 생각할 수 있다. 다문제일 아난다.

다섯 가지 계율 : 불교인이 지켜야 하는 기본 계율 다섯 가지.
1 살아있는 동물을 죽이지 말라.
2 주지 않는 것을 가지지 말라.
3 혼인 관계가 아닌 상대와 섹스는 하지 말라.
4 거짓말 하지 말라.
5 정신을 가누지 못 할 만큼 술 먹지 말라.

다섯 가지 뿌리 범어 : pañcendriyāṇi 한글 번역어. 한자語로 오근(五根). 눈•귀 코•혀•몸

다섯 가지 쌓임【五蘊】 : 범어 pañca-skandha의 한글 번역어. 한자어로 '오온'. 우리말로 '다섯 가지 쌓임' 이라 함. 다섯 가지가 화합하여 모인 것을 말함. 중생의 육신이 생멸 변화하는 것을 5종류로 분류하였다.
1 색온(色蘊) 가시적인 물체로서 변화 생멸하며, 다른 것을 장애하는 물질.
2 수온(受溫) 괴로움•즐거움•괴로움도 아니고 즐거움도 아닌 것을 느끼는 마음의 작용.
3 상온(想蘊) 외계의 사물을 마음속에 받아들이고, 그것을 상상(想像)하는 마음.
4 행온(行蘊) 일체를 조작하는 것이니 나고 죽은 이 있는 법을 말한다. 속성은 인연으로서 생겨나 신간적으로 천류 변화함.
5 식온(識蘊) 의식하고 분별함이니, 즉 경계를 대하여 인식하는 마음의 작용이다.
위의 다섯 종류를 한자어로 '오온'. 우리말로 '다섯 가지 쌓임' 이라 함.

다섯 가지 신통【五神通】 : 초자연적 초인간적 힘으로써 하고 싶은 대로 할 수 있는 다섯 가지 불가사의 한 힘.
1 하늘 눈
2 하늘 귀
3 다른 중생의 생각을 앎

4 지나온 세상, 올 세상의 일을 죄다 앎
5 어디든지 갈 수 있는 능력

다섯 가지 쾌락【五欲樂】: 빛깔 • 소리 향기 • 맛 • 감촉에 대해 욕망을 일으켜 집착함.

다섯 가지 힘 : 범어 pañca-balāni의 한글 번역어. 한자어 오력(五力).
1 信力 : 믿음의 힘
2 動力 : 부지런히 정진하는 힘
3 念力 : 골똘히 생각하는 힘
4 定力 : 골똘한 생각이 하나에 집중된 힘
5 慧力 : 슬기의 힘

다섯 비구【五比丘】: 부처님께서 성도하신 뒤 제일 먼저 제도한 비국 다섯 분. 야즈나 카운디냐, 아습비, 마하마남 → 친족. 바제, 바부 → 외족

단월【檀越】: 범어 dānapati의 음사. 물건, 또는 재화를 삼보에게 보시하는 사람을 이름.

단이슬법 → 감로법

대계【大戒】: 비구계 • 구족계라고 한다. 부처님의 출가 제자가 받이 지키는 250가지 계율을 말함.

대사【大師】: 원래 대도사(大導師)의 뜻으로 부처님과 보살과 아라한을 일컫는 말이었으나 지금은 스님들을 일반적으로 부르는 말이 되었다. 본래 인류의 사표로서 왕사 • 국사 등으로 쓰이던 말이었다.

대승【大承】: 범어 mahāyanā의 역어. 부처님의 가르침은 크게 소승과 대승으로 변별할 수 있다. 수행자가 자기의 이익만을 위하면 소승이라 하고, 수행자가 다른 이의 이익만을 위하면 대승이라 한다.

데바닷타【提婆達多】: 범어 Devadatta의 음사. 부처님의 사촌동생으로 출가하여 스님이 되었으나 늘 부처님의 자리를 차지하려고 했던 반골의 제자.

도감【都監】: 절 살림을 전부 맡아 사는 사람. 여기서는 공사 감독.

도과【道果】: 위에 나오는 아라한이 된 결과를 말함. 불법을 깨달아 열반을 얻으면 '도과를 성취했다' 고 함.

도략【道略】: 스님이름. 중국스님인 듯 한데 생몰이 묘연하나 부처님의 경전중에서 비유의 성격이 있는 것만 골라 雜比喩經이라 했고, 또 여러 경전에서 衆經撰集譬喩 上 • 下 를 모음.

도리천【忉利天】: 범어 Trāyastriṃśa의 음사. 불교의 세계관에 의하면 하늘나라를 욕계와 색계와 무색계로 나누

고, 욕계는 인간이 사는 세계와 하늘 여섯 층이 있으며, 도리천은 하늘 여섯 층 세계 가운데 2층에 있다. 인간 세계의 100년이 하루며 위의 시간에 의해 1,000년을 산다. 우리 우주에서 팔만 유순(1 유순 약 30리) 거리에 있고, 평면의 하늘나라인데 선견성(善見城)을 중심하여 4방에 여덟 개의 하늘이 있어 33천이라고도 부른다.

도솔천【兜率天】 : 범어 Tuṣita-deva의 한자 음사. 욕계 여섯 하늘 가운데 네 번째 하늘. 특히 미륵보살이 사바세계에 탄생하시기 위해 기다리는 내원궁(內院宮)이 있다.

도품【道品】 : 불도를 이루는 데 필요한 수행 덕목의 한 부분. 삼십칠조도품 등.

두타【頭陀】 : 범어 dhūta의 음사. 닦고 다스림 깨끗이 씻음. 삼독을 버림 필요 없는 것은 저절로 없어짐 등으로 번역. 의식주에 탐착하지 않고 청정하게 수행한다는 뜻의 말로 쓰임. 스님들이 필요한 물건 18가지를 넣어두는 부대를 두타부대라 함.

둘째하늘 : 욕계 6천 가운데 두 번째에 있는 도리천을 말함.

ㄹ

라자그리하 : 범어 Rājagṛha. 한자어로 王舍城이라 번역함. 마갈타국의 수도, 한자 라열기(羅閱祇)로도 표기하였음.

ㅁ

마가다 : 범어 Magadha의 음사. 부처님 성도하신 곳의 고대 인도의 나라이름. 마갈제 · 마갈타라고도 함.

마갈어【摩竭魚】 : 범어 makara의 음사와 번역한 글자를 융합한 말. 배를 삼키는 큰 고기의 이름. 실제어가 아닌 상상의 말.

마니【摩尼】 → 마니주

마니주【摩尼珠】 : 범어 cintāmaṇi의 음사와 한자어의 융합어임. 여의보주(如意寶珠)의 다른 이름.

마야부인【摩耶夫人】 : 범어 mahā-māyā의 역어. 부처님 어머님의 이름.

마왕【魔王】 : 여섯째 하늘의 임금으로서, 부처님의 성도를 방해한 마왕.

마우드갈야야나 :
범어 Maudgalyāyana의 음사. 부처님의 열 분 위대한 제자 가운데 신통이 가장 뛰어났던 분. 한자어로 '목건련' 이라고 함.

마음의 말【心馬】 : 마음이 말처럼 가만히 있지 못하고 움직인다는 뜻.

마하살【摩訶薩】: 범어 mahāsattva의 음사. 신역에서 대유정(大有情)이라 번역. 구역에서 대심(大心) • 중생심(衆生心)이라 하였음. 지금은 보살(菩薩)의 미칭으로 쓰임.

마하카샤파: 범어 Mahākāśyapa. 한자로 마하가섭(摩訶迦葉)으로 음차함. 부처님의 제일 큰 제자로서 원래 불을 섬기는 외도였다. 형제 셋이 함께 귀의하여 불교 교단을 형성하는 중심역할을 하였다. 불교의 제2대 교조로 두타(頭陀) 제일이며 흔히 전불심인(傳佛心印: 부처님의 마음을 전수한) '가섭존자' 로 불린다.

마하카챠야나: 범어 kātyāyna의 한자 음사. 부처님 10대 제자 가운데 논의(論議). 제일의 가전연(迦旃延)을 말함. 한자어로 불공(不空) 또는 문식(文飾)이라고 번역함.

마후라가: 범어 mahoraga. 뱀신, 또는 음악신. 사당신.

말법【末法】: 부처님의 가르침이 시간이 지날수록 변하여 가는 과정을 세 시기로 분류한 것 중에 제일 나중시기. 첫째 정법(正法) 부처님 가신 뒤 일천 년 까지. 둘째 상법(像法) 부처님 가신 뒤 이천 년 까지. 셋째 말법 일만 이천 년 까지. 일천 년까지는 가르침 대로 실천하여 도를 이루는 이가 많다. 이천 년 까지는 가르침대로 실천하나 도를 이루는 이가 백에 한 사람. 이천 년~일만 이천 년 사이는 가르침만 있고 실천하는 이나 도를 이루는 이는 없으며, 일만 이천 년이 지나면 가르침까지 없어진다고 함.

말세【末世】: 말법(末法)과 같은 뜻. 그러나 이 곳 67화에서는 '부처님께서 열반하신 뒤' 라는 뜻임.

매어 부림【煩惱】: 중생이 번뇌에 매여 부려진다고 번뇌를 매어 부림으로 번역함.

몸속의 네 마리 독사: 몸을 구성하고 있는 흙의 성질 • 물의 성질 • 바람의 성질 • 불의 성질을 비유로 한 말.

무명【無明】: 범어 avidyā의 한자 번역어. 우리말로 표현할 단어는 어둡다 • 흐리멍덩하다 • 어리석다 등등이다. 사물의 이치와 인간다운 삶을 모른다는 뜻이다.

무상【無常】: 범어 anitya의 한자 번역어. 사물이나 사람의 인식작용(마음의 작용)이 조금도 가만히 있지 않고 변화되어, 나서 존재하다가 변화하여 없어진다. 따라서 국어로는 '뜻함이 없다' • '항상함이 없다' 로 해석된다.

무상게【無常偈】: '무상은 영원히 존재

하는 것'은 아무것도 없다는 뜻. '게'는 불경 표현의 한 형식으로, 문학에서 시에 해당함.

무상정등적각【無上正等正覺】: 범어 Anuttara-samyak-saṁbodhi의 한자 번역어. 바른 진리를 바르게 깨달았다는 뜻. 가시적이거나 상상할 수 없는 것까지 일체의 진실된 모습을 모두 아는 부처님께서만 위없이 뛰어난 지혜. 깨달았기 때문에 부처님을 뜻하기도 함.

무색계【無色界】: 범어 ārūpya- dhātu의 한자 번역어. 불교에서 이 세계를 셋으로 나눈다.
1 욕계(欲界) : 인간이 사는 세계와 하늘 세계 6층까지를 말함.
2 색계(色界) : 관능적인 감각을 여읜 상태의 선정을 익힌 이들만 태어나는 하늘 7층부터 24층까지를 말함.
3 무색계(無色界) : 물질을 여의고 순정신적 조재만 있는 세계로 색계보다 고차원적인 선정을 익힌 이가 태어나 더 차원 높은 선정을 익히는 네 층의 하늘이다. 공무변처천(空無邊處天) • 식목변처천(識邊處天) • 무소유처천(无所有處天) · 비상비비상처천(非想非非想處天)

무위【無爲】: 범어 asaṁskṛta의 역어. 무위법이 같은 말이다. 인연에 의해 조작되는 것이 아니고, 나고 죽음을 떠난 상주불멸의 영원한 적멸의 세계를 뜻함. ↔ 유위.

무차대회【無遮大會】: 범어 Pañca-pariṣad의 한자 번역어. 반차우슬, 무차회로 쓰임. 귀천의 분별없이 재물과 법을 보시하는 일에 아무 제한 없이 참여하는 법회.

문수보살【文殊菩薩】: 범어 Mañjuśri의 한자 음사. 한자어로 묘길상(妙吉祥)이라고 번역하나 묘덕 • 묘수 • 보수(妙德 · 妙首 · 寶首) 등등 여섯 가지 번역이 있기 때문에 범어의 음을 사용함.

미륵부처님【彌勒佛】: 석가모니 부처님께서 입멸 후 56억 7천 만 년 뒤에 오실 부처님. 지금 욕계 4천인 토솔천 내원궁에서 하늘 사람들을 교화하신다.

ㅂ

바라나시【波羅奈】: 범어 Vārāṇasī. 갠지스 유역에 있던 나라이름. 특히 초전법륜(初轉法輪 : 처음 설교하신) 녹야원(鹿野園)이 있다.

바라문【婆羅門】: 범어 brāhmaṇa의 한자 음사. 인도의 네 계급 가운데 하나. 깨끗한 행동 • 깨끗한 마음 • 깨끗한 조상의 후예 • 밝고 맑은 뜻을 지녔다는 등의 뜻으로 쓰임. 따라서 번역하기에 부적절함. 가장 높은 계급으로 가장 상류층 사회인 제례와 국민의 스승격으로 군림한 부류들.

바루 : 범어 pātra. 발우(鉢盂), 바리, 바릿대로 쓰기도 함. 스님들이 공양을 담아 자시는 그릇.

바이슈라마나 : 범어 Vaiśravaṇa. 사천왕 가운데 한 천왕. 한자로 비사문(毘沙門)이라 음사함. 부처님의 도량을 수호하여 법문을 많이 들었다 하여 다문(多聞)이라 번역함.

반야 → 반야경

반야경【般若經】 : 구체적인 경명은 마하반야바라밀다경(摩訶般若波羅蜜多經). 범어 Mahāprajñāpārmitā-sūtra의 한자 음사. ① 마하 : 크다 ② 반야 : 지혜 ③ 바라밀다 : 완성하다로 해석한다. 말을 만들면 '큰 지혜의 완성'. 반야경은 모두 8부로 나누어 말하지만 모두가 600권 대반야경에 들어있다. 위의 마하반야바라밀다경은 600권 가운데 421권부터 447권까지 '구마라집'이 번역하여 독립시킨 부분이다.

발원【發願】 : 소원하는 마음을 일으킴

번【幡】 : 범어 patāka의 한자 번역. 우리말로 '깃발' 임

범도【梵道】 : 청정한 선정에 들어 음욕을 끊음.

범어【梵語】 : 옛날 인도어 중에 표준어에 해당하던 말.

범지【梵志】 : 범어 Brahmacārin의 한자 번역어. 범사(士)라고도 하고 정예(淨裔: 청정한 이의 자손이란 뜻) • 정행(淨行: 청정하게 행동하라는 뜻)이라고도 한다.

범천왕【梵天王】 : 범어 brahmad의 한자 번역어. 범왕(梵王) • 대범천왕(大梵天王)이라고 함. 색계초선천을 다스리는 임금으로서 부처님이 출생하시면 제일 먼저 설법을 청하는 하늘 임금.

범패【梵唄】 : 불경은 물론 그 가운데 운문들에 고 • 저 • 장 • 단과 평 • 상 • 거 • 입의 장단에 따라 부처님의 공덕을 찬탄하는 소리.

법【法】 : 범어 dharma의 한자 역어. 부처님의 가르침을 총칭하는 말.

법공양【法供養】 : 지금은 경전을 출판하여 사람들이 읽도록 하는 것을 말한다. 그러나 지금 이 경전에서는 법을 듣기 위하여 몸을 바친다는 뜻이다.

법복【法服】 : 스님들이 입는 가사를 다르게 일컫는 말.

법신【法身】 : dharma-kāya의 한자 번역어. 불타의 진실한 본체. 영원불멸 • 불변하는 본질. 법 몸.

법약【法藥】: 부처님의 가르침을 말함. 부처님의 말씀을 들으면 마음의 병(번뇌)이 낫게 되므로 '약' 이란 말을 사용함.

법왕【法王】: 범어 dharmarāja. 부처님을 다르게 부르는 말.

법음【法音】: 법을 말씀하는 소리. 또는 법 그것 자체.

벽지불【辟支佛】: 범어 pratyekabuddha의 음사. 한자어로 연각(緣覺) • 독각(獨覺)이라 번역함. 즉 12인연을 관찰하여 깨달았다는 뜻. 누구의 가르침 없이 스스로 자연의 변화를 보고 스승 없이 깨달았음을 뜻한다.

보리심【菩提心】: 인도의 옛말. bodhi-citta. 위없이 바르고 참된 길을 실천하려는 마음. 즉 부처님과 같은 깨달음을 성취하여 중생을 구제하려는 마음.

보살【菩薩】: 범어 bodhi-sattva. 보리살타의 준말. 한자어로 대사(大士) • 고사(高士) • 개사(開士) • 시사(始士) • 각유정(覺有情)이라 번역함. 부처님이 되기 위하여 수행하는 분들.

보살행【菩薩行】: 부처님이 되기 위해 공부하면서 실천하는 행위.

보시【布施】: 범어 dāna. 다른 사람에게 내가 내 것으로서 베푸는 것을 말함.

보응【報應】: 인과응보의 줄임 말. 선악의 행위에 대하여 받는 갚음.

보처보살【補處菩薩】: 어떤 부처님한테서 '너 100 아승기 겁 뒤에 성불하여 ㅇㅇ부처가 되리라.' 는 수기를 받고 수행중인 부처님 후보자 위치에 있는 이들을 일컬음.

본제【本第】: 진제(眞際) • 실제(實際) • 진여(眞如) • 열반(涅槃) 등으로 쓰이고, 가끔 과거라는 뜻으로도 쓰임.

분반좌【分半座】: 부처님께 앉으신 자리를 약간 비켜 앉으시면서 마하가섭에게 앉게 하였다는 뜻. 선종에서 말한 다자탑전분반좌(多子塔前分半座)는 아닌 듯 함.

불과【佛果】: 부처님의 지위. 여기서는 '수다원과' 임

불법【佛法】: 부처님과 법, 또는 부처님께서 말씀하신 내용.

불법승【佛法僧】:
불 : 역사적으로 존재하셨던 '실달타'가 진리를 깨달은 뒤 불린 명칭.
법 : 부처님께서 말씀하신 진리 그 자체.
승 : 부처님의 가르침에 따라 수행하여 생사의 바다를 건너려는 출가한 제자들.

불환과【不還果】 : 범어 anāgāmin의 한자 번역어. 소승 4과 중 제3과 → 아나가민 색계나 무색계에 태어나서는 번뇌가 모두 없어져 다시 범부의 지위로 돌아가지 않는다.

브라흐마【梵】 : 범어 Brahman의 음사. 인도의 정통 바라문의 사상에서 우주 최고의 원리이자 만유의 근본을 '브라흐마'라 함.

비구【比丘】 : bhikṣu의 음사. 부처님의 네 부류 제자 가운데 남자로서 출가하여 250가지 계율을 받아 지키며 수행하는 스님.

비구니【比丘尼】 : 범어 bhikṣuṇi의 음사와 번역 글자를 융합한 말. 즉 비구 bhiksu 음사에 ni를 번역한 니(尼:여자)를 합한말. 여자가 출가하여 348계를 받아 스님이 된 분들을 말함.

비사문천왕【毘沙門天王】 : 범어 vaiśravaṇa. 많이 들은 하늘 왕. 28층 하늘 가운데 제1층 사천왕 가운데 한 분. '석가여래 탱화'나, '신중탱화'에 보면 왼손에 탑을 들고 있는 분으로 재산이 대단히 많다고 한다.

비상비비상처정【非想非非想處定】 : 무색계의 끝 하늘. 형이상학적인 존재여서 실제로 땅이 있지 않고 선정의 명칭에 의해 이름 붙였음.

비수갈마 : 범어 Viśvakarman. 제석천왕의 신하로 예술품을 만드는 탁월한 기술을 가지고 있는 하늘 사람.

비파시인【毘婆尸】 : 범어 Vipaśyin. 과거 일곱 분 부처님 가운데 제일 처음 출현하신 부처님 이름.

빈두로파라타【賓頭盧頗羅墮】 : 범어 Piṇḍolabhāradvāja의 음사. '세상에 머물러 있는 아라한'으로 번역함. 부처님께 벌을 받을 일을 하여 남섬부주에서 쫓겨나 서구야니에서 교화를 펼치려다가, 다시 남섬부주로 돌아와 미륵부처님이 출생하실 때까지, 남인도 마리산에 거주함. 우리나라에서는 독성(獨聖), 또는 나반존자(那畔尊者)로 불리며, 절마다 모시고 신앙하며, 대표적인 도량은 청도 운문사 사리암임.

빈래과【頻來果】 : 범어 sakṛdāgāmin의 한자 번역어. 소승 4과 가운데 두 번째 과위로 천상에 한 번만 갔다오면 앞 과위로 오르게 된다.

ㅅ

사념처【四念處】 : 사념주(四念住)라고도 번역함. 범어 smṛty-upasthāna 한자 번역어. 몸(身)•수(受)•심(心)•법(法)에 대하여 몸은 부정하고, 수는 괴로움이며, 마음음 무상하고, 법은 내 것이라 할 것이 없다고 생각하여 몸은 깨끗하고, 수는 즐겁고, 마음은 항상하고,

법은 내 것이라고 하는 잘못을 없애는 공부 방법.

사다함【斯陀含】 → 사크르다가민

사대【四大】 : 네 가지 요소

사리【舍利】 : 범어 śarīra의 한자 음사. 몸 • 몸의 뼈 • 유골이라고 번역함. 부처님을 화장하였을 때 여덟 섬 네 말의 영롱한 구슬이 나왔다. 그래서 '신령스런 뼈', 즉 영골(靈骨)이라고 했다.

사리푸트라 : 범어 šāriputra 음사. 부처님의 10대 제자 가운데 지혜가 가장 뛰어났던 제자. 사리불.

사문【沙門】 : 범어 śramaṇā의 음사. 부처님 당시에는 출가하여 도를 구하여 수도하는 사람에 대한 총칭으로 쓰임. 여기서는 스님이란 뜻.

사미【沙彌】 : 범어 śrāmaṇeraka의 한자 음사. 7세에서 20세까지 불교에 귀의하여 10계를 받고 공부하는 스님들.

사선정【四禪定】 : 범어 catur-dhyāna의 한자 번역어. 사정려(四靜慮)라고도 한다.

1. 유심유사정(有尋有伺定)
2. 무심유사정(無尋有伺定)
3. 무심무사정(無尋無伺定)
4. 사념법사정(捨念法事定)

색계의 사선천(四禪天)에 태어나기 위해 닦는 삼매를 말함. → 네 가지 선정

사슴동산【鹿野苑】 : 부처님께서 제일 처음에 설법을 하신 곳. 불교의 4대 성지 가운데 하나.

사왕천【四王天】 : 욕심세계에 있는 하늘의 제일 첫 하늘로 해발 4만 유순이 되는 수미산 중턱에 있는 하늘세계. 이 하늘의 동 • 서 • 남 • 북에 임금이 있어 부처님 법을 보호한다. 이 하늘 사람의 하루는 인간의 50년, 즉 이 하늘의 1년은 인간세계의 17,250년이다. 이렇게 500년을 산다.

사음【邪淫】 : 혼인한 관계가 아닌 남녀가 하는 성행위.

사천하【四天下】 : 네 천왕이 다스리는 하늘의 아래.

1. 동쪽을 수호하는 지국천왕
2. 남쪽을 수호하는 증장천왕
3. 서쪽을 수호하는 광목천왕
4. 북쪽을 수호하는 다문천왕

사크르다가민 : sakṛdāgāmin. 부처님 출가 제자가 도달하는 두 번째 계단. 인간세계에 한 번만 더오면 넷째 계단에 도착하기 때문에 來라 함. → 빈래과 과위

삼계【三界】 → 세 세계

삼귀의【三歸依】: 셋에 귀의한다. '부처님과 법과 스님 셋에 몸과 마음 전부를 맡긴다' 는 뜻.

삼귀의계【三歸依戒】: 삼은 부처님과 법과 스님을 말함. 귀의는 귀순하여 신뢰하고 의지함. 원래 부처님의 제자가 되기 위해 계를 받기 전에 먼저 '삼보' 에 귀의하며, 뒤에 계를 받는 데서 생긴 말인 듯함. 또 '삼귀의' 를 '삼귀계' 라고 했으나 그러나 이것도 '삼보' 에 귀의하기 위해 계를 받는데, 먼저 '삼귀의례' 를 하는 것을 '삼귀의계' 라고 하니 설득력 없음.

삼매【三昧】: 범어 samādhi의 한자 음사. '바른 마음으로서 실천하다' , '평등하게 유지하다' , '안정되다' , '바르게 안정되다' , '뜻을 결정하다' , '조화롭고 올곧고 안정되다' 등으로 번역한다. 부연하면 마음을 외곬수로 옳고 바른 방향으로 다잡아 부처님의 가르침대로 공부함을 말함.

삼보【三寶】: 범어 triratna의 한자 역어. 부처님을 '불보' , 가르침을 '법보' , 가르침에 따라 출가하여 스님이 되어 공부하는 분들 '승보' . 위의 셋은 세상에서 가장 소중하여 중생에게 '복 밭' 이기 때문에 보(寶)자를 붙임.

삼세【三世】: 과거 • 현재 • 미래를 말함. → 세 세계

삼악도【三惡道】: 삼악취(三惡趣)라고도 한다. 지옥(地獄) • 아귀(餓鬼) • 축생(畜生) 등 세 갈래 나쁜 데를 말함.

삼장스님【三藏】: 범어 piṭaka. 불경을 경장(經藏) • 율장(律藏) • 논장(論藏)으로 나누는데 이 세 가지에 능통한 스님을 일컫는 말.

삼천대천세계【三千大千世界】: 간단히 삼천세계라고 함. 고대 인도인의 세계관. 수메루산을 중심으로 주위에 네 개의 큰 바다가 있고, 그 둘레에 아홉 개의 산과 여덟 개의 바다가 있는데 이것을 한 세계라 한다. 이 한 세계는 색계의 초선천으로부터 아래로 풍륜(風輪)까지를 말하고, 여기에는 해 • 달 • 수메루산이 하나씩이고, 네 개의 천하와 육욕천이 네 개씩 있는데 이것 천개를 小千世界라 함. 이러한 소천세계 1,000개를 中千世界라 하며, 중천세계 천 개를 합하여 三千大千世界라 한다. 즉 삼천대천세계라는 말은 1,000이 세 개라는 말이 아니고, 1,000을 3제곱한 세계를 말하니, 한 부처님께서 교화하시는 범위를 말한다.

상【相】: 범어 lakṣaṇa의 한자 번역어. 상태 • 형상 • 모양 등의 뜻.

상법【像法】: 부처님께서 입멸하신 뒤의 세상을 세 시기로 나누어 일컫는 시기의 하나.

❶ 정법(正法) 500년(혹 1,0000년) 동안에는 부처님의 가르침, 그에 따른 실천, 깨닫는 이 등이 갖추어 있으나
❷ 상법 1,000년에는 가르침과 실천하는 이는 있으나 깨닫는 이가 없고, 상법 이후 즉, 부처님께서 돌아가신 2,000년 뒤는 부처님의 가르침만 약 10,000년 동안 존재한다는 말씀이 있음.

상수중【常隨衆】: 부처님께서 살아계실 때, 언제나 부처님을 모시고 따라다녔던 1,250분 스님들을 말함.

상좌【上坐】스님 : 범어 sthavira. 많은 스님들이 함께 계시는 곳에서 법랍이 오래고 도력이 높아 제일 첫 자리를 차지하고 후배를 가르치시는 큰 스님.

상주【商主】: 상인 단체의 우두머리.

상호【相好】: 범어 Lakṣaṇa-vyañjana의 역어. 용모 또는 형상이란 뜻인데 대인의 생김새인 삼십이상(三十二相)과 팔십종호(八十種好)의 합성어.

색계【色界】 → 도리천

색구경천【色究竟天】 : 범어 Akaniṣṭhadeva. 색계 18천의 맨 윗층 하늘. 물질의 존재가 끝난 세계.

색·수·상·행·식【色·受·想·行·識】 → 오온(五蘊)

색신【色身】: 부모가 낳아준 몸.

서른일곱 가지 도품【三十七助道品】: 범어 bodhi-pākṣika. 불교의 지고한 깨달음의 경지에 도달하기 위해 실천해야 하는 서른 일곱 가지 내용. 즉 사념처(四念處)•사정근(四正勤)•사여의족(四如意足)•오근(五根)•오력(五力)•칠각지(七覺支)•팔정도(八正道) 등 서른 일곱 가지를 말함.

서원【誓願】: 소원을 이루기 위해 맹세함.

석가모니【釋迦牟尼】: 옛날 인도어 Śākyamuni의 음사. 샤카는 한자로 能仁으로 씨족의 성, 무니는 한자어로 寂默으로 이름. 능인은 어떠한 상황에서도 어질 수 있다는 뜻. 적묵은 고즈넉한 상황이니, 곧 열반인 불교의 최고 이상을 달성한 상태를 가리킴.

선근【善根】: 범어 Kuśala-mūla. 좋은 과보를 낳게 하는 착한 일.

선승도량【善勝道場】: 부처님께서 도를 이루신 곳. 즉 보리수가 있는 주위를 아름답게 그리고 무게 있게 지칭한 말.

선정【禪定】: 범어 dhyāna의 한자음사인 선나(禪那)의 다른 표현. 한자어로 사유수(思維修:생각하여 공부함), 또는

정려(靜慮:고요히 생각함)라 번역함. 마름을 한군데 모아 움직이지 않게 하고 자세히 생각하는 공부 방법.

선지식【善知識】 : 올바른 도리를 가르치는 분을 말함.

설법【說法】 : 부처님의 가르침을 다른 사람에게 말하다.

설산【雪山】 : 범어 Himālaya의 번역. 히말리아산을 한자어로 번역한 말.

성문【聲聞】 : 범어 śrāvaka의 번역 한자어. 부처님의 말씀을 듣고 도를 깨달은 출가제자들을 일컫는 말.

세 가지 교리【三乘】 : 부처님의 가르침을 수행하여 성인이 되는 부류를 셋으로 나눔.
❶ 성문(聲聞) 부처님의 설법을 듣고 수행하여 도를 이룸.
❷ 자연의 변화를 관찰하여 도를 이루는 이들 연각(緣覺).
❸ 보살(菩薩) 여섯 가지 바라밀을 실천하여 부처님이 됨.

세 가지 나쁜 갈래【三惡道】 : 중생들이 사는 세계를 여섯 갈래로 나누고, 그 가운데 나쁜 곳인 지옥 • 아귀 • 축생을 삼악도 즉 세 가지 나쁜 갈래라고 함.

세 가지 독【三毒】 : 탐욕 • 성냄 • 어리석음은 중생들을 나쁜 갈래로 가게하기 때문에 독이라 한다.

세 가지 밝음【三明】 : 부처님과 아라한이 얻는 세 가지 신통.
❶ 모든 중생의 과거를 그 모습이나 심리의 변화상황까지 아는 지혜.
❷ 모든 중생의 미래를 훤히 아는 지혜.
❸ 모든 번뇌를 다 없애 버리고 모든 진리를 확실히 아는 지혜.

세 가지 재【三齋】 : 몸 • 입 • 뜻을 조심하며 부처님의 가르침인 계율을 지키는 수행법.

세 갈래 중생 : 지옥 • 아귀 • 축생 셋을 말함. 불교에서 중생 모두를 여섯 갈래 중생이라고 하는데, 여기서는 업이 무거운 셋만을 뜻함.

세간【俗】 : 불교에서 출가한 분들을 출세간에서 산다고 한다. 따라서 인간들이 사는 세상을 세간이라고 한다. 즉 세속.

세 갈래 나쁜 길【三惡道】 : 불교에서 중생의 갈래를 지옥 • 아귀 • 축생 • 아수라 • 인도 • 천도 여섯으로 누는데, 업이 무거워 고통이 많은 지옥 • 아귀 • 축생을 말함.

세 세계【三世界】 : 중생들이 업에 따라 살아가는 세계를 세 종류로 구분하는 불교의 세계관.
❶ 욕계(欲界) : 지옥에서 하늘의 6층까지. 여기에 태어나는 중생은 온갖 탐욕에 탐착하므로 욕계라 함.
❷ 색계(色界) : 욕계 위에 위치하는 18층까지 하늘 세계. 여기에 태어나는 중생은 형상은 있으나 욕계처럼 탐욕이 치성하지 않고 선정을 익혀 그 선정의 얕고 깊음에 따라 태어나는 층수가 달라진다.
❸ 무색계(無色界) : 색계 위에 있는 4층의 하늘로 형상은 없고 정신세계만 있는 세계.

세존【世尊】 : 범어 Bhagavat의 한자 번역어. 부처님 이름 열 가지 가운데 하나. 세상에서 가장 높은 분이란 뜻.

수기【授記】 : 범어 vyākaraṇa. 부처님께서 미래에 부처가 될 분을 보면 '너는 언제 어떤 부처가 된다?' 예언하신 말씀.

수다원【須陀洹】 : 범어 srota-āpanna. 인도의 옛말 → 스로타판나

수달다【須達多】 → 수닷타

수닷타 : 범어 Sudatta. 부처님 당시 남자 신도 이름. 기타 숲 외로운 이 돕는 절을 지어 부처님께 바친 대부호로 언제나 어려운 사람을 도왔기 때문에 한자어로 給孤獨이라 번역함.

수미산【須彌山】 : 범어 sumeru-parvata. 고대 인도의 세계관에 나오는 우주의 중심에 있다는 산 이름. 바다 가운데 높이 솟아 물 밖으로 8만 유순의 높이라 하며, 1 유순에 대한 정확한 계산은 없고 여러 가지 말이 있는 데, 덩치가 무지하게 크고 무지하게 높다는 뜻임. (1 유순 : 약 30리)

수식관【數息觀】 : 범어 ānāpāna. 내쉬는 숨 들이쉬는 숨을 헤아려 산란한 마음을 방지하는 공부법.

수신제가【修身濟家】 : 몸과 마음을 바르게 하여 집안을 잘 다스림.

숙명【宿命】 : 육신통의 하나인 숙명통(宿命通)을 줄여서 쓴 말. 즉 숙명명(宿命明)을 말함인데 지나 온 과거의 일을 모두 아는 것을 말함. → 육신통

수메루산 : 범어 Smeru. 須彌山으로 음사. 불교의 우주관에 의하면 우리가 사는 세계를 사바세계(괴로움이 많기 때문에 참으며 사는 세계)라 하고, 사바세계를 동•서•남•북으로 나눌 때 중앙에 우뚝 솟은 산을 수메루산 이라고 한다. → 수미산

슈라바스티 : 나라이름. 범어 Śrāvasti로 고대 중인도에 있던 나라의 성(城) 이름이었으나 뒤에 나라이름이 되었다. 기타 숲 절이 있고, 부처님과 동갑

이었던 절대적후원자 '프라세나짓' 왕이 다스렸던 나라. 한자로는 실라벌(室羅筏)이라 음사함.

스로타판나 : 범어 srota-āpanna. 한자어로 수다원(須陀洹). 성문 4과의 첫 과로서 성인의 경지에 처음 들어간 경지.

스물 여덟 하늘【二十八天】 : 욕계 6천, 색계 18천, 무색계 4천 등을 합하여 하늘 세계를 28천으로 나눈 불교에서 하늘을 보는 세계관. → 삼천 대천 세계

승가리【僧伽梨】 : 범어 Saṁghāṭi. 스님들이 입는 큰 가사 세 종류 중에 중간 가사.

승방【僧坊】 : 僧房이라고도 함. 원래는 스님들이 거처하는 절에 대한 총칭이었으나 어느 때부터인가 비구니 스님들이 계시는 절을 일컫는 말로 와전되었음.

시봉【侍奉】 : '시자' 라고도 함. 연세가 많은 스님을 모시고, 그 분이 생활에 불편이 없도록 돌보아 드리는 이들.

식【識】 : 범어 vijñāna의 한자역어. 바깥 대상을 식별하는 인식작용. 즉 마음이 현상을 상대하여 일어나는 앎의 작용임.

시방【十方】 : 동 • 서 • 남 • 북과 각 간방과 위아래를 합쳐 열 방위라 함. '십방' 으로 읽지 않고 '시방' 으로 읽음.

신바리비구 : 지금 막 비구계를 받은 비구스님.

식신【識神】 : 마음, 영혼의 다른 이름.

신심【信心】 : 믿는 마음.

신장【神將】 : 팔부신장의 준말. 사람이 아닌 귀신과 하늘 사람 등 여덟 종류로서 불법을 옹호하겠다는 서원을 세운 이들.

신족통【神足通】 : 여섯 가지 신통의 하나. 마음만 먹으면 어느 곳이든지 시간과 공간에 구속받지 않고 갈 수 있는 능력.

신지【神紙】 : 사람에게 손해를 끼치지 않는 귀신

신통【神通】 : 범어 abhijñā. 무슨 일이나 못하는 일이 없이 마음대로 잘한다는 뜻.

실상법【實相法】 : 모든 것이 있는 그대로의 참모습의 규칙, 또는 그 법칙.

십주【十住】 : 보살이 부처님이 되기위해 수행하는 52계위 가운데 11위에서 20위까지를 말함.

⑪ 마음을 내어 머묾
⑫ 묘한 마음을 가지고 실천 수행하는 지위
⑬ 수행주(修行住) 수행에 머묾
⑭ 생귀주(生貴住) 좋은 가문에 태어나 머묾
⑮ 구족방편주(俱足方便住) 일을 잘 함에 머묾
⑯ 정심주(正心住) 바른 마음으로 머묾
⑰ 불퇴주(不退住) 물러나지 않음에 머묾
⑱ 동진주(童眞住) 여자를 모름에 머묾
⑲ 법왕자주(法王子住) 부처님의 제자에
⑳ 관정주(灌頂住) 십주의 최고에 머묾

ㅇ

아가니타 : 인도의 옛날 문자. Akaniṣṭha의 음사. 불교의 세계관에 의한 우주의 나열 순서에서 지구에서 위로 28층의 하늘이 있고, 그 하늘 가운데 24층의 하늘 이름이다. 한자로 번역하면 有頂天이고, 형체가 존재하는 마지막 하늘이다.

아귀【餓鬼】 : 범어 preta의 한자 번역어. 세 가지 나쁜 갈래의 하나. 언제나 굶주려 고통 받는 갈래. 배는 산보다 크고, 목구멍은 바늘만하여 음식이 있어도 먹기가 어렵다고 함.

아나가민 : 범어 anāgāmin. 아나함(阿那含). 소승의 네 과위 가운데 세 번째 과위. 불환과(不還果)라 번역하니 '번뇌의 세계에 다시는 돌아오지 않는다'는 뜻.

아나파나 : 범어 ānāpāna. 한자어 安郡般郡의 음사. 다섯 가지 마음을 머무는 관법 가운데 들숨과 날숨을 관하여 번뇌를 없애고, 생사를 건너는 선정의 한 가지.

아나함과【阿那含果】 : 범어 anāgāmin의 한자 음사. 성문 4과위 가운데 제3위. 한자어로 번역하여 불환(不還)•불래(不來)라 한다. '욕계에서 공부를 마치고 색계와 무색계에 나서 아라한이 되어 다시는 범부로 돌아오지 않는다'는 뜻.

아난다【阿難陀】 : 부처님 10대 제자 중 한 분. 범어 Ānanda 음사. 부처님 사촌동생으로서 부처님 성도 뒤 20년부터 열반에 드실 때까지 시봉을 했고, 불교의 3대 교조가 되었으며, 다문(多聞) 제일로서 불경의 결집에 가장 큰 역할을 한 스님. 너무 미남이어서 여난이 많았다고 함.

아니룻다【阿那律】 : 범어 Aniruddha의 한자어 음사. 부처님 4촌 동생으로서 출가하여 아라한이 되었다. 10대 제자 가운데 천안(天眼) 되었음.

아라한【阿羅漢】 : 범어 Arhan. 소승불

교의 수행으로 도달 할 수 있는 최고 경지의 이름. 보살의 7 • 8지로 생사를 벗어난 불퇴전하는 이상적인 경지.

아래 세 가지 과위 : 소승의 네 가지 과위 가운데 앞의 세 가지. 수다원 • 사다함 • 아나함.

아비다르마【阿毘達磨】 : 범어 abhidharma의 한자 음사. 한자로 법(法)이라 번역함. 불전(佛典)을 경전 • 계율 • 논리로 나누는 데 논리[論藏]를 뜻하지만 학술적이 아닐 때는 법이라고 보는 것이 일반적 견해임.

아비지옥 : 괴로움만 존재하는 지옥 가운데 가장 고통을 심하게 받는 지옥.

아쇼카【阿育王】 : 범어 Aśoka의 한자 음사. 고대 인도 마우리아 왕조의 임금. B · C 3세기 중엽에서 4세기 초말엽 인도를 거의 통일함. 초기에는 살상을 좋아하고 난폭했으나 뒤에 스님의 교화를 받아 독실한 불교인이 되어 부처님의 바른법을 지키고 널리 전파한 임금. 아육왕경(阿育王經) · 아육왕전(阿育王傳)이 있으며 지금 인도에 현존하는 불교 유적은 아쇼카가 남긴 것들이 전체라고 할 수 있다.

아수라【阿修羅】 : 범어 asura의 한자음사. 사바세계의 여섯 갈래 중 하나. 언제나 무고한 중생에게 시비를 걸어 싸움박질을 하는 무리들. 부처님께 귀의하여 팔부신장이 됨. 싸움을 좋아하다(好鬪) • 하늘 무리가 아니다(非天) • 단정하지 않다(不端正) 라고 한자로 번역함.

아승기【阿僧祈】 : 범어 asaṁkhya 한자 음사. 한자어 무앙수(無央數)라 번역함. 국어로 '다함없는 수' 라는 뜻. 불교의 큰 숫자 124 가운데 105에 해당함.

아유삼불【阿維三佛】 : 부처님의 깨달음을 말함.

아자타사투루 : 범어 Ajātaśatru의 음사. 빈바사라 왕의 둘째 왕자로 간신의 꼬임에 빠져 부왕과 형인 태자를 죽인 왕. 데바닷타와 공모하여 부처님을 배척했던 부처님. 당시의 악독한 왕. 당시의 악독한 왕. 석가족을 멸족시킨 왕.

아함【阿含】 : 범어 āgama의 음사. 부처님께서 성도하시고 초기에 말씀하신 원시불교의 경전을 말함.

아흔 여섯 부류 외도【九十六種外道】 : 인도에 있었던 불교 이외의 바라문교의 유파 96종.

악지식【惡知識】 : 선지식의 반대. 바른 법이 아닌 나쁜 법으로 사람들을 잘못

된 길로 삶을 이끄는 사람.

안거【安居】: 옛날 인도 말 vārṣika를 번역한 한자어. '원래는 비가 오는 철' 이란 말. 비가 오는 때는 다니는 것이 불편하니까 한곳에 머물러 수행을 하는 관습에서 90일간(4월 16일~7월 15일)의 수행 정진 기간으로 정했던 것이 전통으로 굳어짐. 여름 안거. 겨울 안거(10월 16일~1월 15일)로 발전하였다.

야차【夜叉】: 범어 yakṣa의 한자 음사. 포악하고 힘이 센 귀신이었으나 부처님께 귀의하여 외호신장이 되었음.

업【業】: 범어 Karman의 한자 번역어. 한자로 행위(行爲)·소작(所作)·조작(造作)으로 번역함. '인간이나 동물이 의지에 따라 몸과 마음으로 하는 짓' 을 뜻함.

업연【業緣】: '개인이 한 짓의 세력이 간접적인 원인임' 을 말함.

여덟 가지 바른 길【八正道】:
범어 āryāṣṭāṅga-mārga에 대한 역어.
❶ 정견(正見): 바른 견해, 특히 중생에게는 바른 믿음.
❷ 정사유(正思維): 바른 의사(義思)
❸ 정어(正語)
❹ 정업(正業): 올바른 행위
❺ 정명(正命): 바른 생활
❻ 정정진(正精進): 바른 노력
❼ 정념(正念): 바른 의식.
❽ 정정(正定): 마음이 하나에 매여 딴 생각을 하지 않음.

여덟 가지 사유 → 여덟 가지 바른 길

여덟 가지 재계 → 팔관재

여덟 가지 해탈【八解脫】: 여덟 가지 생사를 벗어나기 위하여 닦는 선정.
❶ 마음으로 여자를 탐하면 손상된 여자의 몸이나 시체가 퍼렇게 멍든 것을 관하여 여자를 좋아하는 마음이 일어나지 않게 함.
❷ 위 1의 수행을 더 깊게 하여, 여자를 탐하는 마음이 다시 일어나지 않게 함.
❸ 이성을 생각하는 마음을 여의고, 스스로 깨끗함을 구족하는 삼매에 듦.
❹ 물질인 육신을 싫어하고 가없는 허공의 자재함을 기뻐하며, 공의 이치를 알고 수행함.
❺ 공이 무변함을 싫어하고 식(識)과 상응하며 마음이 고정되어 움직이지 않는 정신 상태.
❻ 식이 세 세상에 걸쳐 끝이 없는 것을 싫어하고, 인연하는 것이 모두 가지고 있을 것이 없다고 관하는 삼매에 듦.
❼ 이 경지에서는 거친 생각이 없으므로 비상(非想), 또는 비유상(非有想)이지만 세밀한 생각이 없지 않기 때문에 비비상(非非想) 또는 비무상(非無想)이라 하는 삼매.
❽ 멸진정(滅盡定)에 들어 수(受)와 상

(想) 등을 싫어하여 무심(無心)에 머물러 해탈을 하려는 삼매에 듦.

여덟 부류의 무리 : 팔부신장(八部神將)을 번역한 말.

여래【如來】 : 범어 Tathāgata의 역어. '진리에 따라 왔다' 는 뜻. 부처님 열 가지 이름 가운데 하나.

여섯 가지 경계【六入】 : 눈 • 귀 • 코 • 혀 • 몸 • 뜻의 여섯 뿌리와 빛깔 • 소리 • 냄새 • 맛 • 닿임 • 법의 여섯에 대상하는 물체. 여섯 가지로써 여섯 가지를 거두어 들인다는 뜻. 한문으로써 불경을 처음 번역할 때 여섯 뿌리를 여섯 가지 바깥에서 거두어 들임이라 함. 여섯 대상물체를 여섯 가지 안에서 거두어 들임이라 한다.

여섯 가지 바라밀【六波羅蜜】 : 범어 ṣaṭ-pāramitā의 번역 및 음사. 보살이 부처가 되기 위해 공부해야 하는 필수적인 수행방법 여섯 가지.
❶ 다른 이가 필요로 하는 것은 무엇이든지 베푼다.
❷ 계율로 제정한 것을 어기지 않는다.
❸ 어떤 상황에서도 참는다.
❹ 위 과를 얻기 위하여 노력한다.
❺ 선정을 익힌다.
❻ 모든 진리를 밝게 알기 위한 슬기를 기른다.

여섯 가지 쇠함 : '경계가 눈 • 귀 • 코 • 혀 • 몸 • 뜻을 통하여 사람의 참됨을 쇠퇴시킨다' 는 뜻.

여섯 가지 신통【六神通】 : 부처님의 가르침을 공부하여 아라한 이상이 되면 생기는 불가사의한 힘 여섯 가지.
❶ 어디든지 시간과 공간에 구애되지 않고 간다.
❷ 어디든지 시간과 공간에 구애되지 않고 본다.
❸ 어디든지 시간과 공간에 구애되지 않고 듣는다.
❹ 중생들의 마음에 움직임을 다 안다.
❺ 중생들의 과거를 모두 다 안다.
❻ 모든 번뇌가 다 없는 상태 등임.

여섯 가지 욕심【六欲】 : 눈 • 귀 • 코 • 혀 • 몸 • 뜻이 경계를 대하여 생기는 여섯 가지 욕망.

여섯 가지 진동【六種震動】 : 세상에 상서가 있거나 엽기적인 사건이 있을 때 대지가 여섯 흔들리는 여섯 가지.
❶ 전후 좌우로 흔들림.
❷ 위로 오르고 아래로 내림.
❸ 솟아나고 녹아 내림.
❹ 대지가 은은하게 소리를 냄.
❺ 우당탕, 꽝하는 굉음이 들림.
❻ 사물마다 알게 하는 소리.
경전에 따라 조금씩 차이가 있음.

여섯 때【六時】 : 24시간을 여섯으로 등

분한 시간. 즉 4시간이 하루에 여섯 번임. 하루내내 란 뜻.

여섯 외도【六師外道】 : 부처님 당시에 철학•종교•사상으로 일가를 이룬 여섯 사람.

여섯 하늘 : 욕계 6천(欲界六天)을 말함.

연화대【蓮華臺】 : 불보살이 앉는 자리를 미화하여 이르는 말. 불상을 모시는 자리에 조각한 연꽃과 그 자리가 주위의 자리보다 높은 것을 볼 수 있다.

열 가지 계율【十戒】 : 사미가 되기 위하여 받는 열 가지 계율.
1 산 것을 죽이지 말라.
2 남의 것을 훔치지 말라.
3 음행하지 말라.
4 거짓말을 하지 말라.
5 술을 먹지 말라.
6 꽃으로 치장하거나, 향을 바르지 말라.
7 노래하고 춤추고 풍류를 즐기지 말라.
8 높고 넓고 크고 화려한 침대를 사용하지 말라.
9 때 아닌 때에 먹지 말라.
10 금•은•보석으로 몸을 꾸미지 말라.

열 가지 선행【十善】 : 불자가 지켜야 하는 열 가지 기본 계율.
1 살아 있는 중생을 죽이지 않는다.
2 주지 않는 물건을 내 것으로 만들지 않는다.
3 혼인하지 않은 이성과 섹스하지 않는다.
4 거짓말하지 않는다.
5 비단같이 번드레한 말 하지 않는다.
6 이간질하는 말을 하지 않는다.
7 꾸짖는 말이나 악담을 하지 않는다.
8 탐욕을 부리지 않는다.
9 성내지 않는다.
10 삿된 견해를 가지지 않는다.
위의 열 가지를 저지르면 열 가지 악한 행실이 된다.

열 가지 악행【十惡】 :
1 몸으로 짓는 세 가지 나쁜 짓. 생명을 끊는 殺生•남의 물건을 훔치는 도둑질•혼인관계가 아닌 이성과 섹스하는 행위.
2 입으로서 짓는 나쁜말•거짓말•겉이 다르고 속이 다른 말•두 말•악담.
3 뜻으로서 짓는 세 가지 나쁜 짓. 탐욕심•성냄•어리석음.

열 두 가지 인연 :
범어 dvādaśāṅga-pratītya-samutpāda. 십이인연법•십이연지기•십이연문이라고도 한다. 열두 가지 인연이 일어나는 순서를 밝힘. 장아함경 10권에 자세히 설명되어 있다. 무명(無明)•행(行)•식(識)•명색(名色)•육처(六處:

처를 입(入)이라고도 함) • 촉(觸) • 수(受) • 애(愛) • 취(取) • 유(有) • 생(生) • 노사(老死). 무명을 반연하여 행이 생기고 행을 반연하여 식이 생기고…. 생을 반연하여 노사가 생긴다.

열두 가지 두타【十二頭陀】: 옷 • 음식 • 집을 간단하고 편리하게 하여 공부하는 열두 가지 수행법을 말함.
1 절에 머문다.
2 항상 빌어먹는다.
3 순서대로 빈다.
4 한 곳에서 먹고 다른 자리로 옮겨서는 먹지 않는다.
5 한 발우의 밥으로 만족한다.
6 정오가 지나면 과즙이나 드링크도 먹지 않는다.
7 헌옷을 깁고 깨끗이 빨아 입는다.
8 옷은 속옷 • 중간옷 • 큰옷만 소유한다.
9 절에 머물지 않을 때는 무덤사이에 산다.
10 나무 아래에 머문다.
11 습기나 독충 • 새똥을 피하여 노지(露地)에 앉는다.
12 눕지 않는다.

열반【涅槃】: Nirvāṇa의 음사. 나고 죽음의 법을 체득한 불교인 최고 경지.

열 여덟 가지 변화【十八變化】: 아라한 이상의 도력이 있는 분이 나타내는 18종 불가사의한 변화.

영락【瓔珞】: 범어 muktāhāra. 구슬 모양으로 된 보배의 하나.

오욕【五欲】:
1 재물에 대한 욕심.
2 이성에 대한 욕심.
3 음식에 대한 욕심.
4 명예에 대한 욕심.
5 수면에 대한 욕심.

오음【五陰】: 범어 pañca-skandha. 오온(五蘊)의 옛날 번역어. 다섯 가지 쌓임.
1 색(色): 스스로 변화하고, 또 다른 것을 장애하는 물질.
2 수(受): 괴로움 • 즐거움, 괴롭지도 않고 즐겁지도 않음을 느끼는 마음작용.
3 상(想): 외계의 사물을 보고 듣고 받아들여서, 그것을 想像하는 마음의 작용.
4 행(行): 인연에 따라 생겨났다가 시간에 따라 변천하여 없어짐.
5 식(識): 의식하고 분별하는 작용.

오천축삼장【吳天竺三藏】: 강승회(康僧會). 오나라에 온 인도의 불교학자로서 경 • 율 • 론에 통달하여 많은 번역을 하였음.

왕사성【王舍城】 → 범어 Rāja-gṛha. 라자그리하

외도【外道】 : 범어 tīrthaka의 역어. 부처님 당시 인도에서 부처님의 가르침 이외의 종교적 성격을 띤 다른 교리를 믿고 공부하는 사람을 일컫는 말.

요진삼장【姚秦三藏】 : 중국의 요홍(姚興)에 수도를 삼은 진나라 때의 삼장법사. 여기서 구마라집을 말함.

욕계 → 무색계

우바국다【優婆麴多】 : 범어 Upagupta의 음사. 부처님 입멸 후 100년 뒤에 법맥을 이은 스님. 아쇼카왕을 귀의시켜 불교를 크게 유포하도록 함.

우바새【優婆塞】 : 범어 upāsaka의 한자 음사. 출가하지 않고 부처님께 귀의하여 부처님의 가르침을 따라서 바르게 사는 남자. 여자를 우바이(優婆夷)라고 한다. 범어로 upāsikā로 표기함.

우파시카 → 우바새

위 두과 : 소승으로서 수행하여 얻는 아나함과와 아라한과를 말함.

유나【維那】 : 범어 karmadāna의 한자 역어. 유(維)와 한자 음사 나(那)의 혼용. 절에서 대중을 이끌며 사무를 보는 세 분 가운데 한 분. 흔히 선방에서나 강원에서 입승(立繩)이라 한다.

유마힐【維摩詰】 : 범어 Vimalakīrti의 한자 음사. 한자로 정명(淨名) • 무구칭(無垢稱)이라 번역함. 부처님 생존시대 재가 남자 불자의 대표적 인물.

유순【由旬】 : 범어 yojana의 음사. 인도의 길의 길이에 대한 단위. 1 유순 약 80리 또는 60리. 40리 라고도 함

육신통【六神通】 : 인간의 생각으로 해낼 수 없는 일들을 해내는 여섯 가지 신통.
❶ 천안통 : 육안으로 볼 수 없는 것을 본다.
❷ 천이통 : 어디서 나는 소리든지 장소와 시간에 구애없이 듣는다.
❸ 타심통 : 다른 사람의 생각을 확실히 안다.
❹ 숙명통 : 지금 사는 모양이 아닌 전생이나 후생을 훤히 통달한다.
❺ 신족통 : 어디든지 마음만 내키면 갈 수 있다.
❻ 누진통 : 모든 번뇌를 떨쳐 버렸다.

응진【應眞】 : 아라한의 한자어.

인과【因果】 : 원인과 결과. 좋은 원인을 만들면 즐거운 결과가 오고, 나쁜 원인을 만들면 괴로운 결과가 온다.

일곱 가지 깨달음 → 열반에 이르기 위하여 하는 수행에 37종이 있고 그 여섯 번째에 해당하는 수행법. 부연하면, 부

처님의 가르침을 실천하는데 지혜로서 참됨 • 거짓 • 선함 • 악함을 알아내는 방법 일곱 가지.

일산【日傘】: 양산. 일종의 장엄구로 햇빛을 가리는 파라솔이다.

일 천 세계 → 삼천대천세계

일체종지【一切種智】: 부처님께서만 지니신 지혜.

입으로 짓는 네 가지 말【口四】
❶ 거짓말 하지 말라.
❷ 꾸미는 말 하지 말라.
❸ 두 가지 말 하지 말라.
❹ 악한 말 하지 말라. 등

ㅈ

자마금【紫磨金】: 부처님 몸에서 뻗치는 빛이 붉은색을 띤 것을 표현할 때, '자마금 빛' 이라고 한다.

자비【慈悲】: 중생을 즐겁게 하는 자. 중생과 고통을 함께 앓는 비위 둘을 합해 '자비' 앞에 대(大)를 붙여 '대자대비' 라 함

자자【自恣】: 옛날 인도 말. pravāraṇa를 번역한 한자어. 여름 석달 동안, 자신이 승단의 규칙을 어긴 것 등을 고백하고 참회하며, 보고 듣고 의심했던 사실들을 물어 의심을 제거함.

작법사【作法師】: 계율에 관한 행사를 집행할 때 의식을 주관하는 이.

잠부드비파【南閻浮提】: 남섬부주(南贍浮洲)라고도 한다. 범어 Jambudvīpa의 한자 음사. 불교의 세계관에서 수미산을 중심으로 동서남북에 세계가 있는데 지구가 소속한 곳을 남섬부주라고 한다.

장로【長老】: 범어 āyuṣmant의 한자 번역어. 한자 번역어로 상좌(上座) • 상수(上首) • 수좌(首座) • 기숙(耆宿) • 노숙(老宿)이라 한다. 학식과 덕망이 뛰어나고 법랍이 오랜 큰 스님을 말한다.

장륙금신【丈六金身】: 열자 여섯 척의 불상이라는 말. 부처님 당시 인도인의 키는 여덟 척이었으나, 그러나 부처님의 키는 그 곱인 16척이었음.

장자【長者】: 범어 śreṣṭha의 한자 번역어. 문벌이 높고 부귀하며 덕망이 뛰어나고 나이 많은 재가 남자 신도를 일컫는 말.

재【齋】: 범어 upoṣadha의 역어. 몸과 마음을 청결히 하고, 생각과 행위를 부처님의 가르침 대로 하는 것이 큰 의미의 재임. 재계(齋戒)에서 분리한 말. 즉 '일곱 가지 계율을 지키며 정해진 때에만 밥을 먹는다' 는 八재계에서 온 말.

재계【齋戒】: 七戒一齋. 殺 • 盗 • 妄 • 酒 다섯에 꽃다발 쓰거나, 여섯에 향바르고 노래하고 놀이판 벌리지 말고 가서 구경 하지도 말라. 일곱에 높고 넓고 잘꾸민 평상에 앉지말라. 등은 七戒, 때 아닌 때 먹지 말라는 齋임.

저는 아래와 같이 들었습니다.: 모든 부처님의 경전은 부처님께서 돌아가신 아난다 존자님이 외고 5백 명 제자들이 모두 틀리지 않다고 인정하는 절차를 밟아서 집대성된 것으로, 일체의 경전과 율장의 모두에 '저는 아래와 같이 들었습니다.'가 들어 있다.

전단향【栴檀香】: 범어 candan의 음사에 한자 향(香)을 붙인 말. 향기가 좋은 나무로서 상록수. 불교에서 제일 좋은 향을 전단향이라 함.

전륜성왕【轉輪聖王】: 범어 Cakra-varti-rājan의 번역 한자어. 날아다니는 황제로 불리우는 제왕중의 제왕으로서 서른두 가지 잘생긴 모습에 최고의 신심으로 불법을 옹호하고 포교하던 왕. 불교에서는 Osoka왕이 이에 해당한다.

전륜왕 → 전륜성왕

정【定】: 범어 samādhi의 한자 번역어. 마음이 안정되어 한 곳에 집중하여 움직이지 않는 상태. 흔히 '정에 든다' 라고 한다.

정각【正覺】: 정등각(正等覺) • 등정각(等正覺) • 정진각(正盡覺)이라고도 한다. 부처님이 되신 분을 정각이라 함.

정거천【淨居天】: 원래 오정거천(五淨居天)이라 함. 범어 Śuddhāvāsa. 아나함이 태어나는 다섯 곳의 하늘, 즉 무번천(無煩天) • 무열천(無熱天) • 선현천(善現天) • 선견천(善見天) • 색구경천(色究竟天)으로 번뇌를 벗어난 분들이 나는 하늘 세계.

정반왕【淨飯王】: 부처님의 아버님 존함.

정사【精舍】: '수행하는 이들이 거주하는 집' 이란 뜻이니, 곧 지금의 절임.

정진【精進】 → 여섯가지 바라밀 가운데 하나

제도【濟度】: 나쁜 갈래를 벗어나 깨달음의 세계에 들게 됨.

제석천【帝釋天】: 범어 Śakrá-devānām. 욕계 두 번째 하늘의 왕을 말함.

제석천궁【帝釋天宮】: 도리천의 임금을 제석천왕이라 하고, 그의 궁을 제석천궁이라 한다. 도리천은 28층의 하늘 가운데 2층임.

제석천왕【帝釋天王】 → 제석천

종성【種性】: 범어 gotra의 한자 번역어.
1 출가나 재가를 따지지 않고 불법에 귀의하여 수행하여 도달했거나, 수행하는 종자의 성(姓)을 말한다. 성문성(聲聞姓) • 연각성(緣覺姓) • 보살성(菩薩姓)을 뜻함.
2 출신성분. 부처님 당시 있었던 네 가지 신분. ① 바라문 ② 찰제리 ③ 비사 ④ 수타라

좌선【坐禪】: 좌는 '앉다', 선은 범어 '선나' 의 줄임말의 복합어. 즉 앉아서 고요히 생각한다는 뜻. 지금 우리나라 선방에서 하는 좌선과는 큰 차이가 있다.

주문【呪文】: 비밀스런 글. 즉 다라니인 진언을 일컫는 글을 말함.

죽림정사【竹林精舍】: 범어 Veṇuvana의 역어. 부처님께서 성도하신 뒤 곧바로 귀의한 가란타 거사가 대숲을 기증하자, 마갈타 국왕 빔비사라 임금이 절을 지어 부처님께 시주한 불교 최초의 사원(寺院)으로 2대 가람의 하나.

중생【衆生】: 범어 sattva의 한문 번역어. 생존하는 모든 감정을 지닌 유(類)들을 말함. 부처님이 아닌 아직 부처가 되지 못한 보살까지 포함됨.

중음【中陰】: 범어 antarā-bhava의 역어. 중유(中有) 또는 중온(中蘊)이라고도 한다. 중생이 지금 몸을 버리고 다음 몸을 받는 중간에 존재하는 영혼의 몸.

증득【證得】: 바른 지혜로서 진리를 깨달음. 부처님의 가르침에 따라 부처님이 되는 데 필요한 모든 내용을 다 앎.

지겸【支謙】: 중국 한나라 때의 큰 스님. 본 경전 외 많은 불경을 한자로 번역함.

지루가참【支婁迦讖】: 중국 후한 때 중국에 와서 반주삼매경(般舟三昧經) 등 23부 67권을 번역한 월지국(月支國) 스님. 지참(支讖)으로 표기하기도 했고, 참(讖)을 참(讖)로 표기한 예도 있다.

지옥【地獄】: 살면서 나쁜 짓을 한 중생들이 죽어 태어나서 고통을 받으며 사는 곳.

진인【眞人】: 아라한의 한자어 번역. 소승에서는 부처님도 아라한이라고 했다.

집사【執事】: 절 일을 도맡아 관리하던 이

ㅊ

찬다나: 범어 candana. 남인도 데칸 고원에 나는 자주색과 백색이 있는 향나무. 자주색을 붉은색이라 하며 백색 보다 향기가 좋다고 함.

찬다알라 : 사형집행 등 사람이 하기 싫은 일을 도맡아 하는 제일 천한 사람을 일컫는 말. 범어 caṇḍāla. 한자어로는 전다라(旃陀羅) 등으로 씀.

찬집백연경【撰集百緣經】 :
찬집 : 시나 산문을 모아 편집하다.
백연 : 백 가지 인연.
경 : 인도의 옛날 글. 즉, 범어 sutra를 한자로 번역한 말. 일반적으로 인류에게 영원한 교훈을 주는 성인의 말씀을 모아 둔 책이란 뜻. 여기서는 부처님의 가르침을 묶은 책을 말한다.

철위산【鐵圍山】 : 범어 Cakravāḍa의 역어. 불교에서 보는 사바세계의 생김새 가운데 제일 바깥에 있는 산으로 보든 산은 다이아몬드 같은 강한 물질로 되었고, 높이는 312 유순이라 하며, 산록에는 빛이 닿지 않는다.

청신녀【淸信女】 → 범어 upāsikā. 우파샤카

청신사【淸信士】 : 범어 upāsaka. 세속에 살면서 부처님의 가르침을 따르는 남자. 즉 우바새를 이르는 한자어.

축생 : 범어 tiryagyoni. 지구상의 동물들 가운데 사람을 제외한 모든 동물을 불교에서 일컫는 말.

출가【出家】 : 범어 pravrajita. 집을 떠나 부처님의 승단에 들어 비구스님이 되다.

출세간【道】 : 세속(世俗)의 반대. 일체 나고 죽음의 법을 세간 법이라 하고, 열반을 성취하는 법을 출세간 법이라 한다.

친견【親見】 : '찾아뵙는다'는 뜻. 즉 중생이 '불 · 보살을 찾아뵙는다'는 말인데, 절에 모신 부처님이나 절에 계신 스님을 찾아뵙는 것입니다.

칠각지【七覺支】 : 범어 saṁbodhyaṅga. 칠각문, 칠보리분, 칠각, 칠각의 등으로 쓰인다. → 일곱 가지 깨달음.

칠주【七住】 : 대승(大乘)의 마음을 낸 이가 공부하여 부처가 되는 과정 52계층 가운데 13번째 계위.

ㅋ

카사파 : 범어 Kāśyapa. 부처님의 열 분 위대한 제자 가운데 두타행(頭陀行)을 제일 잘 했던 분. 한자어로 '가섭'이라 하며, 부처님의 상수 제자로 법맥을 이으신 제2조임.

카필라바스투 : 범어 Kapilavastu. 부처님께서 탄생하신 옛날에 인도에 있던 나라 이름. 지금 네팔 타라이 지방.

카필라바스투국 또는 **가비라국**

→ 카필라바스투

캐슈밀 : 범어 Kapisa. 한자로 계빈(賓)이라 음사함. 북인도에 있던 나라이름.

쾌사【快士】 : 벽지불을 번역한 한자어.

큰 법 : 부처님이 되는 법

큰 보살【大菩薩】 : 부처님이 되려는 마음을 내어 수행하는 이들. 보살이 되기 위해 수행을 하여 어떤 일이 있어도 다시는 물러나지 않을 수 있는 경계에 들어 선 이들을 대보살 이라 한다.

ㅌ

타화자재천【他化自在天】 : 범어 Paranirmitavśavarti deva의 한자 음사. 욕계 6층의 하늘. 참조 → 욕계

ㅍ

파피야스【波旬】 : 범어 pāpīyas의 한자 음사. 번역하여 마군(魔軍)이라 함. 욕계 6천의 마왕.

팔관재【八關齋】 : 구체적으로 팔관재계(八關齋戒)라 함. 범어 aṣṭāṅgaśīla의 역어. 출가인이 아닌 불자가, 8일 • 15일 • 24일 • 30일(그믐날)에 24시간 동안 지키는 일곱 가지 계율과 한 가지 재법.

8만 번뇌 : 중생의 번뇌를 불교에서는 8만 4천 가지라 함.

패다라나무【貝多羅】 : 범어 pattra의 음사. 종이가 발명되기 전에 서남아시아에서 글을 썼던 나뭇잎. 초기의 불경이 대부분 패다라 잎에 썼었기 때문에 불경을 패엽이라고도 함.

포살【布薩】 : 범어 upavasatha의 음사. 한자어 공주(共住) • 정주(淨住) 등으로 번역. 스님네가 15일과 그믐날에 모여 梵網經을 설명하고 들으며, 15일 동안 잘 한일, 잘못한 일을 장양하고 참회하는 의식. 재가 신자가 6재일(8, 14, 15, 23, 29, 30)에 8계를 설명하고 들으며 선업을 키우고, 악업을 참회하는 수행법.

품【品】 : 문장의 단락을 구별하는 말. 예 : 제1장 • 제2장 등에서 '장' 에 해당하는 말로서 한 부분, 한 갈래 등의 뜻.

프라데카 : pratyekabudda 한자어로 음사하여 벽지불(僻支佛) • 연각(緣覺) • 독각(獨覺)이라 번역함. 자연의 변화를 보고 무상함을 느껴 공부하여 깨달은 이.

프라세나지트 : 범어 Prasenajit. 파사닉(波斯匿)은 음사. 부처님께서 세상에 계실 때 중인도 사위국의 임금으로서 부처님과 동갑이었다.

ㅎ

하리륵【訶梨勒】: 범어 haritakī의 한문 음사. 열매를 약재로 사용하는 나무.

함이 없음【無爲】: 범어 asaṁskṛta의 한자 번역어. 생사를 뛰어 넘기 위해 하는 수행 그 자체. ↔ 함이 있음

함이 있음【有爲】: 범어 saṁskṛta의 한자 번역어. 나고 죽는 온갖 이치를 모두 말함. ↔ 무위(無爲) 조작하다, 만들어지다 등으로 번역됨. 즉, 인연으로 말미암아 만들어져 존재하는 모든 현상으로 이것을 반드시 생기고, 머물고, 파괴되고, 없어지는 불변의 이치가 있다.

항하수【恒水】: 범어 Gaṅgā의 한자어 번역. 히말라야에서 발원하여 뱅골만으로 흘러들어가는 강. 지금의 갠지스강을 말함. 한자로 항가(恒伽) • 강가(强伽) • 긍가(兢伽)라고 표기하였음.

해탈【解脫】: 범어 vimokṣa의 한자 역어. 나고 죽음을 벗어남. 번뇌에서 벗어남.

현겁【賢劫】: bhadra-kalpa라는 인도의 옛말의 음사. 한자어로 賢時分, 또는 善時分, 三劫의 하나. 불교의 시간관에서 가장 긴 시간의 표현이 '겁'이고 공간관에서 '이루어짐' • '머뭄' • '무너짐' • '빔'의 변화를 되풀이하며, 이렇게 되풀이 하는 기간 4회를 '큰 겁'이라 하고 지나간 큰 겁을 '장엄겁', 현재의 대겁을 '현겁', 미래의 대겁을 '성수겁'이라 함.

현우경【賢愚經】: 13권, 69부분으로 구성된 불경. 중국 스님들이 중국과 인도 사이에 있었던 우전국에 유학하여 듣고 배운 경전들을 그 곳의 글로 기록하여 〈현우인연경〉이란 이름으로 남겼다. 고려대장경에는 〈현우경〉, 중국의 대장경에는 〈현우인연경〉이라 했다. 부처님과 제자들의 전생담을 우화와 비유로 표현하여 전생이 현재를 만든 필연의 인이며 현재가 미래를 피할 수 없게 만드는 원인임을 강조한 인연법의 총서임.

현화【現化】 → 화신

화광삼매【火光三昧】: 삼매의 이름. 몸으로서 큰 불빛을 내뿜는 삼매.

화상【和尙】: 범어 upādhyāya. 한자 음사. 스님들을 일컫는 말.

화생【化生】: 변화로 생기다. 불교에서는 성인이나, 큰 원력에 따라 할 일을 위해 자의로 태어남을 말함.

화신【化身】: 범어 nirmāṇa-kāya의 한자 번역어. 석가가 중생을 구제하기 위

해서 여러 모습으로 이 세상에 나타난 일.

화주【化主】: 교화하는 중심 인물. 석가모니 부처님은 사바세계의 중생을 교화하는 化主이시다. 다른 사람에게 부처님에게 귀의하고 보시하도록 권유하는 사람. 원래는 '가방화주(街彷化主)' 또는 '공양주'라 함.

회향【廻向】: 내가 한 일의 공을 다른 이에게 돌려 준다는 뜻. 지금은 끝낸다는 뜻으로 바뀌고 있음.

혜덕【嘒德】: 스님 이름.

찬집백연경

경전시리즈 2

1판 1쇄 인쇄 2008년 8월
1판 1쇄 발행 2008년 8월

저 자 몽산(夢山) 관일(觀一)
펴낸곳 (주)두배의느낌 | 등록번호_제317-2007-46호 |
서울 송파구 방이동 22-5 잠실리시온 624호
전화 02-2145-0052 팩스 02-2145-0054

제 작 (주)은성프린터스

ISBN 978-89-92948-18-0 03220